KB123091

고통,
인간의 문제인가
신의 문제인가

GOD'S PROBLEM
Copyright ⓒ 2008 by Bart D. Ehrman
All rights reserved

Korean translation copyright ⓒ 2016 by GALAPAGOS PUBLICATION CO.
Korean translation rights arranged with HarperOne,
an imprint of HarperCollins Publishers
through EYA(Eric Yang Agency).

이 책의 한국어판 저작권은 EYA(Eric Yang Agency)를 통한
HarperCollins Publishers 사와의 독점계약으로
'도서출판 갈라파고스'가 소유합니다.
저작권법에 의하여 한국 내에서 보호를 받는 저작물이므로
무단전재 및 복제를 금합니다.

고통,
인간의 문제인가
신의 문제인가

God's Problem:

How the Bible Fails to Answer Our Most Important Question

Why We Suffer

바트 어만 지음 | 이화인 옮김

갈라파고스

이 책에 대한 찬사

놀라운 책이다. 이 책은 고통의 문제에 대해 중대한 질문을 던지고 그에 대한 대담한 답을 제시한다. 또한 인격신론의 난해한 도덕성에 대해 고찰한다. 이 책은 신앙인들에게는 의문을 제기하도록 이끌고 회의론자들에게는 저자의 명료한 시각을 엿보는 즐거움을 선사할 것이다.

　　　　　　　　　　　　　　- 제니퍼 마이클 헥트, 『행복이란 무엇인가』의 저자

성서적 신의 부재와 전통적 변명의 역사에 대해 어만과 같이 설득력 있게 쓴 사람은 그 누구도 없었다.

　　　　　　　　　　　　　　　　- 월리스 반스톤, 『또 다른 성경』의 저자

나는 모든 신앙인들이 반드시 이 책을 읽어야 한다고 생각한다. 내가 비록 저자와는 다른 결론에 도달하기는 했지만 말이다. 기존에 가지고 있던 신에 대한 우리의 이해는 완전히 달라져야 한다.

　　　　　　　　- 존 셸비 스퐁, 『만들어진 예수 참 사람 예수』의 저자

어만이 또 해냈다. 그는 모든 인간이 당면하는 난제를 명료하고 통찰력 있게 다루었다. 이 책의 독자들은 경이감을 느끼는 동시에 마음의 갈등을 경험할 것이다. 그러나 이 책은 분명 모두에게 도전과 감명을 가져다줄 것이다.

– 마빈 마이어, 『유다』의 저자

다수의 베스트셀러 저자인 어만이 또 하나의 걸작을 탄생시켰다. 이 책은 그가 걸어온 신앙과 회심의 여정을 소개하고 불행한 일들이 발생하는 이유에 대한 성서의 해석을 살펴본다. 어만은 독자에게 자기 자신과 타인들에게 잘 하는 것이 고통에 대한 최고의 대응이라는 조언으로 이 책의 결말을 맺는다.

– 샌디에이고 트리뷴

제프 사이커와 주디 사이커—퍼지와 주드스—고통을 경험했으나

여전히 횃불 같은 존재인 이들에게 이 책을 바친다.

※ 일러두기
본문에 나오는 성서 구절은 대한성서공회에서 발간한 공동번역을 따랐다.

성서는 고통을 어떻게 해석하는가

이 책은 나에게 매우 중요한 주제인 고통의 문제를 다룬다. 나는 이 책을 소수의 성서학자들이 아닌 일반인들을 위해 썼다. 따라서 일반 독자들이 읽기 쉽도록 각주와 참고문헌을 최소화하였다. 좀 더 심층적인 지식을 얻고 싶다면 다음 문헌들을 참고하길 바란다. 제임스 L. 크렌쇼James L. Crenshaw 의 『신을 위한 변명: 악의 문제에 대한 성경의 답Defending God: Biblical Responses to the Problem of Evil』(New York: Oxford University Press, 2005)과 앤티 라토Antti Laato와 요하네스 C. 디무어Johannes C. de Moor의 『바이블 세계의 신정론Theodicy in the world of the Bible』(Leiden: E. J. Brill, 2003)은 훌륭한 안내서가 될 것이다. 이 두 책들은 상세한 참고자료를 소개하고 있으며, 특히 크렌쇼의 책은 광대한 문헌목록을 수록하고 있다.

나는 이 책에서 고통의 문제에 대한 성서의 '해법' 중 가장 중요하다고 여겨지는 부분에 초점을 맞추었다. 구약성서에서는 고전적 관점이, 신약성서에서는 종말론적 관점이 주류를 이루고 있으므로 나는 이 두 주제에 각각 두 장씩 할애하였다. 그 외의 관점들에 대해서는 한 장씩 소개하기로 한다. 구약성서는 New Revised 표준번역을 사용하였고, 신약성서는 저자의 번역본을 사용했다.

듀크대학교의 중세 영어 교수이자 나의 둘도 없는 대화 상대인 내 아내 사라 벡위스Sarah Beckwith에게 고마움을 전한다. 책을 편집하는 데 있어 최고의 실력자이며 이 책의 원고에 대해 귀중한 조언을 해준 하퍼원HarperOne 출판사의 선임 편집자 로저 프리트Roger Freet에게 감사한다. 한 줄 한 줄 꼼꼼히 이 책의 집필을 도와준 나의 딸 켈리에게도 감사한다.

나는 특히 다음의 세 사람에게 특별히 감사의 말을 전하고 싶다. 이들은 노스캐롤라이나 주립대학교의 구약성서 연구동료인 그레그 고어링Greg Goering, 랭커스터신학교의 구약성서 학자이며 나의 절친 줄리아 오브라이언Julia O'Brien, 그리고 로욜라 메리마운트대학교의 신약성서 학자이며 나의 가장 오랜 친구 중 하나인 제프 사이커Jeff Siker다. 이 세 사람은 친절하고 관대하며 매우 지적인 사람들로서, 이 책의 원고를 읽고 유익한 지적을 해주고 때때로 내가 수정을 거부해도 유쾌하게 웃으며 넘어가 주었다.

나는 이 책을 제프와 그의 아내 주디 사이커Judy Siker에게 바친
다. 나는 11년 전에 이들을 소개시켜 주었는데, 그들은 곧 사랑에
빠져 지금까지 행복한 결혼생활을 이어오고 있다. 모두 내 공이라
할 수 있다. 제프와 주디는 내 삶의 시시콜콜한 부분까지 다 아는
나의 가장 가깝고 소중한 친구들이다. 우리는 같이 스카치를 마시
고 품질 좋은 시가를 피우며 인생에 대해, 가족에 대해, 친구에 대
해, 직장에 대해, 사랑에 대해, 선과 악에 대해, 그리고 욕망에 대
해 함께 이야기한다. 이보다 더 좋은 게 어디 있겠는가?

차례

1장

고통의 문제와 신앙의 위기

전능하고 사랑이 많은 하느님이 만들었다는 이 세상에는 왜 이토록 많은 고통과 불행이 존재하는가? 고통의 문제는 오랫동안 내 마음을 괴롭혔다. 나는 고통의 문제 때문에 종교에 깊이 심취하기도 했고, 그것 때문에 갈등하다가 결국 그리스도교를 떠나기도 했다. 이 책은 고통에 대해 성서가 제시하는 해답들을 살펴본다. 고통의 문제와 치열하게 투쟁했던 이들이 쓴 성서 말이다.

우선 나의 개인적 배경에 대해 간략히 소개할 필요가 있겠다. 나는 내 삶의 대부분을 독실한 그리스도인으로 살았다. 나는 성공회 교회에서 성장했으며 열두 살 때 복사가 되어 고등학교를 졸업할 때까지 봉사했다. 고등학교 신입생일 때는 그리스도 청년회에 가입하여 '거듭남'을 체험하였다. 돌이켜보면 다소 의아한 면이 있다. 어린 시절 내내 교회에 다니면서 하느님을 믿고 날마다

기도하며 회개한 내가 무엇으로부터 구원받았다는 말인가? 나는 내가 지옥으로부터 구원받았다고 생각했다. 나는 구원받지 못한 영혼들과 함께 영원한 불구덩이에서 불타고 싶지 않았다. 그보다는 천국에 가는 것이 훨씬 나은 대안이었다. 거듭남을 경험한 나는 한층 더 높은 신앙의 경지에 오른 느낌이었다. 나는 더욱 깊이 있게 성서를 공부하기 위해 근본주의적인 무디성서학교Moody Bible Institute에 입학했다.

나는 성서를 열심히 배웠다. 수많은 성서 구절을 줄줄 외우기도 했다. 성서학과 신학을 전공하여 무디성서학교를 졸업한 후에 나는 복음주의 그리스도교 대학인 휘튼칼리지에 입학해 학사학위를 받았다. 휘튼칼리지는 빌리 그레이엄Billy Graham 목사를 배출한 학교다. 나는 휘튼칼리지에서 헬라어를 배워 원어로 신약성서를 읽을 수 있게 되었다. 대학 졸업 후, 나는 신약성서의 그리스어 필사본 연구에 내 삶을 바치기로 결심하고 프린스턴신학교에 입학했다. 프린스턴신학교에는 브루스 메츠거Bruce Metzger를 비롯하여 뛰어난 성서학자들이 교수로 있었는데, 나는 이곳에서 신학 석사학위와 신약성서 박사학위를 받았다.

이렇게 나의 약력을 소개하는 이유는 내가 그리스도교 배경과 그리스도교 신앙에 대한 지식이 충분히 있음을 독자에게 알리기 위해서다. 궁극적으로 그리스도교를 떠날 때까지 나는 돈독한 믿음을 가지고 있었다.

나는 대학 시절과 신학교 시절에 열심히 교회를 다녔다. 내가 성공회 교회를 떠나 다른 교회로 옮긴 이유는 흥미롭게도 성공회 교회가 충분히 복음주의적이지 않았기 때문이었다. 당시 나는 근본주의적 복음주의자였다. 나는 '진짜' 믿음 있는 사람들이 모인다는 플리머스 형제 성서 교회Plymouth Brethren Bible Chapel로 옮겨, 일주일에 몇 번씩 교회에 나갔다. 고향을 떠나 시카고로 이주한 후에는 복음주의 언약교회Evangelical Covenant Church의 청년부 목회자로 일했다. 프린스턴신학교를 졸업한 후에는 프린스턴 침례교회에서 목회를 하며 매주 주일설교를 하고, 기도모임과 성서공부를 인도하며, 병원에 있는 환자들을 방문하고, 지역주민을 위한 각종 봉사활동을 하였다.

그러나 점차 나는 신앙을 잃어갔다. 그 이유에 대해서는 아래에서 설명하겠다. 이제 나는 믿음이 완전히 없어진 상태다. 나는 더 이상 교회에 나가지 않고, 하느님을 믿지 않는다. 나는 더 이상 그리스도인이 아니다. 그 이유는 바로 이 책의 주제, 고통의 문제 때문이었다.

앞서 발간된 『성경 왜곡의 역사』에서 나는 내가 성서에 대해 연구하면 할수록 성서에 대한 신뢰가 점점 사라졌다고 말했다. 성서는 내가 무디성서학교에 다닐 때 믿었듯이 하느님의 영감을 받아 쓰인, 오류 따위 없는 계시가 아니었다. 성서는 불일치와 모순과 실수로 가득 차 있고, 서로 다른 시대에, 서로 다른 장소에서, 서로 다른 목적과 필요에 의해, 서로 다른 청중을 위해, 여러 사람들의 손으로 쓰인 지극히 인간적인 책이었다. 그러나 이러한 성서의 문제점이 나의 신앙을 빼앗아간 것은 아니었다. 이와 같은 문제들은 성서를 문자 그대로 해석하는 근본주의적 신앙이 옳지 않음을 보여주는 것에 불과했다. 나는 계속 나의 그리스도교 신앙을 지켰다. 근본주의적 복음주의를 떠난 이후에도 나는 여전히 독실한 그리스도인이었다.

그러나 궁극적으로 나는 그리스도교를 완전히 떠나고 말았다. 그것은 결코 쉬운 결정이 아니었다. 나는 필사적으로 몸부림치고 절규하며 내가 어린 시절부터 줄곧 지켜온 신앙을 지키고자 노력했다. 하지만 결국 나는 더 이상 믿음을 가질 수 없다는 결론에 이르렀다. 이것은 긴 이야기지만 짧게 말하자면 이렇다. 나는 더 이상 우리 삶에서 당면하는 고통의 문제들을 신앙의 관점으로 이해할 수 없게 되었다. 선하고 전능한 하느님이 세상을 다스린다는 것을 도저히 믿을 수 없게 된 것이다. 이 지구라는 행성에 살고 있는 수많은 사람들에게 인생은 오직 비참함과 고통의 연속이다. 나는 선하고 사랑 많은 절대자가 세상을 돌본다는 것을 결국 받아들일 수 없게 되었다.

나에게 고통의 문제는 곧 신앙의 문제였다. 지난 수십 년간 나는 왜 인간이 이토록 처절한 고통과 불행을 겪는지 이해하려 노력했다. 다른 사람들의 설명을 깊이 생각해보기도 했다. 어떤 이들은 지극히 단순하고도 가벼운 답을 던지기도 했고, 어떤 이들은 철학자나 신학자들의 말을 빌려 고상하고 의미심장한 답을 내놓기도 하였다. 나는 이 모든 해석들에 대해 숙고를 거듭했으나 결국 포기하고 말았다. 나는 불가지론자가 되었다. 나는 하느님이 진정 존재한다고 도저히 말할 수 없다. 설사 신이 존재한다 하더라도, 적어도 그는 유대교와 그리스도교에서 말하는 하느님, 즉 세상사에 적극적으로 개입하는 하느님은 아닐 것이라 생각한다. 결국 나는 그리스도교 신앙을 떠나게 되었다.

물론 요즘도 가끔 교회에 나갈 때가 있다. 아내 사라가 함께 교회에 가기를 원할 때다. 사라는 훌륭한 지성의 소유자이며 헌신적인 그리스도인이다. 그러나 내가 고민하는 고통의 문제가 사라에게는 그다지 심각한 문제가 아니었다. 지성을 가지고 선하게 살아가는 사람들이 가장 근본적이고도 중요한 삶의 문제에 대해 이렇게 서로 다른 견해를 가질 수 있다는 것은 매우 흥미롭다.

나는 지난해 영국 케임브리지 근처의 작은 마을에 사는 처남을 방문했다가 아내와 함께 성탄전야 예배에 참석했다. 사라가 심야 성탄예배에 참석하고 싶어 해서, 나와 처남은 그녀를 기쁘게 해주기 위해 함께 교회에 갔다.

어린 시절 나는 성탄예배가 1년 중 가장 의미 있는 예배라고 생각했다. 성가와 크리스마스 캐럴, 기도와 찬양, 엄숙한 성서봉독, 그리스도가 어린 아기로 이 세상에 태어난 그 거룩한 밤에 대한 묵상……. 나는 아직도 여기에 강한 애착을 느낀다. 죄인들을 구원하기 위해 이 땅에 내려왔다는 하느님의 이야기는 아직도 감동을 안겨준다. 비록 더 이상 신앙인은 아니었으나 나는 또 한 번의 감동을 기대하며 성탄예배에 참석했다.

성탄예배는 과연 감동적이었다. 그러나 그것은 내가 기대했던 감동이 아니었다. 예배는 찬송과 성서봉독, 그리고 설교로 이어졌다. 내 마음을 격하게 만든 것은 회중기도였다. 기도 인도자는 회중 가운데 서서 교회 안에 울려 퍼지는 낭랑한 목소리로 기도문을 읽었다. "당신은 암흑으로 오시어 이 세상을 바꾸셨습니다." "다시 암흑으로 오시옵소서." 이것이 되풀이되는 기도문의 후렴구였다. 머리를 숙이고 이 구절을 듣던 나의 눈에는 눈물이 맺혔다. 그것은 기쁨의 눈물이 아니었다. 그것은 절망과 좌절의 눈물이었다. 하느님이 아기 예수를 통해 암흑으로 와 세상을 구원했다면 왜 세상은 지금 이 모양인가? 왜 그는 다시 암흑으로 오지 않는 것인가? 고통과 비참함으로 가득한 세상에 하느님은 어디에 있다는 말인가? 왜 암흑은 이다지도 짙기만 한 것인가?

성서의 저자들은 하느님이 사랑과 권능의 조물주 하느님이며 그의 백성을 고통과 슬픔에서 구원한다고 말하였다. 내세뿐 아니라 현세에서도 말이다. 성서의 하느님은 자기 백성의 기도에 응답하며 그들을 위해 기적을 행하는 존재였다. 그는 이집트에서 노예살이를 하며 고통에 신음하던 그의 백성을 구원해낸 출애굽의 하느님이다. 그는 또한 아픈 자를 고치고 소경의 눈을 뜨게 하며 절름발이를 걷게 하고 굶주린 자를 먹인 성자 하느님이다. 그 하느님은 지금 어디에 있다는 말인가? 그가 암흑으로 와서 세상을 변화시켰다면, 왜 지금까지 모든 것이 그대로인 것인가? 왜 아직도 병든 자들이 형용할 수 없는 아픔으로 고통받는 것인가? 왜 아기들이 선천적 장애를 갖고 태어나는가? 왜 어린아이들이 유괴되고 강간당하고 살해되는 것인가? 왜 가뭄으로 수백만 명의 사람들이 굶주리며 그토록 끔찍한 삶을 살다가 끔찍한 죽음을 맞이하는 것인가? 이스라엘 백성의 적군을 무찌른 그 하느님은 왜 지금 수많은 사람들을 짓밟고 학대하는 무자비한 독재자들을 그냥 내버려두는 걸까? 만약 하느님이 어둠 가운데서 일하며 배고픈 군중에게 오병이어의 기적을 행했다면, 왜 어린아이들이, 아무것도 모르는 한낱 어린아이들이 5초마다 한 명씩 굶어 죽어야만 하는가? 매 5초마다 말이다!

"당신은 암흑으로 오시어 이 세상을 변화시키셨습니다. 다시 암흑으로 오시옵소서." 그렇다. 나는 이 기도문을 믿고 싶었다. 이 기도문을 믿고 의지하고 싶었다. 그러나 나는 그럴 수 없었다. 암흑은 너무도 깊고, 고통은 너무도 강렬하며, 신의 부재는 너무도 분명했다. 이 성탄예배가 진행되는 동안 700명 이상의 아이들이 굶어 죽었고, 250명이 오염된 물을 먹고 사망했으며, 300명의 사람들이 말라리아로 목숨을 잃었다. 강간당하고, 칼로 찔리며, 고문당하고, 불구가 되고, 살해된 사람들을 제외하고도 말이다. 인신매매로 희생당한 사람들과 극심한 가난으로 고통받는 사람들, 이 나라에 들어와 처참한 생활을 하는 이민자들, 노숙자들, 정신병에 걸린 사람들을 제외하고도 말이다. 그 외에도 겉으로는 아무렇지도 않은 척 살아가지만 소리 없이 절규하며 괴롭게 살아가는 사람들, 또 선천적 기형을 갖고 태어난 아기들, 교통사고로 목숨을 잃은 어린이들, 백혈병에 걸려 고통받는 아이들, 이혼으로 해체된 가정들, 실직한 사람들, 소득이 없어진 사람들, 희망을 잃고 좌절한 사람들 등 수많은 사람들이 고통을 받고 있다. 도대체 하느님은 어디에 있다는 말인가?

어떤 이들은 그에 대한 해답을 잘 안다고 생각한다. 또한 어떤 이들은 고통의 문제에 대해 진지하게 생각해보지도 않는다. 그러나 나는 그런 부류의 사람이 아니다. 나는 수년간 인간의 고통의 문제에 대해 고민해왔다. 다른 사람들이 손쉽게 내놓는 대답이 무엇인지 나는 잘 안다. 나 또한 그것이 해답이라고 생각한 적도 있었다. 그러나 나는 이제 더 이상 그러한 해답에 만족하고 수긍할 수 없다.

고통의 문제가 나에게 심각한 문제로 다가온 것은 나에게 아직 믿음이 있을 때였다. 당시 나는 뉴저지의 프린스턴 침례교회에서 목회를 하고 있었다. 내가 고통의 문제에 대해 곰곰이 생각하게 된 것은 교인들의 이혼과 경제적 난관, 10대 소년의 자살 등 내가 담당한 교회에서 일어난 일들 때문만은 아니었다. 그 당시 나는 교회 목회자로 일하는 동시에 박사학위 논문을 쓰면서 러트거스대학교에서 시간강사로 일하고 있었다.(결혼해서 어린아이 둘까지 키우던 매우 바쁜 시기였다.) 그해 나는 어떤 과목을 처음으로 맡게 되었다. 그때까지 나는 구약성서와 신약성서, 그리고 바울로서신을 주로 강의했는데, 처음으로 '성서에서 말하는 고통의 문제'라는 과목을 맡았다. 왜 이 세상에 고통이 존재하는지, 특히 하느님의 백성들에게 왜 고난과 역경이 따르는지에 대한 성서 저자들의 대답들을 체계적으로 살펴볼 좋은 기회였기 때문에 나는 기꺼이 이 과목을 맡았다. 성서 저자들은 하느님의 백성들이 고통받는 이유에 대해 다양한 해석을 내놓았다. 몇몇 저자들은(예를 들어 선지자들) 고통이 인간의 죄에 대한 하느님의 징벌이라고 말하였다. 다른 저자들은 고통이 공중권세를 지닌 하느님의 대적에 의해 초래된 것이라고 생각했다. 이 공중권세를 지닌 악마들은 사람들이 하느님을 따르기 때문에 그들에게 고통을 준다는 것이다. 또 다른 저자들은 고통이 사람들의 믿음을 시험하기 위해 주어진다고 생각했다. 어떤 저자들은 하느님이 왜 이러한 고통을 주는지 우리는 도저히 알 수 없으며, 그에게 고통의 이유를 묻는 것 자체가 부질없다고 말하였다. 또 어떤 저자들은 이 세상의 일들은 어차피 설명이 불가능하며 사람들은 그저 살아있는 동안 먹고 마시고 즐거워하는 것이 최선의 상책이라고 말하기도 하였다. 우리가 고통의 문제를 이해하기 위해서는 성서 저자들이 제시하는 이 모든 해석들을 두루 살펴볼 필요가 있다.

나는 수업을 듣는 학생들에게 성서의 여러 부분과 현대사회의 고통의 문제에 대한 책들을 읽어오라는 과제를 내준다. 예컨대 아우슈비츠에서의 경험을 토대로 쓴 엘리 비젤Elie Wiesel의『나이트Night』[1], 랍비 해롤드 쿠시너Harold Kushner의 베스트셀러인『왜 착한 사람에게 나쁜 일이 일어날까When Bad Things Happen to Good People』[2], 그리고 그보다는 훨씬 덜 읽혔지만 욥의 이야기를 매우 감동적으로 개작한 아치볼드 매클리시의 희곡『J.B.』[3] 같은 책들 말이다. 학생들은 이 주제에 대해 보고서를 쓰고 성서와 이 책들에 쓰인 내용에 대해 토론하였다.

나는 학생들에게 고통의 문제라는 화두를 던지고 이것에 대해 '신정론theodicy'이 어떻게 해석하는지 설명하였다. '신정론'이란 17세기의 대표 지성이며 박학다식한 학자인 라이프니츠가 만든 용어다. 라이프니츠는 전능하며 인간에게 최선의 것을 주고 싶어 하는 하느님이 통치하는 이 세상에 어찌하여 고통이 존재하는지 설명하였다.[4] 신정론이란 말은 두 개의 그리스 단어로 구성된다. theos는 신을, dike는 정의를 의미한다. 즉 신정론은 하느님이 창조하고 다스리는 이 세상에 존재하는 고통을 하느님의 선함과 공의로 해석하는 이론이다.

철학자들과 신학자들은 수년간 신정론을 논하며, 세상에 있는 고통의 문제를 설명하기 위한 논리를 개발했다. 그것들은 모두 분명한 사실이지만, 만약 모두가 사실이라면 필연적으로 모순에 봉착할 수밖에 없는 세 가지 명제를 갖고 있다. 그 세 가지 명제는 다음과 같다.

하느님은 전능하다.
하느님은 사랑이 많다.
세상에는 고통이 있다.

이 세 명제가 모두 사실일 수 있는가? 만약 하느님이 전능하다면 그는 고통을 없앨 능력이 있을 것이다. 만약 그가 사랑의 하느님이라면 인간이 고통받는 것을 원치 않을 것이다. 하지만 인간은 항상 고통받는다. 이것을 어떻게 설명할 수 있는가?

어떤 사상가들은 위의 명제 중 한 가지를 제거한다. 예를 들어 하느님은 전능하지 않다고 주장하는 것이다. 『왜 착한 사람에게 나쁜 일이 일어날까』의 저자 랍비 쿠시너가 주장하는 것이 결국 그것이다. 쿠시너는 하느님이 사람들의 일에 개입해 고통을 멈춰주고 싶어 하지만 그의 손이 묶여있다고 말한다. 하느님은 당신

곁에 서서 당신이 고통을 헤쳐 나가도록 힘을 주지만 직접 당신의 고통을 제거할 수는 없다는 것이다. 하지만 이와 같은 주장에 대해 사람들은 그것은 하느님의 능력을 제한하는 일이며 하느님이 신이 아니라고 말하는 것과 다름없다고 반박한다.

하느님은 우리가 원하듯이 사랑이 가득한 하느님이 아니라고 주장하는 이들도 있다. 이것은 인간에게 끔찍한 고통을 허락한 하느님에게 전적으로 잘못이 있다고 보는 관점이다. 엘리 비젤은 어떻게 그의 백성들에게 이렇게 할 수 있냐고 하느님에게 분노를 쏟아내면서 이와 같은 견해를 나타냈다. 하지만 사람들은 다시 말한다. 만약 하느님이 사랑이 아니라면 그는 하느님일 수 없다고.

세 번째 주장에 대해 부인하는 사람들도 있다. 이 세상에 진정 고통은 존재하지 않는다고 말하는 이들이다. 하지만 이렇게 주장하는 사람들은 극소수에 불과하며 그들의 주장에 공감할 사람은 거의 없다. 마치 머리를 모래에 숨기고 눈을 감고 있는 타조처럼, 세상을 있는 그대로 보려 하지 않고 문제를 외면하는 행위와 다를 바가 없기 때문이다.

구약성서의 예언자들은 하느님이 전능하고 선하지만 사람들이 그의 법을 어기고 순종하지 않기 때문에 그들에게 고통을 내려 바른 길로 돌아오게 하려는 것이라고 주장한다. 이러한 주장은 사악한 사람들이 받는 고통에 대해 좋은 설명이 된다. 하지만 하느님 앞에 선을 행하고자 하는 사람들이 온갖 고통에 시달리고, 사악한 사람들이 잘 되는 현상은 또 어떻게 설명하겠는가? 의인이 겪는 고난을 어떻게 설명하느냐는 말이다. 이를 위해서는 또 다른 해석이 필요하다. 그것은 사후에 하느님이 다 알아서 상 줄 사람은 상 주고 벌 줄 사람은 벌 줄 것이라는 설명이다. 이는 예언서에 제시되는 설명은 아니지만, 성서의 다른 부분에서 발견할 수 있는 관점이다. 성서에는 이런 식으로 계속해서 부가해석이 나온다.

신정론이라는 용어를 만들어낸 라이프니츠는 계몽주의 시대의 학자였는데, 이 '고통의 문제'에 대한 고찰은 사실 이미 오래전부터 존재해왔다. 영국의 철학자 데이비드 흄에 의하면, 2,500년 전 고대 그리스의 철학자 에피쿠로스는 다음과 같이 말하였다.

> 에피쿠로스의 오랜 질문은 아직도 해답을 얻지 못하였다. 신은 악을 없애고 싶어 하지만 그렇게 하지 못하는가? 그렇다면 그는 무능력하다. 능력은 있지만 그렇게 할 의지가 없는가? 그렇다면 그는 선하지 않다. 신이 능력도 있고 선한 의지도 있는가? 그렇다면 왜 이 세상에 악이 만연한가?[5]

20여 년 전 러트거스대학교에서 고통에 대한 성서의 해석에 대해 강의하면서, 나는 학생들이 고통의 문제에 대해 별로 절감하지 못한다는 사실을 알게 되었다. 나의 학생들은 우수하고 성실하며 좋은 학생들이었다. 하지만 이들 대부분은 백인이고 중산층 이상의 가정에서 태어나 그다지 혹독한 고통을 경험하지 않고 살아온 아이들이었다. 나는 고통의 문제가 얼마나 크고도 절실한 문제인지 학생들에게 깨닫게 해줄 필요성을 느꼈다.

당시는 에티오피아에 대기근이 발생한 때였다. 인간의 고통이 얼마나 심각한 문제인지 인지시키기 위해 나는 학생들에게 기근의 참상을 보여주었다. 그것은 실로 위급하고도 중대한 문제였다. 한편으로는 정치적 상황 때문에, 하지만 그보다 더 큰 이유는 장기간 지속된 가뭄 때문에, 800만 에티오피아인들은 식량부족으로 극심한 굶주림에 처해 있었다. 매일 신문에는 외부의 도움을 전혀 받지 못하고 굶주려 죽어가는 사람들의 사진이 실렸다. 여덟 명 중 한 명, 즉 100만 명이 음식을 먹지 못해 아사하였다. 모든 인간을 먹이고도 남을 식량이 있는 이 지구에서, 농부들은 공급과잉으로 농작물을 폐기처분하고, 필요량보다 훨씬 더 많은 음식을 먹어 치우는 미국인들이 있는 이 지구에서 말이다. 나는 말라비틀어져 아무것도 나오지 않는 엄마의 젖을 힘없이 물고있는 아기의 사진을(굶주림으로 결국 엄마와 아기 모두 사망했다) 학생들에게 보여주었다.

학생들은 인간이 겪는 고통이 얼마나 심각한지 깨닫기 시작했다. 많은 학생들은 진지하게 고민했다. 수강 초기에 학생들은 고통의 문제에 대해 손쉬운 해답을 내렸다. 학생들이 내리는 가장 흔한 해답은 현재 대부분 서양인들이 쉽게 내리는 바로 그 해답이다. 그것은 인간의 자유의지와 관계된 것이다. 이 견해에 의하면 이 세상에 고통이 존재하는 이유는 하느님이 인간에게 자유의지를 주었기 때문이다. 자유의지가 없이 하느님을 사랑하고 그에게 순종한다면 인간은 그렇게 행동하도록 프로그램된 로봇에 지나지 않을 것이다. 하지만 우리에게 사랑하고 순종할 자유의지가 주어졌기에 역으로 우리가 미워하고 순종하지 않을 자유의지도 있다.

그리고 그것이 인간 세계에 고통을 가져왔다는 것이다. 히틀러, 홀로코스트, 이디 아민Idi Amin(우간다의 군인 출신 정치가로 쿠데타를 일으켜 정권을 장악하고 독재자로 군림하면서 수십만 명의 양민을 학살했다—옮긴이), 부패한 정부, 부패한 인간들, 이 모든 것들은 인간의 자유의지로 설명된다.

사실 이것은 라이프니츠를 비롯한 계몽시대 석학들의 해석이기도 하다. 라이프니츠는 이 세상이 최선의 상태가 되기 위해서는 인간에게 자유의지가 필요했다고 역설했다. 라이프니츠에 의하면 하느님은 전능하기 때문에 그가 원하는 어떤 형태의 세상도 만들 수 있었다. 또한 그는 사랑이기 때문에 인간에게 가장 최선의 세상을 만들어주고자 했다. 그러므로 인간에게 자유의지가 주어진 이 세상은 하느님이 선택한 최선의 세계임이 분명하다는 것이다.

다른 철학자들은 이 같은 견해가 말도 안 되는 주장이라며 일축했는데, 그중에서 가장 신랄하게 라이프니츠의 주장을 비판한 것은 프랑스의 철학자 볼테르였다. 그는 그의 고전소설 『캉디드Candide』에서, 이 '최선의 세상'에서 아무런 이유도 없이 고통을 겪는 주인공 캉디드의 이야기를 통해 라이프니츠의 주장을 거부하고, 그보다는 좀 더 일리가 있는 그의 견해를 피력했다. 볼테르에 의하면 이 세상에 왜 고통이 발생하는지, 그리고 그 의미가 무엇인지는 아무도 알 수 없다. 따라서 인간은 살아있는 동안 여건이 허락하는 대로 즐겁게 살기 위해 노력해야 할 뿐이라는 것이다.[6] 『캉디드』는 진정 재치있고 흥미로운 소설이다. 우리는 이 소설에서 깨달을 점이 많다. 만약 이 세상이 라이프니츠의 주장처럼 최선의 세상이라면, 그보다 못한 세상은 대체 어떨 것이란 말인가?

그런데 흥미롭게도—이것은 내 학생들이 놀라워한 부분이기도 하지만—하느님이 인간에게 자유의지를 주었고 그 자유의지 때문에 고통이 초래되었다는 해석은 성서에 나오지 않는 내용이다. 성서의 저자들은 인간이 자유의지를 갖지 않을 수도 있으리라고는 생각조차 하지 못했다. 그들은 프로그램된 대로 움직이는 로봇이나 기계에 대해서는 전혀 알지 못했다. 그들은 자유의지 외의 다른 것으로 인간에게 고통이 있는 이유를 설명하려 했다. 내 수업의 목표는 바로 고통의 문제에 대해 성서가 제시하는 해답들을 살펴보는 것이었다.

인간이 자유의지를 잘못 사용해 나쁜 선택과 행동을 한 결과 고통이 초래된다는 견해에서 허점을 발견하기란 매우 쉬운 일이다. 에티오피아나 독일 나치, 스탈린의 소련, 고대 이스라엘과 메소포타미아의 문제들은 인간이 초래한 정치적 문제로 해석할 수도 있다. 인간이 잘못된 의사결정을 한 결과 이러한 문제들이 생겨났다는 것이다. 하지만 가뭄은 어떻게 설명할 것인가? 가뭄은 누군가 비가 안 오도록 선택해서 일어나는 것이 아니다. 또 뉴올리언스를 강타한 허리케인은 어떠한가? 하룻밤에 몇십만 명을 죽인 대해일은? 지진과 산사태, 말라리아, 그리고 이질과 같은 전염병은? 이러한 예는 끝도 없이 들 수 있다.

고통이 인간의 자유의지에서 비롯되었다는 주장은 조금만 생각해봐도 오류를 발견할 수 있다. 하느님이 준 자유의지를 강조하는 사람들은 대부분 내세를 믿는다. 천국에 있는 사람들은 여전히 자유의지를 갖고 있을 것이다. 그들은 로봇이 아니지 않은가? 하지만 거기에는 고통이 없다. 그런데 생각해보자. 지상에서 자유의지를 선하게 행사하지 못했던 사람들이 어떻게 천국에서는 선하게만 자유의지를 사용하리라고 기대할 수 있겠는가? 만약 하느님이 인간에게 자유의지를 선물로 주었다면 어째서 그는 우리에게 자유의지를 선하고 현명하게 사용할 지혜를 함께 주지 않았는가? 하느님이 그럴 수 없었다고 말하지 말라. 그가 전능한 하느님이라고 주장한다면 말이다. 그리고 하느님이 자유의지를 잘못 행사하는 사람들에게 몸소 개입했다는 것을 믿는다면 말이다. 예를 들어 하느님은 이집트의 군대를 전멸시켰다. 그들이 자유의지를 갖고 이스라엘을 압제했다는 이유로 말이다. 또한 예수는 많은 사람들을 위해 오병이어의 기적을 행하였다. 자유의지로 점심을 싸오지 않은 사람들을 위해서 말이다. 그리고 하느님은 예수에게 사형선고를 내린 빌라도의 악한 자유의지를 무효화시켰다. 예수를 죽은 자 가운데서 다시 일으킴으로써 말이다. 만약 하느님이 이와 같이 인간의 자유의지에 적극적으로 개입한다면 왜 좀 더 자주 그렇게 하지 않는가? 아니, 왜 항상 그렇게 하지 않는가?

결국 우리가 말할 수 있는 것은 고통의 문제는 아무도 알 수 없다는 것뿐이다. 천국에서는 자유의지가 아무런 문제를 일으키지 않지만 지상에서는 그렇지 않은 이유를 우리는 알 수 없다. 하느님이 왜 인간에게 자유의지를 올바르게 행사할 수 있는 현명함을 주지 않았는지도 우리는 알 수 없다. 하느님이 왜 어떤 때는 인간이 자유의지로 선택한 일에 개입하고, 어떤 때는 개입하지 않는지도 도저히 알 길이 없다. 이것은 참으로 문제다. 왜냐하면 모든 것이 수수께끼라고 말하는 것은 결코 해답이 될 수 없기 때문이다. 그것은 해답이 없다고 인정하는 것이나 마찬가지다. 인간의 자유의지로 고통의 문제를 해석하려 하면 결국 모든 것은 불가사의하다는 결론에 이를 수밖에 없다.

그런데 사실은 그것이 성서가 말하는 것들 중 하나다. 우리는 왜 우리가 고통받는지 알 수 없다. 성서가 제시하는 해답은 그 외에도 다양한데, 이 다른 해답들은 더욱 빈번하게 성서에 등장한다. 러트거스대학교에서 나는 학생들에게 성서가 고통에 대해 어떠한 해답을 내놓는지 알아보도록 하였다. 성서 저자들이 고통의 문제에 대해 어떻게 생각했으며 어떠한 설명을 했느냐에 대해 찾아보고 평가하도록 말이다.

한 학기 수업이 끝난 후 나는 고통의 문제와 이에 대한 성서의 해답에 대한 책을 써보기로 결심했다. 하지만 아무리 생각해도 내가 이러한 책을 쓸 준비가 되어 있지 않다는 사실을 깨달았다. 당시 나는 30세에 불과했고 나름대로 이 세상의 많은 것들을 경험했지만 그것만으로는 결코 충분하지 않았다. 이러한 주제의 책을 쓰려면 더욱 많은 생각과 고민, 세상과 인생에 대한 깊은 이해와 지식이 필요했다.

그로부터 20년이 지난 지금, 나는 여전히 준비가 되지 않은 것 같다. 지난 수십 년 동안 더욱 많은 것을 경험하고 보아온 것은 사실이다. 그동안 나 자신도 많은 고통을 경험했고, 또 주변 사람들이 겪는 여러 가지 아픔과 괴로움을 보아왔다. 이혼, 질병, 한

창 나이에 암으로 사랑하는 이를 잃은 사람들, 자살, 선천적 기형과 장애를 갖고 태어난 아기들, 교통사고로 목숨을 잃은 아이들, 노숙자가 된 사람들, 정신병. 이 글을 읽는 독자도 지난 20년간 자신의 인생에 일어난 일들을 한번 머릿속에 나열해보라. 나는 또한 그동안 많은 책들을 읽고 다양한 뉴스들을 접했다. 나치 독일뿐 아니라 캄보디아와 르완다, 보스니아, 그리고 수단 다르푸르에서 일어난 대량학살 사건과 인종청소, 테러, 기아, 시대를 막론하고 끊임없이 발생하는 전염병, 한꺼번에 3만 명의 목숨을 빼앗아 간 콜롬비아 산사태, 가뭄, 지진, 허리케인, 대해일 등.

지난 20년 동안 많은 경험과 생각들을 했지만, 나는 아직도 책을 쓸 준비가 완전히 되었다고 말할 수 없다. 그러나 생각해보니, 앞으로 20년이 또 흘러가고 그 시간 동안 또 다른 일들을 경험한다 하더라도, 나는 여전히 지금과 같은 느낌일 것이라는 생각이 들었다. 그래서 나는 지금 책을 쓰기로 결심했다.

앞에서 말했듯이, 내가 이 책을 쓰는 목적은 고통의 문제에 대해 성서가 제시하는 해답들을 찾아보는 것이다. 그것은 다음과 같은 이유로 매우 중요한 일이다.

1. 많은 사람들에게 성서는 위로와 희망, 그리고 영감을 준다. 성서는 서양문화와 문명의 기초가 되어 비그리스도인들의 사고방식과 세계관에도 무한한 영향을 미쳤다. 인류 역사에 대한 성서의 영향력은 많은 사람들이 인정하는 것 이상이다.

2. 성서는 이 세상에 고통이 있는 이유에 대해 여러 가지 설명

과 답을 제시하고 있다.

3. 성서가 제시하는 해답들에는 종종 서로 모순이 있고, 현재 사람들의 생각과 차이를 보이기도 한다.

4. 대부분 사람들은—성서에 대해 막연한 경의는 갖고 있으나 완전히 신뢰하지는 않는 사람들뿐 아니라 헌신적인 그리스도인들 조차도—고통의 문제에 대해 성서가 제시하는 해답들을 잘 알지 못한다.

수년간 나는 고통의 문제와 관련하여 많은 사람들과 이야기를 나누었다. 사람들이 나타낸 반응은 때로 놀라웠다. 많은 사람들은 고통에 대해 말하는 것을 회피하고 싶어 했다. 이들에게 고통에 대한 대화는 화장실에서 볼일 보는 것에 대해 말하는 것만큼이나 거북한 주제다. 변비 같은 문제는 분명 존재하긴 하지만 남들과 말하기 불편한 주제이고, 분명 칵테일파티에서 말할 만한 이야기는 아니다. 또한 어떤 이들은—사실 많은 이들이—고통의 문제에 대해 지극히 단순하고 손쉬운 해답을 제시하며 그것에 대해 아무런 문제도 느끼지 못한다. 이 장을 읽는 독자들 가운데서도 도대체 무엇이 문제냐고 생각하는 이들이 적지 않을 것이다. 내가 이 세상에 존재하는 고통에 대해 이야기하면 사람들은 나에게 이메일을 보내 설명한다.('사람들이 그들의 자유의지로 고통을 자초하는 것이다', '고통은 우리를 단련시키기 위해 주어지는 것이다', '하느님은 때때로 우리를 시험하기도 한다' 같이.) 똑똑한 내 친구들을 포함하여 다른 사람들은 그것은 종교적 질문일 뿐 그렇게 머리 싸매고 고민할 문제는 아니라고 이야기한다. 그들은 넌지시 나에게 암시한다. 종교적 신앙은 사물을 이해하는 지적 시스템이 아니라고. 신앙이란 신비로운 것이고 주관적으로 신을 체험하는 것일 뿐이지 문제에 대한 해결책을 제시하지는 않는다고 말이다.

　나는 그들의 의견을 존중한다. 하지만 그들의 의견에 동의하지는 않는다. 내가 한때 믿었던 하느님은 인간사에 적극적으로 관여하는 하느님이다. 그는 이스라엘 백성을 노예생활에서 해방시켰으며, 세상을 구원하기 위해 예수를 이 땅에 보냈다. 그는 인간의 기도를 들어주며 절박한 상태에 있는 사람들을 도와주었다. 그는 나의 삶에도 적극적으로 개입하였다.(적어도 나는 그렇게 믿었다.) 하지만 나는 더 이상 그 하느님을 믿을 수 없게 되었다. 왜냐하면 이 세상에서 벌어지는 일들을 살펴볼 때, 그가 세상에 관여하지 않는다는 것이 분명해졌기 때문이다. 사람들은 나에게 하느님이 고통받는 사람들의 마음에 있다고 설명한다. 이들의 마음에 위로를 주고 어둠 가운데 희망을 준다는 것이다. 그것은 아름다운 생각이긴 하지만, 내가 보는 바에 의하면 사실이 아니다. 기근과 말라리아, 에이즈 등으로 죽어가는 많은 사람들에게 마음의 위로와 희망이란 없다. 단지 극심한 육체적 고통과 버림받았다는 상처와 정신적 괴로움뿐이다. 거기에 대해 몇몇 사람들은 단순한 해답을 제시한다. 괴로울 필요가 없다고. 믿음을 가져라. 그러면 이 모든 문제가 해결된다. 하지만 나는 그 말에 동의할 수 없다. 눈을 뜨고 세상을 둘러보라!

　내가 이 책을 쓰는 목적은 고통에 대해 성서가 어떻게 말하는지 살펴보기 위해서다. 성서가 어떠한 해답을 주고, 그 해답이 자신과 주위 사람들이 겪는 고통을 이해하는 데 어떠한 도움이 되며, 성서가 제시하는 해답이 과연 현실적으로 타당성이 있는지 알아보기 위해서다. 앞에서도 말했듯이, 많은 이들에게 의외겠지만, 성서가 제시하는 해답들은 우리가 기대했던 것과는 사뭇 다르기도 하고 서로 모순되는 부분들도 있다. 예를 들어 욥기를 읽어보면 고통에 대한 두 가지 해석이 나온다. 하나는 욥기 맨 처음과 마지막에 나오는 해석이고, 또 하나는 욥기의 많은 부분을 차지하는 중간 부분, 즉 욥과 친구들의 대화에서 나오는 해석이다. 그런데이 두 가지 해석은 서로 다르다. 또한 이 해석들은 예언서에 나오는 해석과는 차이가 있다. 구약의 많은 부분에서 발견되는 예언서의 해석은 또한 다니엘, 바울로, 심지어 예수와 같은 유대인 종말론자들의 해석과 또 다르다.

내 생각에는, 성서가 고통의 문제를 다양하게 해석하는 책이라는 점을 인정하는 것이 매우 중요하다. 그래야 성서가 어떤 이슈에 대해 단 한 가지 해답을 제시하는 책이라고 생각하는 오류에 빠지지 않을 수 있기 때문이다. 많은 사람들이 성서가 다양한 견해와 시각과 아이디어를 제시하는 책이라는 사실을 무시하고, 자신의 생각과 맞아떨어지는 구절들만 취사선택해 그것만이 유일한절대진리인 것처럼 생각한다. 예를 들어, 이 세상에는 자신의 성적 지향 때문에 차별과 냉대를 받는 수많은 사람들이 있다. 이러한 차별과 냉대는 성서에 동성애가 죄라고 나와 있다고 말하는 단순한 사고의 소유자들에게서 비롯된다. 이것은 많은 논의가 필요한 주제다. 많은 성서학자들은 이들의 견해에 동의하지 않는다.[7] 동성애가 성서에 죄라고 나와 있다며 이를 가혹하게 정죄하는 것은 자신의 신념과 일치하는 구절을 편리하게 선택한 뒤 다른 구절은 무시하는 처사다. 왜냐하면 동성애를 규탄하는 내용이 있는 바로 그 책에 부모에게 순종하지 않는 아이는 돌로 쳐 죽이고, 안식일에 일하는 자와 돼지고기를 먹는 자는 가차 없이 처단하며, 두 개 이상의 실을 섞어 짠 혼방면직물을 입는 자는 반드시 죽이라고 나와 있기 때문이다. 이러한 율법에는 어떤 것이 더 중요하고 어떤 것이 덜 중요하고가 없다. 모두 똑같은 율법이다. 하지만 많은 사람들에게 동성애는 단죄받아 마땅한 죄지만, 토요일에 일하면서 점심으로 햄 샌드위치를 먹는 것은 아무런 문제도 아니다.

그러므로 성서가 말하는 바를 개인의 편견으로 함부로 재단하지 말고 두루두루 섭렵해보는 것이 중요하다. 그리고 성서의 메시지를 공정하게 평가해볼 필요가 있다. 이것은 하느님에게 대항하여 이건 맞고 저건 틀리다고 대들라는 말이 아니다. 성서 저자들이 주장하는 바를 우리의 지성을 최대한 사용해 비판적으로 상고해보자는 의미다. 그것이 성적 지향이든, 주말에 근무하는 일이든, 우리가 먹는 음식 문제이든, 입는 옷의 문제이든 말이다.

이 책의 독자들에게 고통의 문제와 하느님, 그리고 종교에 대한 나의 견해를 받아들이라고 종용할 뜻은 전혀 없다는 점을 강조하고 싶다. 누군가의 신앙을 없애거나 종교를 버리라고 설득하려는 생각은 추호도 없다. 사람들에게 불가지론자가 되라고 권할 생각도 없다. 최근에 책을 발간한 몇몇 불가지론자나 무신론자 저자들처럼, 합리적 사고의 소유자나 최소한의 사고능력을 가진 사람이라면 인생의 중요한 문제들에 대해서 나와 같은 의견을 갖게 될 것이라고 확신하는 것도 결코 아니다. 내가 아는 것은 단 한 가지, 많은 이들이 고통의 문제에 대해 고민한다는 것이다. 우리 모두에게는 괴로움이 있으며 많은 사람들이 극심한 고통을 겪는다는 사실을 놓고 볼 때, 이것은 결코 무시할 만한 문제가 아니다. 경제적으로 여유가 있고 교육수준이 높으며 겉으로 보기에 편안한 삶을 살고 있는 사람들일지라도, 그 이면을 보면 직장에서 여러 가지 낙심되는 일을 경험하고, 예기치 못한 실직이나 소득절벽의 암초에 부딪히며, 자식이 죽거나 병에 걸리기도 한다. 사람들은 온갖 질병, 즉 암과 심장병, 에이즈 등에 걸린다. 모든 사람들이 고통을 겪다가 결국 죽음을 맞이한다. 고통이란 분명 생각할 필요가 있는 문제다. 또한 우리 앞에 살다간 옛 사람들이 이 고통의 문제에 대해 어떻게 생각했는지 살펴보는 것은 분명히 가치 있는 일이다. 이 책은 전 시대에 걸쳐 베스트셀러이며 현대문명과 문화의 기반이 된 성서를 저술한 저자들의 생각을 자세히 살펴보고자 한다.

이 책을 쓰는 목적은 사람들이 고통에 대해 생각해보게끔 돕는 것이다. 고통에 대한 책은 이미 수없이 많이 나와 있다. 그러나 이 책들 중에는 지적, 도덕적 문제가 있거나 실제 삶에 적용하기 어려운 책들도 여럿 있다. 어떤 책들은 고통의 문제에 대해 가볍고 손쉬운 해답을 던진다. 쉬운 해답을 원하는 사람들에게는 그러한 책들이 유용할 수 있다. 하지만 인생과 고통의 문제에 대해 깊이 생각하고 그러한 손쉬운 대답이 결코 해답이 될 수 없는 사람들에게 그러한 책들은 도움이 되지 않는다. 오직 마음만 더 상하고 괴로워질 뿐이다. 고통의 문제에 대해 단순한 신앙적 해법을 제시하는 책들도 있다. 믿음만 가지면 모든 것이 해결된다는 단순한 메시지로 일관하는 신앙서적들은 지금도 잘 팔린다.[8]

내가 보기에 도덕성에 문제가 있다고 판단되는 책들도 있다. 주로 지적인 신학자나 철학자들이 쓴 책들인데, 이 책들은 추상적인 악의 개념에 대해 현학적인 논의를 하며 신정론을 매우 지적으로 풀이한다.[9] 내가 도덕적으로 혐오스럽다고 말하는 이유는 이 책들이 사람들이 실제 당면한 통렬한 아픔과 괴로움에 대해 관심이 없기 때문이다. 이 세상을 살아가는 사람들이 실제로 경험하는, 그들의 삶을 갈가리 찢어놓는 고통의 문제보다는 추상적인 고통의 관념에 대해서만 이야기할 뿐이다.

이 책은 결코 고통에 대해 손쉬운 해답을 내놓거나 어려운 전문용어를 사용해가며 이해하기 어려운 철학적, 형이상학적 고찰을 하는 책이 아니다. 나는 이 책에서 유대교-그리스도교 문헌에서 제시하는 고통의 문제에 대한 해답들을 하나씩 살펴보고자 한다. 내가 던지고자 하는 질문은 다음과 같다.

성서 저자들은 고통에 대해 무엇이라고 말하는가?

고통에는 한 가지 해답이 있는가, 아니면 여러 가지 해답이 있는가?

서로 모순이 되는 해답들에는 어떠한 것들이 있으며, 그것이 왜 문제가 되는가?

21세기를 살아가는 우리는 수세기 전에 서로 다른 맥락에서 쓰인 해답들에 대해 어떠한 평가를 내려야 할 것인가?

궁극적으로 성서가 된 이 고대 문헌들을 살펴보며 거기서 다루는 내용을 깊이 고찰해보고, 인간의 삶에서 가장 절실한 문제가 되는 주제에 대해 독자들이 진지하게 생각해보기를 바란다. 바로 고통의 문제 말이다.

2장
우리가 겪는 고통은 진노한 신의 징벌인가

고통, 그리고 홀로코스트

고통에 대한 문제를 이야기할 때 홀로코스트를 빼놓을 수 없다. 홀로코스트는 인류 역사상 가장 극악무도하게 인간존엄성을 말살한 범죄다. 나치 학살부대에게 살해된 희생자들의 숫자를 단순 열거하는 것은 그 끔찍했던 참상을 상상하는 것보다 차라리 쉬운 일일 것이다. 600만 명에 이르는 유대인들이 단순히 유대인이라는 이유로 냉혹하게 살해되었다. 세 명 중 한 명꼴로 유대인이 이 지구상에서 사라진 것이다. 500만 명의 비유대인들 즉 폴란드인, 체코인, 집시들, 동성애자, 종교적 '일탈자들' 역시 이 시기에 희생되었다. 총 1,100만 명의 사람들이 힘 있는 자들이 보기에 용납할 수 없는 인간이라는 이유로 무자비하게 살해된 것이다. 희생자 한 사람, 한 사람은 모두 자기만의 이야기가 있는, 피와 살로 이루어진 사람들이었다. 이들은 소망과 두려움, 사랑과 미움, 가족과 친구, 각자의 물건들, 그리고 갈망을 지닌 사람들이었다. 그들에게는 모두 자기만의 삶의 이야기들이 있었다. 그들이 만약 살아있었더라면 주위 사람들에게 했을 그 이야기들 말이다.

홀로코스트 생존자의 이야기를 직접 들은 사람은 아마도 당시의 처참한 현장을 떠올리며 한동안 악몽을 꿀 것이다. 굶주리고, 매 맞고, 학대당하고, 인체실험의 대상이 되고, 극도로 비인간적인 환경에서 죽도록 일하다 목숨이 끊어지는 사람들을 상상해보라. 동물도 그렇게 다루지 않는다.

홀로코스트의 사망자 수는 가히 경악할 만하다. 폴란드에서 300만 명, 러시아에서 50만 명, 그리고 다른 작은 마을에서는 그곳에 거주하던 유대인이 모조리 목숨을 잃었다. 1944년 5월 부다페스트에서는 44만 명의 유대인이 강제추방되었는데, 그중 40만 명이 아우슈비츠에서 목숨을 빼앗겼다. 1941년 10월 루마니아의 오데사 시가 독일에 함락되었을 때 9만 명의 유대인들이 오데사에 살고 있었다. 이들 중 대부분은 바로 그 달에 총살당했다.[1] 다른 마을들도 이와 별반 다르지 않았다. 그 후에 쓰인 한 보고서에는 다음과 같은 내용이 적혀 있다.

1941년 가을에 SS 독일군 파견대가 한 마을에 나타나 모든 유대인들을 잡아갔다. 독일군은 유대인들에게 길옆에 있는 구덩이 앞에 쭉 늘어서서 옷을 모두 벗으라고 명령했다. SS의 대장이 말했다. 전쟁을 촉발시킨 것은 유대인이므로 유대인들은 모두 죗값을 받아야 한다고 말이다. 그의 연설이 끝나자마자 어른들은 총에 맞아 쓰러졌고 어린아이들은 총 개머리판으로 무자비하게 맞아 죽었다. 독일군은 이들의 시체에 가솔린을 뿌리고 불을 붙였다. 아직 목숨이 붙어 있던 아이들은 산 채로 불덩이에 던져졌다.[2]

어린아이들이 산채로 불에 타 죽었다! 이것이 살아남은 자들의 증언에서 반복해서 나오는 이야기다.

대부분 유대인들과 그 외 사람들은 수용소에서 목숨을 잃었다. 아우슈비츠 생존자 중 하나이며 유명작가이기도 한 프리모 레비는 그의 『아우슈비츠 보고서Aushwitz Report』[3]라는 책에서 그의 경험에 대해 말한다. 레비는 자신의 고향인 이탈리아 포솔리에서 650명의 다른 유대인들과 함께, 숨을 쉴 수도 없을 만큼 빽빽한 가축수송열차에 실려 아우슈비츠로 이송되었다. 이 650명 중 단 24명만이 살아남았다. 아우슈비츠에 도착한 후 525명의 사람들은 바로 가스실로 옮겨졌다. 몇 시간 후 이들은 모두 사망했고 시신은 용광로에 던져졌다. 나머지 100명은 수용소에서 죽도록 일하다가 목숨을 잃었다. 그 처참한 상황에 대해 상세한 기록들이 남아 있다. 레비 자신도 그 일이 일어나고 2년 후에 다음과 같이 기록하였다.

그때에는 (1944년 2월 이전) 의료처치라는 것이 아예 없었다. 아픈 사람들은 전혀 치료를 받지 못하고 강제노역에 동원되어 매일 일하다가 쓰러지곤 했다. 이런 일은 비일비재하게 발생했다. 사망 선고는 매우 간단하게 내려졌다. 두 사람이 이 일을 맡아서 했는데, 이 사람들은 의사가 아니었다. 이들은 근육질의 장정들로, 쓰러진 사람들을 몇 분간 주먹으로 팬 뒤 반응이 없으면 죽은 것으로 간주했다. 그러면 시신은 즉시 화장장으로 옮겨졌다. 그러나 만약 얻어맞은 후 몸을 움직이면, 그 사람은 목숨이 붙어있는 것이므로 다시 일터로 가야 했다.[4]

나치 살인부대의 냉혹한 효율성은 아우슈비츠 수용소의 사령관 루돌프 회스Rudolph Höss의 자서전에 냉담히 묘사되어 있다. 그는 아무런 감정의 동요도 보이지 않았다. 회스는 뉘른베르크에서 재판을 받던 중 자유 시간을 이용하여 자서전을 썼다.[5] 그는 쥐약 성분인 치클론 B 가스로 몇백 명을 한꺼번에 죽이고 화장장에서 그 시체들을 말끔히 처분한 것이 바로 자신의 아이디어였다고 사뭇 자랑스럽게 밝혔다. 그는 마치 즐거운 회상이라도 하듯이 다음과 같이 말했다. "1942~1943년에 두 개의 거대한 화장장을 건설했는데, 이 화장장은 각각 다섯 개의 불가마가 있고 이 불가마에는 각각 세 개의 문이 있었다. 이 화장장은 24시간 안에 약 2,000명을 화장할 수 있었다.[6] 이 거대한 화장장 외에도 규모가 작은 두 개의 화장장이 또 있었다." 과연 우리 인류가 여태껏 보아온 살인기계 중 가장 가공할 만한 것이다. 회스는 또한 "24시간 내에 가스실에서 죽어 화장된 사람 수 중 최고기록은 9,000명이 넘는다"[7]고 기록하였다. 무슨 경연대회 성적을 이야기하는 듯했다.

이토록 끔찍했지만 가스실은 다른 곳보다는 차라리 나은 곳이었다. 나치의 악마의사 멩겔레Mengele의 조수였던 미클로스 니스즐리Miklós Nyiszli는 약간의 의학지식이 있는 헝가리계 유대인이었다. 그는 멩겔레의 인체해부 작업을 도운 인물인데(예컨대 멩겔레는 아리안 여성들의 가임 능력을 높이는 요인을 발견하기 위해, 유대인 쌍둥이를 피험자로 한 '실험'을 실시하기도 했다), 그는 가스실 공간이 부족한 경우 생긴 일들에 대해 말하였다. "가스실로 들어가지 못한 나머지 사람들은 나치에게 발로 채여 구덩이 속에 설치된 커다란 장작더미 앞으로 끌려간 뒤 목 뒤에 총을 맞고 쓰러졌다. 그리고 불구덩이 속으로 던져졌다. 운 좋은 사람들은 먼저 죽었다. 저격수 무스펠트 상사는 죽지 않은 사람들에게 다시 총을 쏘았다. 하지만 몰레 상사 같은 사람은 그런 하찮은 일에 시간을 쓰지 않았다. 그는 많은 사람들을 산 채로 불구덩이 속으로 던져버렸다."[8]

어린아이들의 경우, 총알이라는 마취제마저 허락되지 않았다. 1942년 10월 7일부터 1945년 1월까지 2년 이상을 아우슈비츠 수용소에서 지낸 세베리나 스흐마글레브스카이아Severina Shmaglevskaya라는 폴란드 여성은 뉘른베르크 재판에서 당시의 끔찍한 상황에 대해 증언했다. 그녀는 이른바 '판별 과정'에 대해 이렇게 말했다. 유대인들은 두 집단으로 나뉘어졌는데, 한 그룹은 노동수용소로 보내지고 또 한 그룹, 즉 여성과 아이들을 포함한 대다수는 즉각 죽음의 길로 보내졌다. 다음은 그녀가 법정에서 증언할 때, 검사인 스미르노프Smirnov와 그녀 사이에 오간 질의문답에서 발췌한 내용이다.

스미르노프 검사: 증인은 아이들이 가스실로 끌려가는 모습을 직접 보았습니까?

스흐마글레브스카이아: 저는 화장장으로 연결되는 철도 근처에서 일했습니다. 때때로 저는 아침 시간에 독일군의 화장실 건물 근처에 아이들이 실려 오는 모습을 보았습니다. 강제수용소에는 많은 유대인 어린이들이 끌려왔습니다. 아이가 여럿 있는 가족들도 많았습니다. 화장장 앞에서 사람들은 두 그룹으로 나뉘어졌습니다. 어린아이를 품에 앉거나 유모차에 태운 여자들, 그리고 좀 더 큰 아이들과 함께 있는 여자들은 아이와 함께 화장장으로 보내졌습니다. 그리고 화장장 바로 앞에서 아이들은 부모들로부터 강제로 떼어졌습니다. 어른들이 가스실에서 죽는 동안, 어린아이들은 화장장으로 끌려가 불구덩이 속으로 던져졌습니다. 가스로 질식하지 않은 상태에서 말입니다.

스미르노프 검사: 이것을 어떻게 이해해야 할까요? 산채로 불 속에 던져졌다는 말입니까? 아니면 다른 방법으로 목숨을 잃은 후 불에 던져졌다는 말입니까?

스흐마글레브스카이아: 산채로 불구덩이에 던져졌습니다. 수용소 전체는 어린아이들의 비명소리로 가득했습니다.[9]

어린아이들의 울음소리, 맹렬히 불타오르는 용광로 속에서 울부짖는 어린아이들의 비명소리!

사형장으로 끌려가지 않고 노동수용소로 가도록 '선택'된 사람들이라고 해서 사정이 더 나은 것은 아니었다. 그들은 굶주림에 시달리고, 무참하게 학대당하고, 매를 맞고 죽도록 일하다가 결국 죽임을 당했다. 멩겔레의 조수 니스즐리의 보고에 의하면 대부분 사람들이 3, 4개월의 고된 노역 끝에 목숨을 잃었다. 이것은 단지 아우슈비츠의 이야기가 아니다. 다른 수용소들도 형편이 마찬가지거나 심지어 더 나쁜 곳도 있었다. 예를 들어 벨제크에는 수십만 명의 수감자들이 있었는데 그 중 단 한 사람만이 살아남았다.[10]

이 모든 통계와 숫자들, 비인간적으로 대우받고 잔혹하게 살해당한 수백만 명의 이야기를 우리는 어떻게 이해할 수 있을까? 홀로코스트를 어떻게 이해해야 하느냐는 말이다. 처참한 종말을 맞은 600만 명의 유대인들과 그 외의 500만 명의 비유대인들에 대해 어떤 해석을 할 수 있겠는가? 유대인들은 하느님에게 선택된 민족이었다. 하느님에게 특별한 선민으로 채택되어 그에게 헌신하며 은총을 받기로 되어 있던 민족이었다. 유대인들이 이런 일을 당하기 위해 선택되었다는 말인가?

믿기 어렵겠지만, 그것이 사실이라고 믿는 그리스도인들도 있다. 초대 교회 시대부터 중세, 종교재판 시대, 그리고 동유럽의 유대인 대학살 사건에 이르기까지 반유대인 정서에 힘을 실어주었던 것은 이런 그리스도인의 시각이었다. 2차 세계대전 직후, 유대인 집단학살의 본거지인 독일의 다름슈타트 시에서 개최된 독일 복음주의자 회의에서는, 홀로코스트의 유대인 수난이 그들이 예수를 못 박고 핍박한 죄로 하느님이 직접 개입하여 벌을 내린 사건이라고 해석하였다.[11] 이것은 독일 그리스도교계의 수치로 길이 남을 일이다. 누가 보더라도 홀로코스트에 희생된 사람들은 무고한 이들이다. 우리처럼 평범한 사람들이 가족으로부터, 그리고 직장으로부터 뿌리째 뽑혀 상상할 수조차 없는 잔혹함에 내팽개쳐진 것이었다.

어떻게 하느님은 이런 일이 일어나도록 내버려 두었을까? 단 한 명의 무고한 죽음도 이해하기 어렵다. 단 한 명의 5세 소년이 가스실에서 죽는 것도, 단 한 명의 10대 청소년이 굶어 죽는 것도, 단 한 명의 엄마가 세 명의 아이를 두고 얼어 죽는 것도, 단 한 명의 은행원이, 화학자가, 의사가, 선생이 똑바로 일어서지 못했다는 이유로 온몸이 피투성이가 될 때까지 두들겨 맞고 총에 맞아 죽는 것도 우리는 이해할 수 없다. 그런데 우리는 지금 한두 명, 혹은 세 명의 무고한 죽음에 대해 이야기하는 것이 아니다. 우리는 영문도 모른 채 죽어간 600만 명의 유대인들과 500만 명의 비유대인들을 말하는 것이다. 이들의 고통과 아픔, 괴로움에 대해 쓰려면 끝이 없을 것이다. 이들의 이야기를 모두 책으로 쓴다면 그 책을 이 세상에 다 담을 수도 없다. 그런데 어떻게 하느님은 그가 '선택한 백성'과 또 다른 사람들이 이러한 일을 당하도록 그냥 외면하고 내버려둘 수 있었을까?

계몽주의 시대부터 있어온 신정론의 현대철학은 이처럼 이해 불가능한 고통 가운데서 하느님의 존재를 어떻게 이해해야 하는가에 초점을 맞추었다. 옛날 사람들에게는 신의 존재가 너무나 당연했다. 하느님이 존재한다는 것은 지극히 당연한 사실이고, 문제는 단지 이 세상의 현 상태 속에서 하느님의 뜻을 어떻게 이해하느냐였다. 온 세상에 충만한 하느님이 몸소 우리 인간사에 관여하는데 왜 이렇듯 많은 고통이 있는지 이해해보자는 것이다.

많은 성서의 저자들 또한 이 문제로 고심했다. 창세기에서부터 요한묵시록에 이르기까지 성서 저자들은 고통의 문제에 대해 고민하고 토론하고 괴로워했다. 성서의 많은 부분이 이 고통의 문제를 다룬다. 만약 하느님이 유대인을 혹은 그리스도인을 자기 백성으로 선택했다면, 왜 그는 이들을 고통에서 보호하지 않는 것인가? 과거에는 홀로코스트 같은 사건이 없었던 것이 사실이다. 이런 대학살을 위해서는 현대문명의 기술이 필요하다. 몇백만 명의 사람들을 실어 나르는 철도와 한꺼번에 몇천 명을 죽일 수 있는 가스실과 특수제작된 화장장 등. 하지만 과거에도 이에 비견할 만한 온갖 처참한 고통들이 있었다. 패전의 참혹함과 전쟁포로에 대한 잔인함, 고문, 기근, 수많은 역병과 전염병, 선천적 장애와 기형, 유아사망 및 영아살해 등 예를 들자면 끝도 없다.

이런 일들에 대해 성서의 저자들은 어떻게 설명하는가?

가장 흔히 등장하는 설명은(구약성서에서 많은 부분을 차지하는) 많은 현대인들이 느끼기에 지나치게 단순하고 모순되며 동의하기 어려운 내용이다. 그것은 바로 하느님이 사람들에게 고통을 주기 때문이라는 것이다. 그렇다면 하느님은 왜 사람들에게 고통을 주는가? 사람들이 하느님에게 순종하지 않았기 때문이다. 고대 이스라엘 사람들은 하느님의 권능에 대해 한 치의 의심도 하지 않았다. 따라서 어떤 일이 발생했다면 그것은 하느님이 허락한 일임에 틀림없었다. 따라서 하느님의 백성이 고통을 받는다면, 그것은 그들이 뭔가 잘못해 하느님의 진노를 샀기 때문이다. 고통은 죄에 대한 벌로 주어지는 것이다.

이러한 관점은 어디에서 비롯되었을까? 성서는 어떠한 맥락에서 이러한 견해를 나타내는 것인가? 고통이 죄에 대한 벌이라는 성서의 고전적 관점을 이해하기 위해, 우리는 역사적 배경을 살펴볼 필요가 있다.

고통이 징벌이라 믿은 사람들

고대 이스라엘 종교는 수세기 동안 많은 세대를 걸쳐 내려온 구전에 그 뿌리를 두고 있다. 성서는 오랜 기간 입에서 입으로 전승된 이야기를 글로 쓴 것이다. 구약의 처음 다섯 권은 모세5경 Pentateuch(다섯 개의 두루마리 책) 혹은 토라Torah(지도서, 안내서 또는 율법서를 의미)라고 불린다. 이 책에는 천지창조 이야기, 유대민족의 선조, 즉 아브라함과 그의 아들 이사악, 이사악의 아들 야곱, 그리고 이스라엘의 열두 지파가 된 야곱의 열두 아들 이야기(창세기), 이집트에서 종살이하던 이스라엘 민족의 이야기(출애굽기), 이스라엘 민족이 위대한 지도자 모세에 의해 이집트를 탈출해 나와 시나이 산에서 율법을 받은 이야기(출애굽기, 레위기, 민수기) 등이 전해진다. 이스라엘 민족이 가나안에 들어가기 전에 광야에서 헤매던 때의 이야기(민수기)와 하느님이 그들에게 약속한 땅에 대한 이야기(신명기)도 실려 있다. 많은 사람들이 모세가 직접 모세5경을 쓴 것으로 알고 있지만, 사실 이 책들에는 그러한 주장이 없다. 신학자들은 약 150년 전부터 모세가 모세5경의 저자일 가능성이 없다고 말해왔다. 모세는 기원전 1300년경에 살았던 인물로서, 그보다 훨씬 나중에 쓰인 모세5경은 수세기 동안 전승되어 온 구전을 기초로 쓰인 책들이다. 오늘날 학자들은 모세5경의 기초자료가 된 여러 개의 원조 문헌들이 있었다는 것에 동의하는데, 지금의 형태로 쓰인 모세5경은 모세가 죽은 지 800여 년이 지난 후에 쓰인 것으로 추정된다.[12]

모세5경은 이스라엘 백성이 하늘과 땅을 창조한 유일신 하느님과 어떠한 관계인지에 대해 자세히 기술하고 있다. 고대 이스라엘 사람들은 그것이 역사적으로 정확한 사실일 뿐 아니라 신학적으로도 매우 중요한 의미가 있다고 생각했다. 모세5경에 기록된 대로 하느님은 이스라엘을 그의 특별한 백성으로 선택했다. 그들이 민족을 이루기도 전에 말이다. 세상이 창조되고 홍수 때문에 멸망하여 다시금 인간이 번창하게 된 후(창세기 1-11), 하느님은 한 남자 아브라함을 선택해 만군의 주에 종속된 특별한 민족의 아버지가 되게 하였다. 아브라함의 자손들은 하느님의 편애를 받는 그의 백성이 되었다. 그런데 아브라함으로부터 두 세대가 지났을 때, 그의 가족은 이스라엘의 기근을 피하여 이집트로 이주하게 되었다. 거기서 이들은 숫자가 불어나 큰 민족을 이루었다. 이스라엘 백성의 숫자가 많아지고 강해지자 두려움을 느낀 이집트인들은 이스라엘 백성을 노예로 부리게 되었고, 이스라엘 백성의 고통이 시작되었다.

그러나 하느님은 아브라함을 이 민족의 아버지로 삼겠다는 자신의 약속을 기억했다. 그는 강한 지도자 모세를 들어 이스라엘 백성을 이집트인들의 손에서 구해냈다. 모세는 파라오가 이스라엘 백성을 포기하게 만들기 위해 여러 기적을 행하였고, 파라오는 결국 백기를 들었다. 그런데 이스라엘 백성이 광야로 떠나가자 파라오는 생각을 바꾸어 이들을 추격하기 시작했다. 하느님은 다시 손을 들어 가차 없이 파라오와 이집트 군대를 쳤고, 이스라엘 백성은 홍해(혹은 갈대바다)를 건넜다. 하느님은 이스라엘 백성을 거룩한 땅 시나이 산으로 인도하여, 모세의 손을 통해 십계명과 율법들을 내리고 이스라엘 민족과 계약(혹은 평화조약)을 맺었다. 이들은 하느님과 계약한 백성이었다. 그것은 곧 이들과 하느님과의 정치적 합의 또는 평화협정이 이루어졌음을 의미한다. 즉 하느님은 이스라엘을 자신의 백성으로 선택해 이들을 이집트의 노예생활에서 구원한 것처럼 영원토록 이들을 보호하고 지켜줄 것이며, 이스라엘 민족은 그 대가로 하느님의 율법을 지키고 율법에 따라 그에게 예배를 드리며 (레위기에 상세하게 지시되었듯이) 사람들 간의 관계에서도 하느님의 선민으로서 바른 행실을 하기로 약조를 맺었다.

모세5경 다음에는 다른 역사서들이 구약성서에 등장한다. 여호수아, 판관기, 사무엘상하, 열왕기상하가 그것이다. 이 책들에는 하느님이 이스라엘 백성에게 약속의 땅을 준 과정(여호수아에 나와 있듯이, 그 땅에는 이미 다른 사람들이 살고 있었으므로 이스라엘 사람들은 전쟁을 벌여 이들을 쳐야 했다), 하느님이 종교적 지도자들을 통해 이들을 다스린 이야기(판관기), 왕정이 시작되고(사무엘상) 연합된 왕국에서 사울, 다윗, 솔로몬 왕이 다스리던 때의 일들, 그리고 왕국이 북쪽의 이스라엘(혹은 에브라임)과 남쪽의 유다로 분열된 이야기들이 실려 있다. 또한 북이스라엘 왕국에 내린 재앙, 특히 북이스라엘이 기원전 722년에 메소포타미아의 첫 번째 세계왕국을 건설한 아시리아의 손에 멸망한 이야기와, 1세기 반 후 기원전 586년에 남유다 왕국이 아시리아를 쓰러뜨린 바빌론에 의해 멸망한 이야기가 상세히 기록되어 있다.

이 모든 이야기들, 특히 모세5경에 나오는 이야기가 역사적 사실인지 그 여부를 논의하는 것은 내가 이 책을 쓰는 목적에서 벗어난다. 몇몇 학자들은 창세기에서 신명기까지의 이야기들이 역사적 사실을 담았다고 말한다. 다른 학자들은 그것이 모두 후세에 지어낸 이야기라고 주장한다. 대부분 학자들은 이 이야기들의 뿌리에 어느 정도 역사적 사실이 있었던 것은 사실이지만, 수세기 동안 구전에 구전을 거듭한 결과 이야기가 과장되고 변형되었을 것이라는 데 동의한다.[13] 분명한 것은 고대 이스라엘인들이 자신들의 선조에 대한 이 이야기를 그대로 믿었다는 사실이다. 이스라엘 백성은 하느님의 선택을 받은 백성이다. 하느님은 그들의 선조와 특별한 관계를 약속했고, 그들을 이집트의 압제에서 구해냈으며, 그들에게 율법을 주고 약속의 땅으로 인도했다. 그는 능력의 주 하느님이며 하늘과 땅의 창조주이고 모든 것을 다스리는 통치자다. 하느님은 권능이 있고 말씀만으로 자신의 뜻을 이룬다. 그리고 하느님은 작디작은 이스라엘의 편에 서 있으며, 이들이 그에게 헌신하는 대가로 그들을 보호하고, 약속의 땅에서 번창하도록 돕는다.

이러한 선민사상을 지닌 이스라엘 사람들이 일이 잘못되고 고난이 닥칠 때 어떠한 생각을 했을까? 전쟁에서 패하거나 정치적 혼란이 발생하거나 경제적 어려움이 생길 때 이를 어떻게 해석했겠느냐는 말이다. 가뭄과 기근, 그리고 역병에 대해 이들은 어떻게 이해했을까? 국가 차원뿐 아니라 개인적으로 겪는 고통들, 즉 굶주리고 치명상을 입으며, 자식들이 사산되거나 각종 장애를 갖고 태어나며, 끔찍한 가난에서 벗어나지 못하는 고통은 어떻게 설명될 수 있을까? 만약 하느님이 권능의 창조주라면, 그리고 그가 이스라엘을 선민으로 택하여 성공과 번성을 약속했다면, 왜 이스라엘이 이와 같은 고통을 겪는가? 결국 북이스라엘 왕국은 이방 국가에게 완전히 멸망하였다. 150년 후에는 유다 왕국 또한 멸망하였다. 어찌하여 하느님은 그가 약속한대로 이스라엘 백성을 지켜주지 않았는가?

이것이 이스라엘 백성이 안타깝게 외치는 질문이었다. 그리고 그에 대한 대답은 예언자들Prophets(예언자란 미래를 점치는 사람이 아니라 하느님의 말씀을 대신 전하던 '선지자' 혹은 '대언자'를 의미한다—옮긴이)이라 불리는 당시의 사상가들에게서 나왔다. 예언자들은 이스라엘이 겪는 고통은 그들이 하느님에게 순종하지 않았기 때문에 내려진 벌이라고 단언하였다. 이스라엘의 하느님은 사랑과

긍휼의 하느님일 뿐 아니라 진노의 하느님이기도 하다. 그가 택한 백성이 죄를 지었으면 죗값을 치러야 했다.

고통에 대한 첫 번째 설명, 예언서

예언서들은 오늘날 성서에서 잘못 이해되는 부분 중 하나다. 사람들이 종종 맥락을 쏙 빠뜨리고 몇몇 구절을 따로 빼내서 읽기 때문이다.[14] 많은 보수적인 그리스도인들은 예언서를 마치 수정 구슬마냥 우리의 미래를 예측해주는 예언으로 해석한다. 예언서 저자들이 말하던 시대에서 2,000년 이상을 제멋대로 뚝 떼어내서 말이다. 이것은 성서를 매우 자기중심적으로 해석하는 처사다. 모든 것이 '나'에 관한 이야기라고 보는 것이다. 그러나 성서 저자들은 자신들의 맥락과 주제를 갖고 있었다. 그리고 그 맥락과 주제는 그들이 처한 시대 상황과 관련된 것이지 우리에 관한 것이 아니었다. 예언자들은 그 시대를 살던 사람들에게 관심이 있었지 지금의 우리에게 관심이 있었던 것이 아니다. 성서를 자기본위적으로 읽는 사람들은 예언서에 중동 전쟁과 사담 후세인에 대한 예언이 있다거나 아마겟돈에 대한 예언이 있다고 말한다. 예언서의 전체 맥락을 살피지 않고 한두 구절을 뚝 떼어내어 읽기 때문이다. 하지만 예언서를 처음부터 끝까지 읽어보면 저자들이 당시 시대에 대해 말한다는 사실을 분명히 알 수 있다. 예언서 저자들은 독자가 그 글의 역사적 상황을 이해할 수 있도록 어느 왕의 시대에 글을 쓰는지 밝히고 있다.

예언자란 누구인가? 구약성서를 살펴보면 크게 두 종류의 예언자가 등장한다. 첫째는 하느님 대신 말하는 선지자다. 즉 이들은 하느님의 대변인으로서 하느님이 그의 백성에게 말하고자 하는 메시지를(그들이 이해한 대로) 입으로 전달하고, 하느님이 무엇을 원하며 그것을 어떻게 하길 원하는지 사람들에게 알려주었다. 이 선지자들은 이스라엘 백성이 하느님 앞에 올바로 서기 위하여 그들의 행실을 돌이켜 회개해야 한다고 힘주어 말했다. 둘째는 오늘날 우리에게 좀 더 친숙한 대언 필자들이다. 이들은 하느님의 뜻을 글로 받아 적어 이스라엘 백성에게 전달하였다. 이 고대 이스라엘 예언자들의 글 중 일부가 나중에 성서로 자리매김한 것이다. 이 대언 필자들은 이사야, 예레미야, 에제키엘 같은 '대예언자'와 그 외 '소예언자'로 나뉜다. 이 대소의 구분은 이들이 쓴 글의 중요성 때문이 아니라 글의 분량 때문이다. 소예언자들은 대예언자들보다 일반인들에게 덜 알려졌으나 동일하게 강력한 메시지를 전하고 있다. 이들은 호세아, 요엘, 아모스, 오바디야, 요나, 미가, 나훔, 하바꾹, 스바니야, 하깨, 즈가리야, 그리고 말라기다.

이 예언자들의 공통점은 이들이 모두 하느님의 메시지를 전하고 하느님의 말씀을 그들이 이해한 대로 그의 백성에게 들려준다는 것이었다. 이들은 곧 하느님의 대변인이었던 것이다. 예언자들은 구체적 상황에 대해 하느님이 사람들에게 하고자 하는 말을 전달하며, 하느님이 보기에 이들의 잘못이 무엇인지, 어떤 행동이 어떻게 변해야 하는지 지적하였다. 또한 이들은 만약 사람들이 말을 듣지 않는다면 어떤 일이 일어날지를 엄중히 경고했다. 바로 이 "순종하지 않으면 어떻게 되는지"가 예언자들이 말하는 '예언'인 것이다. 이들은 수천 년 후에 세상이 어떻게 되는지에 대해서 말하지 않았다. 이들은 그 시대 사람들에게 하느님이 그들에게 원하는 바가 무엇이며, 만약 그들이 순종하지 않으면 어떤 일이 벌어질지 말했던 것이다.

예언자들은 사람들이 하느님의 명령을 지키지 않을 때 무서운 결과가 기다린다고 믿었다. 그들의 눈에 하느님은 엄한 통치자로, 그의 백성이 의롭게 행하도록 만들기로 작심한 존재였다. 만약 사람들이 잘못 행하면 그는 가차 없이 벌을 내릴 것이다. 과거에도 그러했듯이 말이다. 하느님은 가뭄과 기근, 가난, 정치적 혼란, 그리고 전쟁의 패배를 안겨줄 것이다. 그 무엇보다도 전쟁에서의 패배를 말이다. 이스라엘 백성을 노예생활에서 해방시키기 위해 이집트 군대를 친 하느님은 만약 이스라엘 민족이 그의 백성으로서 행실을 바로 하지 않으면 그들 역시 매로 칠 것이다. 예언자들이 보기에 이스라엘 백성이 경험하는 온갖 패배와 고난은 이들의 범죄에 대한 하느님의 징벌이며 이들을 죄의 길에서 돌이키려는 그의 섭리였다.(이 책의 뒷부분에서 다룰 내용이지만, 예언자들은 사람들이 고통을 겪는 이유가 다른 사람들의 범죄로 인한 것이라고도 생각했다. 예를 들어 돈과 권력이 있는 사람들이 가난하고 약한 사람들을 압제하는 범죄 말이다. 하느님은 바로 이러한 죄에 분노하여 한 나라를 패망케 한다.)

대언 필자들은 고대 이스라엘에 닥친 두 차례의 거대한 재앙의 시기에 많은 예언들을 기록했다. 이 두 가지 재앙이란 기원전 8세기에 북이스라엘 왕국이 아시리아에 파멸한 사건과, 기원전 6세기에 남유다 왕국이 바빌론에 의해 패망한 사건을 말한다. 이 예언자들의 주장을 좀 더 자세히 알아보기 위해 이 책에서는 몇몇 성서 구절을 소개하고자 한다. 이 책에 소개된 구절들은 죄와 벌에 대해 매우 생생하게 묘사하고 있다.[15]

드고아의 아모스

죄와 고통의 관계에 대한 예언자적 관점은 히브리 성서의 보석 중 하나인 아모스에 잘 나와 있다.[16] 아모스라는 인물에 대해서는 성서 어디에도 자세히 기록되어 있지 않다. 단지 우리가 알 수 있는 것은 그가 남부 지역 유다 태생이며 예루살렘의 작은 마을 드고아 사람이라는 사실이다.(아모 1,1.) 그는 자신이 양을 치는 목자라고 두 번 언급했고(아모 1,1; 7,14) 뽕나무(돌무화과나무)를 키우는 농부라고도(아모 7,14) 말했다. 그의 직업을 고려해볼 때 많은 사람들이 그를 유다의 하위계급 출신이라고 생각하지만, 그가 글을 쓸 줄 알았고 수사법에 능했다는 것을 감안할 때 그는 가축을 소유한 풍족한 지주였음을 짐작할 수 있다. 그러나 그는 부유한 상위계층 편에 선 사람이 아니었다. 되려 그가 쓴 글 대부분은 가난한 이를 착취해 돈을 번 부자들을 겨냥한 것이었다. 그는 바로 이 부자들의 못된 행실 때문에 이스라엘이 곧 멸망하게 될 것이라고 믿었다. 그는 그가 살던 남쪽 지방을 떠나 북쪽 지방으로 건너가서 하느님의 심판이 북이스라엘 왕국에 내릴 것이라고 경고했다.

아모스의 서론에는(아모 1,1) 우찌야가 유다 왕국의 왕이고(기원전 783~742) 여로보암이 북이스라엘의 왕이었던(기원전 786~746) 시대에 아모스가 하느님으로부터 계시받은 말씀을 전한다고 나와 있다. 이 시대는 두 왕국이 아직 평온하던 시대였다. 남쪽의 힘 있는 국가 이집트와 북쪽의 제국 아시리아는 아직 이 "약속의 땅"에 살았던 사람들에게 위협을 가하지 않았다. 하지만 이것은 곧 바뀔 일이었다. 아모스는 하느님이 주변 이방국가들을 들어 그의 백성들을 칠 것이라고 선언했는데, 그것은 하느님의 백성이 그의 뜻을 저버리고 하느님과 맺은 계약을 깨뜨렸기 때문이다. 아모스는 이스라엘 백성이 전쟁에서 패배하고 파멸할 것이라고 예언했다. 그의 말은 그대로 들어맞았다.[17] 우찌야의 태평시대 20여 년 후, 아시리아는 힘을 키워 북이스라엘을 공격하고 백성들은 사방으로 흩어졌다. 아모스가 예언을 선포했을 당시, 사람들은 그가 쓸데없이 암울한 경고를 한다고 생각했을 것이다. 왜냐하면 당시는 평화로운 시기였으며, 부자들은 번영을 누렸기 때문이다.

아모스는 아모스서 전체의 성격을 결정하는 특유의 단호한 톤으로 그의 예언을 시작한다. 죄를 저지른 이웃나라들에 하느님의 진노가 임하여 그들이 멸망하게 될 것이라는 예언이다.[18] 아모스서의 서두는 시리아의 수도 다마스쿠스가 작은 고을 길르앗을 멸한 죄로 징벌을 받을 것이라는 내용으로 시작된다.

나 야훼가 선고한다.

다마스쿠스가 지은 죄,

그 쌓이고 쌓인 죄 때문에

나는 다마스쿠스를 벌하고야 말리라.

쇠꼬챙이 박힌 타작기를 돌리며 길르앗 주민을 짓바순 죄 때문

이다.

하자엘의 대궐에 불을 질러

벤하닷의 궁궐들을 살라버리리라.

다마스쿠스 성의 빗장을 부수고 아웬 평야에 군림한 자,

베데덴에서 왕권 잡은 자를 죽이고 아람 백성을 키르로 잡혀가

게 하리라.(아모 1,3-5.)

군대로 남의 나라를 약탈한 다마스쿠스의 국민들에게는 전쟁
에서의 패배(불과 꺾어진 빗장)가 기다렸다. 블레셋의 가자 성에도
같은 징벌이 내려진다.

나 야훼가 선고한다.

가자가 지은 죄,

그 쌓이고 쌓인 죄 때문에

나는 가자를 벌하고야 말리라.

사람들을 마구 잡아다가

에돔에 팔아 넘긴 죄 때문이다.

가자 성에 불을 질러

그 궁궐들을 살라버리리라.
아스돗에 군림한 자,
아스클론에서 왕권 잡은 자를 죽이고
손을 돌이켜 에크론을 쳐,
남아 있는 불레셋 사람을 다 멸하리라.(아모 1,6-8.)

그다음 절에도 이러한 내용이 계속된다. 아모스 1-2장은 이스라엘의 일곱 개 인접국가에 대한 군사적 패배와 징벌에 대한 예언이다. 이스라엘에 살고 있는 백성들은 아마도 머리를 끄덕이며 이 예언에 동의했을 것이다. 맞아, 맞아! 사악한 나라들은 벌을 받아 싸고말고! 하느님이 그들을 심판하시는 게야.

그런데 아모스의 손가락은 돌연 이스라엘 백성으로 향한다. 그리고 아모스는 그의 수사법을 사용하여, 이스라엘 백성이 자기 편인 줄로만 알았던 하느님의 진노로 인해 그들 역시 멸망하게 될 것이라고 예언한다.

나 야훼가 선고한다.
이스라엘이 지은 죄,
그 쌓이고 쌓인 죄 때문에
나는 이스라엘을 벌하고야 말리라.
죄없는 사람을 빚돈에 종으로 팔아 넘기고,
미투리 한 켤레 값에
가난한 사람을 팔아 넘긴 죄 때문이다.

너희는 힘없는 자의 머리를 땅에다 짓이기고

가뜩이나 기를 못 펴는 사람을

길에서 밀쳐낸다.

아비와 아들이 한 여자에게 드나들어

나의 거룩한 이름을 더럽힌다.

저당물로 잡은 겉옷을

제단들 옆에 펴놓고 그 위에 뒹굴며,

벌금으로 받은 술을

저희의 신당에서 마신다.

……

보아라, 내가 너희를

무거운 짐을 싣고 뭉그적거리는 송아지 꼴로 만들리라.

아무리 걸음이 빨라도 달아나지 못하고

아무리 힘이 세어도 그 힘을 써보지 못하고

아무리 장사라도 목숨을 건지지 못하리라.

아무리 활 잘 쏘는 군인이라도 별 수 없고

아무리 발이 빨라도 살아날 길 없고

아무리 말을 잘 타도 목숨을 건지지 못하리라.

그 날이 오면,

아무리 용감한 장사라도 맨몸으로 도망치리라.

-야훼의 말씀이시다.(아모 2,6-16.)

하느님의 백성 이스라엘은 그들의 죄로 인하여 전쟁에서 패하고 말 것이다. 그들은 사회적인 죄와 종교적인 죄 둘 다를 범하였다. 그들은 궁핍하고 가난한 자를 압제했으며, 아버지와 아들이 한 여자와 관계를 맺는 음란죄를 저지르는 등 하느님의 거룩한 율법을 깨뜨렸다.(레위 18,15; 20,12.) 아모스는 이스라엘이 하느님의 선민이므로 이러한 범죄가 더욱더 중하고 징벌 또한 더욱 무거울 것이라고 단언했다. "세상 많은 민족들 가운데서 내가 너희만을 골라내었건만 너희는 온갖 못할 짓을 다 하니 어찌 벌하지 않으랴?"(아모 3,2.) 그들이 어떤 벌을 받을 것인지는 성서에 구체적으로 나와 있다. "적이 사방에서 이 땅에 몰아쳐와, 축성들을 허물고 궁궐들을 약탈하리라."(아모 3,11.) 아모스는 미래에 있을 군사적 재앙과 정치적 패망이 단지 인류 역사에서 발생하는 불행한 사건이 아니라 하느님의 계획이라고 해석했다. 하느님이 미래의 재앙에 대해 직접 선포한 것이다. 아모스는 계속해서 수사적 반문을 한다. 이 모두 응당 "아니요!"라는 대답이 잇따라야 할 질문들이다.

> 두 사람이 길을 같이 간다면,
> 미리 약속되어 있는 것이 아니겠느냐?
> 사자가 잡아먹을 것이 없는데도
> 숲 속에서 으르렁거리겠느냐?
> 사자가 움켜잡은 것이 없는데도
> 굴 속에서 소리를 지르겠느냐?
> 미끼가 없는데도

새가 창애에 내려와 걸리겠느냐?

아무것도 걸리지 않았는데

창애가 퉁겨 오르겠느냐?

성 안에서 비상 나팔이 울리는데

놀라지 않을 자 있겠느냐?

성 안을 휩쓰는 재앙,

야훼께서 내리시는 것이 아니겠느냐?(아모 3,3-6.)

아모스서를 읽는 독자들은 이 수사적 반문들에 계속 아니라고 응답하다가 마지막 질문에 이르러서도 결국 "아니요"라고 대답하게 된다. 재앙이 임하는 이유는 다름 아닌 하느님이 재앙을 불러왔기 때문이다. 가혹하게 들릴지 모르겠지만, 이것이 하느님이 자기 백성을 다스리는 방법이라고 아모스는 믿었다. 아모스는 또한 다른 구절에서, 하느님이 자기 백성으로 하여금 죄에서 벗어나 그에게 돌아오게 하기 위해 각종 자연재해를 보낸다고 말하였다. 그러나 이스라엘 백성은 여전히 그의 말을 듣지 않고 하느님에게 돌아오지 않았다. 따라서 하느님은 최종심판을 내릴 것이다. 이스라엘을 괴롭힌 가뭄, 기근, 병충해, 전염병, 그리고 각종 파괴는 어디에서 왔는가? 아모스에 의하면 그것은 모두 하느님이 이스라엘의 회개를 촉구하기 위해 내린 징벌이었다.

그래서 나는

곳곳마다, 성읍마다 양식이 떨어져

너희를 굶주리게 하였다.

그래도 너희는 나에게 돌아오지 않았다.

-야훼의 말씀이시다.

나는 추수 석 달 전에 내릴 비를 내리지 않았다.

어떤 성읍에는 비를 내리고

어떤 성읍에는 비를 내리지 않았다.

어떤 밭에는 비를 내리고

어떤 밭에는 비를 내리지 않아 곡식이 말랐다.

이 성읍 저 성읍에서

어느 한 성읍으로 물을 얻으러

비틀거리며 몰려들었어도

누구 하나 목을 축이지 못하였다.

그래도 너희는 나에게 돌아오지 않았다.

-야훼의 말씀이시다.

이삭은 그 속이 비거나 아니면

깜부기가 되지 않더냐?

너희의 동산과 포도원은 황폐해지고

무화과, 올리브 나무는 메뚜기가 갉아먹었다.

그래도 너희는 나에게 돌아오지 않았다.

-야훼의 말씀이시다.

나는 이집트에 내린 염병을 너희에게도 내렸다.

젊은 용사들을 군마와 함께 칼로 쳐죽여

진지마다 악취가 코를 들 수 없이 풍겼건만

너희는 나에게 돌아오지 않았다.

-야훼의 말씀이시다.

나는 소돔과 고모라를 뒤엎어버리듯,

너희를 불 속에서 끄집어낸 부지깽이처럼 만들리라.

그래도 너희는 나에게 돌아오지 않을 것이다.

-야훼의 말씀이시다.

그런즉 이스라엘아, 나는 너에게

이렇게 하기로 하였다.

내가 기어이 그리하리니,

이스라엘아,

네 하느님과 만날 채비를 하여라. (아모 4,6-12.)

여기서 '네 하느님과 만날 채비를' 하는 것이 그리 즐거운 행사가 아니라는 사실은 누구나 알 수 있다. 하느님은 그의 백성을 굶주리게 하고 농작물을 파괴하며 자식들을 죽이는 하느님이다. 그의 백성이 그에게 돌아오게 하기 위해서 말이다. 만약 그래도 그들이 돌이키지 않는다면 더욱 더 무서운 일이 기다리고 있다. 이 모든 것보다 더 무서운 일은 무엇인가? 그것은 바로 그들의 국가와 그들이 살아온 삶이 완전히 파괴되는 일이다.

또한 아모스는 다음과 같은 메시지를 추가로 전한다. 이스라엘이 하느님 앞에서 회복되기 위해서는 종교적 의식이 아닌 바른 행실이 필요하다는 것이다. 아모스는 하느님의 말씀을 다음과 같이 대언한다.

너희의 순례절이 싫어 나는 얼굴을 돌린다.

축제 때마다 바치는 분향제 냄새가 역겹구나.

너희가 바치는 번제물과 곡식제물이

나는 조금도 달갑지 않다.

친교제물로 바치는 살진 제물은 보기도 싫다.

거들떠보기도 싫다.

그 시끄러운 노랫소리를 집어치워라.

거문고 가락도 귀찮다.

다만 정의를 강물처럼 흐르게 하여라.

서로 위하는 마음 개울같이 넘쳐 흐르게 하여라.(아모 5,21-24.)

　사회정의와 공의에는 관심이 없으면서 하느님이 정한 방법에 따라 예배를 드리기만 하면(하느님은 그의 율법에서 이스라엘 백성에게 절기를 지키고 희생제물을 바치라고 지시했다) 잘하는 것인 줄만 알았던 사람들은 완전히 잘못 생각한 것이었다. 이스라엘 백성은 하느님 앞에 올바른 삶을 산 것이 아니었다. 따라서 역경이 다가왔다. 죄는 하느님의 진노를 일으키고 파멸을 가져온다. "'하느님이 설마 우리에게 재앙을 내리시겠느냐? 우리를 고생시키시지는 않는다'고 하면서 못할 짓만 하는데도 내 백성이라고 하여 칼에 맞아 죽지 않게 하겠느냐?"(아모 9,10.)

　아모스서의 예언자는 이스라엘 백성이 충분한 징벌을 받은 후에 하느님이 그들에게 다시 돌아올 것이라는 희망을 써내려갔다. 많은 학자들은 이것이 이스라엘이 파멸된 이후 원본에 덧붙여진

부록일 것이라고 추정한다. 어찌 되었거나, 하느님의 뜻을 행하지 않는 자에게는 고통이 닥치고, 고통으로 죗값을 치른 다음에는 다시금 회복된다는 것이 당연한 귀결이다.

> 내 백성 이스라엘의 국운을 이렇게 회복시켜 주면,
> 저들은 쑥밭이 된 성읍들을 다시 일으켜 그 안에 살며,
> 제 손으로 심은 포도에서 술을 짜 마시고,
> 제 손으로 가꾼 과수원에서 과일을 따먹게 되리라.
> 내가 이 백성을 저희 땅에 다시 심어주리니,
> 내가 선물로 준 이 땅에서 다시는 뿌리뽑히지 않으리라.
> -너희의 하느님 야훼의 말씀이시다.(아모 9,14-15.)

하지만 이 마지막 예언은 이루어지지 않았다. 북이스라엘 왕국은 결코 회복되지 않았으며 남유다 왕국은 몇 번이고 패망을 거듭했다.

그러나 이스라엘이 멸망할 것이라는 아모스의 예언은 적중했다. 아모스의 시대로부터 20~30년이 지난 후 아시리아 왕 티글라트-필레세 3세(기원전 745~727)는 자국의 영향력을 넓히기로 작정하고 시리아와 팔레스타인 지방으로 세력을 확장하기 시작했다. 그 자신은 이스라엘을 패망시키지 못했으나 그의 후계자의 시대에 그것이 실현됐다. 이스라엘 패망 사건은 열왕기하에 기록되어 있다. 아시리아의 왕 샬만에세르 5세와 사르곤 2세는 북이스라엘 왕국을 침공하고 수도 사마리아를 포위하여 성읍을 파괴하

고 주민을 말살했다. 죽음을 면한 사람들은 변방지방으로 쫓겨나 거기서 다른 민족과 섞여 혼인을 하고 살았다. 이것은 아시리아의 전략이었다. 잠재적 위험이 있는 국민을 다른 곳으로 쫓아내고 그곳 주민과 혼인시켜 민족성의 잔재를 말살하고 몇 세대가 지난 후에 자신의 뿌리가 무엇이었는지조차 모르게 하는 것이다.[19] 결국 북이스라엘 왕국과 그 민족은 지구상에서 영원히 자취를 감추게 되었다.

브에리의 아들 호세아

아모스와 동시대를 산 호세아는 북이스라엘 출신으로, 북이스라엘 왕국의 패망을 예언한 젊은 예언자였다. 아모스와 마찬가지로 우리는 호세아에 대해서 자세한 것을 알 수 없다. 그가 별로 알려지지 않은 브에리라는 인물의 아들이라는 것 정도다. 호세아는 자신의 삶에 일어난 일들을 기록했는데, 그것이 실제 일어난 사건인지 아니면 자신의 주장을 펼치기 위해 만들어낸 허구의 이야기인지는 학자들 사이에서도 의견이 분분하다.[20] 1장에서 호세아는 하느님이 그에게 바람기 있는 여자와 결혼하라고 명했다 한다.(그녀가 창녀였는지 아니면 단지 도덕성이 결여된 여자였는지는 불분명하다.) 이 결혼은 호세아의 메시지를 상징적으로 표현한다. 하느님은 이스라엘의 남편이다. 이스라엘은 결혼관계에 충실하지 않고 이방신들에게 몸을 팔았다. 부인이 어쩌다 한 번 바람을 피운 것도 아니고 끊임없이 다른 남자들과 동침을 한다면 남편의 마음이 어떻겠는가? 이것이 바로 이스라엘에 대해 느끼는 하느님의 마음이다. 그는 아내의 행음에 분노하여 그녀를 응징하기로 결심했다.

호세아의 아내 고멜은 그에게 여러 명의 자식을 낳아주었고, 하느님은 그들에게 상징적인 이름을 지어주었다. 딸의 이름은 로루하마다. 이는 히브리어로 "긍휼을 얻지 못한다"는 뜻이다. 하느님은 "내가 다시는 이스라엘 가문을 불쌍히 여겨 용서해 주지 않을 것이다"라고 말하였다.(호세 1,6.) 이 말은 매우 가혹하게 들린다. 하지만 그다음 이름도 이에 못지않다. 고멜이 낳은 아들에게는 로암미라는 이름을 지어줬는데, 이는 "내 백성이 아니다"라는 의미다. 하느님은 "너희는 이미 내 백성이 아니요, 나는 너희의 하느님이 아니다"라고 선언했다.(호세 1,9.)

하느님이 그의 백성을 버린다는 선포는 호세아서 전체를 통해 생생하게 전달된다. 그는 다음과 같이 이스라엘을 저주했다.

> 그렇지 아니하면 세상에 태어나던 날처럼
> 알몸을 만들어 허허벌판에 내던져
> 메마른 땅을 헤매다가 목이 타 죽게 하리라.
> 자식들도 바람 피우니
> 조금도 불쌍히 여길 데가 없다.(호세 2,5-6.)

하느님이 그의 백성에게 왜 이렇게 한다는 말인가? 그 이유는 다음과 같다.

내가 곡식과 햇포도주와 기름을 주었으나

그것도 모르고,

재산을 불려주었더니,

금과 은으로 바알을 만들었다.

그러므로 곡식이 익을 무렵에 내가 그것을 빼앗고

포도주가 맛이 들 무렵에 쏟아버리리라.

몸을 가렸던 양털과 모시옷을 벗겨버리리라.

나 이제 그의 부끄러운 데마저 벗겨

정부들 눈앞에 드러내리니,

아무도 내 손에서 그를 빼내지 못하리라.

순례절이나 초하루나 안식일 등

절기를 따라 지키는 갖가지 축제를 폐지하여

모든 즐거움을 앗아가리라.

애인들에게서 선물로 받았다고 자랑하던

포도원과 무화과 동산을 쑥밭으로 만들리니,

모두 잡초만 우거져

들짐승들이나 들끓게 되리라.(호세 2,10-14.)

아모스는 이 모든 재앙의 원인이 부자가 가난한 자를 압제하며 사회적 불의를 행하였기 때문이라고 말한 반면, 호세아는 이스라엘이 다른 신, 특히 이방신인 바알을 섬겼기 때문이라고 말하였다. 호세아가 보기에 이스라엘이 이방신을 쫓는 일은 여자가 남편을 팽개쳐놓고 다른 남자를 쫓아다니는 것과 같은 일이었다. 이러한 배신에 대한 하느님의 분노는 호세아의 예언에 분명히 드러나 있다. 그는 이스라엘 민족이 이방신을 음란하게 섬겼으므로 하느님은 이들을 굶주리게 하고 사방에 흩어놓을 것이라고 말했다.

> 이스라엘아, 기뻐하지 마라.
> 이방 민족들처럼 기뻐 뛰지 마라.
> 너희는 너희 하느님을 떠나 바람을 피우며,
> 타작 마당에서 몸값으로 곡식을 받을 줄 알고 좋아하지만,
> 타작 마당에서 먹을 것이 나오지 않고
> 술틀에서는 마실 것이 나오지 않으며,
> 햇포도주는 제 맛을 내지 아니하리라.
> 에브라임은 야훼의 땅에서 살지 못해
> 이집트로 돌아가기도 하고
> 아시리아로 가서 부정한 것을 먹게도 되리라.(호세 9,1-3.)

우상을 섬기는 일은 악하고 정의롭지 못한 일이며 종국에는 이스라엘을 파멸로 몰고 갈 것이다. "바로 그 때문에 너희 가운데서 반란이 일고, 요새가 모조리 함락되는 것이다. 베다르벨이 살만 왕에게 깨어지던 날, 어미와 자식이 함께 박살나지 않았느냐? 내가 이스라엘 가문을 그 모양으로 만들리라. 너희의 엄청난 죄를 그대로 두겠느냐? 때가 되면 먼동이 트듯 이스라엘 왕은 영락없이 망하리라."(호세 10,14-15.) 어미와 자식이 한꺼번에 땅에 패대기쳐진다? 그렇다. 그것이 하느님을 제대로 섬기지 않은 이스라

엘이 받을 벌이었다.

호세아서의 끝부분에서 호세아는 더욱 생생한 묘사법을 사용한다. 거기서 그는 하느님의 선민 이스라엘 민족이 순종하지 않았으므로, 하느님은 선한 목자에서 모습을 바꾸어 이들을 갈기갈기 찢어버리는 맹수로 돌변할 것이라고 말하였다.

> 너희를 이집트에서 이끌어낸 것은
> 나 야훼 너희 하느님이다.
> 너희에게 나 외에 어느 하느님이 있었느냐?
> 나 말고 누가 너희를 구해 주었느냐?
> 그 메마른 땅 사막에서
> 내가 너희를 보살펴주었건만,
> 목장에서 풀을 뜯어 배가 부르자,
> 우쭐대다가 이 백성은 나를 잊었다.
> 그러므로 나는 이 백성에게 사자처럼 대하고
> 표범처럼 길목에서 노리며
> 새끼 빼앗긴 곰같이 달려들어
> 가슴을 찢어주리라.
> 개들은 그 자리에서 뜯어먹고
> 들짐승이 찢어발기리라.
> 이스라엘아, 내가 너희를 멸할 터인데,
> 누가 너희를 도울 수 있겠느냐?(호세 13,4-9.)

여기서 하느님은 어린이 찬송이나 주일학교 책자에 나오는 사랑과 용서의 하느님이 아니다. 하느님은 그의 백성이 자신을 섬기지 않았으므로 이들을 무자비하게 찢는 맹수다. 호세아는 더 나아가 다음과 같은 끔찍한 장면을 묘사했다.

> 사마리아는 제 하느님께 반역했으니,
> 그 죄를 면할 길이 없구나.
> 칼에 맞아 거꾸러지고
> 어린것들은 박살나며
> 아이 밴 여인은 배를 찢기리라.(호세 14,1.)

호세아의 시대가 지난 후(혹은 그가 예언자로 활동한 마지막 시기에) 그의 예언대로 이스라엘은 패망했다. 아시리아는 군대를 이끌고 와 그 일대를 '비옥한 초승달 지대'로 만들어버렸다. 이스라엘은 불행히도 이집트의 남쪽 메소포타미아에서 이어지는 지중해의 바로 동쪽에 위치하고 있었다. 그 일대를 통치하려는 제국은 당연히 이스라엘을 손에 넣어야만 했다. 아시리아 군대는 조그마한 이스라엘을 침략하여 함락시키고 수도 사마리아를 파멸시켰다. 저항자들은 가차 없이 죽임을 당하고, 많은 사람들이 다른 지역으로 내쫓겼다.

역사학자들은 이러한 군사적 패배가 역사상 열방의 패권 싸움에서 필연적으로 발생한 일이라고 설명한다. 하지만 종교적 예언자 호세아에게는 그렇지 않았다. 이스라엘의 패망은 그들이 이집트에서 그들을 구원해낸 하느님을 저버리고 다른 신을 좇았기 때문에 일어난 사건이었다. 진리의 하느님은 이러한 잘못된 행동을 그냥 내버려둘 수 없었으므로 북쪽에서 힘센 군대를 그들에게 보냈다. 이스라엘은 전쟁에서 패해 땅을 빼앗기고, 사람들은 죽거나 사방으로 흩어졌다. 그들은 우상을 섬긴 죄의 대가로 벌을 받은 것이다.

고통은 신에게서 온다

이스라엘 민족이 겪는 고통을 하느님의 징벌이라고 본 것은 아모스와 호세아만이 아니었다. 사실 이것은 모든 예언자들의 공통된 시각이었다. 북이스라엘에 대한 예언이든, 남유다에 대한 예언이든, 기원전 8세기 아시리아의 침략에 대한 예언이든, 6세기의 바빌론 침략에 대한 예언이든, 시간과 장소를 막론하고 말이다. 예언서들은 하느님에게 순종하지 않는 민족은 가뭄과 기근, 역병, 경제적 궁핍, 정치적 혼란, 그리고 군사적 패배 같은 고통을 받을 것이라는 예언으로 가득하다. 하느님은 온갖 재앙으로 그의 백성의 죄를 응징하고 그들이 다시 의로움의 길로 돌아오도록 촉구한다. 그들이 하느님에게 돌아오면 고통이 그칠 것이다. 그러나 만약 돌아오지 않는다면 고통은 가중될 것이다.

예언서들의 모든 내용들을 나열하는 대신, 유명한 예언자들 중 두 사람, 이사야와 예레미야의 예언을 여기서 간략히 논의하고

자 한다. 이들은 둘 다 예루살렘 출신으로 2,500여 년이 지난 지금에도 많은 이에게 감명을 주는 대예언서의 필자들이다.[21] 하지만 여기서 기억해야 할 점은 이들을 비롯한 모든 예언자들이 당시 사람들에게 하느님의 말씀을 대언하면서 하느님에게 돌아오라고 촉구했으며, 만약 그러지 않을 경우 무서운 운명을 맞이할 것이라고 경고했다는 점이다. 이 두 예언자는 40여 년이라는 꽤 오랜 기간 동안 사역을 했다. 이들은 둘 다 북이스라엘 왕국이 아닌 남유다 왕국에 대해 예언했는데, 이들의 핵심 메시지는 북이스라엘 왕국에 대한 예언과 크게 다르지 않다.[22] 하느님의 백성이 제멋대로 떠나간 결과 무서운 고통이 그들을 기다리고 있다. 하느님은 이들에게 벌을 내릴 것이다.

이사야서 첫 장의 비통한 애가를 보라.

> 아! 탈선한 민족, 불의로 가득 찬 백성,
> 사악한 종자, 부패한 자식들.
> 야훼를 떠나고 이스라엘의 거룩하신 분을 업신여기고
> 그를 배반하여 돌아섰구나.
> 아직도 덜 맞아서 엇나가기만 하는가?
> 머리는 상처투성이고 속은 온통 병이 들었으며
> 발바닥에서 정수리까지 성한 데가 없이
> 상하고 멍들고 맞아 터졌는데도
> 짜내고 싸매고 약을 발라주는 이도 없구나.
> 너희의 땅은 쑥밭이 되었고 도시들은 잿더미가 되었으며

애써 농사지은 것을 남이 약탈해 가도 보고만 있어야 하니

아, 허물어진 소돔처럼 쑥밭이 되고 말았구나.

수도 시온은 포도밭의 초막, 참외밭의 원두막,

파수꾼의 망대처럼 외로이 남았구나.

만군의 야훼께서 조금이라도 살려두시지 않으셨더라면

우리는 모두 소돔같이, 고모라같이 되고 말았으리라.(이사 1,4-

9.)

이 글을 읽는 사람은 "군기가 안 잡히면 계속 매 맞을 줄 알라"는 말풍선이 달린 무서운 만화 포스터를 떠올릴지 모르겠다. 아무튼 이것이 호세아와 유사한 이사야의 메시지였다.

어쩌다가 성실하던 마을이 창녀가 되었는가!

법이 살아 있고 정의가 깃들이던 곳이 살인자들의 천지가 되었는가!

너의 은은 찌꺼기가 되었고

너의 포도주는 물이 섞여 싱거워졌구나.

너의 지도자들은 반역자요, 도둑의 무리가 되었다.

모두들 뇌물에만 마음이 있고 선물에만 생각이 있어

고아의 인권을 짓밟고 과부의 송사를 외면한다.

그런즉, 이스라엘의 강하신 이,

주 만군의 야훼께서 말씀하신다.

"아! 내가 원수들을 속시원히 물리치고, 적에게 보복하리라.

그리고 손을 돌려 너의 찌꺼기는 용광로에 녹여내고
납은 모두 걷어내어 너를 순결하게 하리라."(이사 1,21-25.)

하느님의 백성은 이제 하느님의 원수가 되었다. 따라서 하느
님은 그에 합당한 조치를 취할 것이다.

향내는 썩는 냄새로,
띠는 포승으로 바뀌고
곱게 땋았던 머리는 삭발당하고
예쁜 옷을 입었던 몸에는 부대조각을 감고
아름답던 얼굴에는 수치의 낙인이 찍히리라.
너의 장정들은 칼에 쓰러지고
너의 용사들은 싸움터에서 넘어지리라.
문간은 온통 탄식과 울음바다가 되고
너만이 땅에 주저앉아 홀로 남아 있으리라.(이사 3,24-26.)

이사야서에서 가장 널리 알려진 구절 중 하나는 아마도 다음
구절일 것이다. 이사야는 그의 환상 속에서 하느님이 "드높은 보
좌에 앉아 계시는"(이사 6,1) 모습을 보았다. 그는 하느님으로부
터 그의 메시지를 전하라는 명을 받았는데, 백성들은 이 메시지
를 배척하고 거부할 것이었다. 이사야는 하느님에게 언제까지 이
메시지를 선포해야 하느냐고 물었는데, 이에 대한 하느님의 답변
은 암울한 것이었다. 온 땅이 파괴될 때까지 하라는 것이다. "도

시들은 헐려 주민이 없고 집에는 사람의 그림자도 없고 농토는 짓밟혀 황무지가 될 때까지다. 야훼께서 사람을 멀리 쫓아내시고 나면 이 곳엔 버려진 땅이 많으리라."(이사 6,11-12.) 그렇다면 유다 백성은 어떤 일을 했기에 그와 같은 심판을 받게 되었는가? "너희가 영세민의 정당한 요구를 거절하고 내가 아끼는 백성을 천대하여 그 권리를 짓밟으며 과부들의 재산을 털고 고아들을 등쳐먹는구나."(이사 10,2.) 그러므로 하느님은 강한 나라를 보내서 유다를 파멸시킬 것이다.

하지만 아모스와 마찬가지로 이사야 역시 하느님의 진노가 영원히 불타지는 않을 것이라고 말했다. 그와는 반대로, 하느님은 남은 자를 구하여 그들을 통해 새롭게 시작할 것이다.

그 날에 이스라엘의 남은 자와 야곱 가문의 생존자는 자기들을 치기나 할 자를 다시는 의지하지 아니하고 이스라엘의 거룩하신 하느님 야훼를 진심으로 의지하리라.
남은 자가 돌아온다,
용사이신 하느님께로.
야곱의 남은 자가 돌아온다.
……
너희에게 품었던 노여움은 오래지 않아 풀고
내 분노를 터뜨려 그들을 멸하고야 말리라.
……
그 날 그들이 지워준 짐이 너의 어깨에서 벗겨지고

그들이 씌워준 멍에가 너의 목에서 풀리리라.(이사 10,20-27.)

그로부터 1세기쯤 후에 유다의 또 다른 예언자 예레미야는 이사야와 비슷한 메시지를 선포했다. 예레미야 역시 유다가 죄를 지어 하느님에게 멸망당할 것이라고 예언하였다.[23] 이방국가가 군대를 이끌고 와서 끔찍한 파멸을 가져다줄 것이라는 예언이었다.

이스라엘 가문아,
내가 먼 데서 한 민족을 불러들여
너희를 치게 하리라.
이는 내 말이라, 어김이 없다.
그 민족은 오랜 역사를 가진 민족,
너희와는 말이 다른 민족이다.
너희는 그 말을 들어도 알아듣지 못한다.
모두가 힘깨나 쓰는 용사들,
목구멍은 닥치는 대로 집어삼키는 무덤,
너희가 먹으려고 거둔 것을 빼앗아 먹고
너희 아들딸마저 집어삼키리라.
양떼와 소떼를 잡아먹고,
포도와 무화과를 훑어 먹으리라.
너희가 하늘같이 믿는 방비된 성들에 쳐들어가
허물어뜨리리라.(예레 5,15-17.)

예레미야는 거룩한 성 예루살렘이 적군의 맹습을 받아 파멸될 것이라고 분명히 말한다. "나는 예루살렘도 돌무더기로 만들어 여우의 소굴로 만들리라. 유다의 성읍들을 쑥밭으로 만들어 아무도 살지 못하게 하리라."(예레 9,10.)[24] 거기 살던 백성들은 장차 험악한 고통을 받을 것이다. "사람들은 참혹하게 병들어 죽겠지만, 상례를 갖추어 묻어줄 사람이 없어 거름처럼 땅 위에 뒹굴리라. 칼에 맞아 죽거나 굶어 죽은 사람의 시체는 공중의 새와 들짐승의 밥이 되리라."(예레 16,4.) 이방군대에게 함락된 예루살렘 성은 끔찍한 고통을 맛볼 것이다. 먹을 것이 없어 굶주린 사람들은 인육을 먹으며 목숨을 부지할 것이다. "사람들은 이 도읍의 끔찍한 모습을 보고 빈정거릴 것이다. 지나가는 사람마다 그 끔찍하게 망한 모습을 보고 빈정거릴 것이다. 잡아죽이려고 달려드는 외적에게 포위되어 시민들은 아들딸들을 잡아먹다 못하여 나중에는 저희끼리 잡아먹게 되리라."(예레 19,8-9.)

앞 시대의 예언자들과 마찬가지로 예레미야 역시 희망을 잃지 않았다. 백성이 하느님에게 돌아오기만 하면 그들의 고통은 그칠 것이다. "그렇다면 이 야훼의 말을 들어보아라. 너의 마음을 돌려잡아라. 나는 다시 너를 내 앞에 서게 하여주겠다. …… 내가 너를 그런 놋쇠로 든든하게 만든 성벽처럼 세우리니, 이 백성이 아무리 달려들어도 너를 꺾지 못하리라. 나는 너를 떠나지 않을 것이며 너를 도와 구하여 주리라. 이는 내 말이라, 어김이 없다. 나는 너를 악인들의 손에서 구하여 주며 악한들의 손아귀에서 빼내주리라."(예레 15,19-21.)

이 희망의 논리는 분명하다. 고통은 하느님으로부터 온다. 만약 그의 백성이 그에게 돌아오기만 하면 고통은 끝날 것이다. 하지만 그들이 이를 거부하면 최종 멸망이 있을 때까지 고통은 더욱더 심해진다. 이 관점에서 고통은 단지 정치적, 경제적, 사회적, 군사적 상황에 의해 야기되는 불행한 사건이 아니다. 고통은 하느님에게 순종하지 않는 자들에게 닥치는 것이며 죄에 대한 벌인 것이다.

예언자들의 관점을 어떻게 평가해야 하는가

고통에 대한 예언자들의 관점에 대해 우리는 어떻게 평가해야 할까? 고통이 죄에 대한 벌이라는 관점은 성서 어느 한 구석에서 잠시 언급되는 것이 아니라 구약성서 전반에 걸쳐 대예언자와 소예언자를 막론한 모든 예언자들이 공유하는 관점이다. 뿐만 아니라, (다음 장에서 살펴보겠지만) 이러한 관점은 예언서 외에서도 두루두루 발견된다. 여호수아, 판관기, 사무엘상하, 열왕기상하 같은 역사서를 보면 이스라엘 민족에게 일어난 일들이 모두 죄와 벌로 귀결된다. 시편 저자들과 잠언 저자들 역시 마찬가지 시각을 갖는다. 이것은 구약성서 전체를 관통하는 관점이다. 사람들은 왜 고통을 받는가? 그것은 하느님이 고통을 주었기 때문이다. 하느님이 주는 고통은 사람들로 하여금 그에게 주의를 기울이도록 때때로 약간의 불편함을 일으키는 정도가 아니다. 그는 기근과 가뭄과 역병과 전쟁과 파멸을 일으킨다. 왜 하느님의 백성이 굶주리는가? 왜 그들은 끔찍하고도 치명적인 질병을 얻는가? 왜 젊은이들이 전투에서 팔다리를 잃고 죽임을 당하는가? 왜 성읍이 포위당하고 사람들이 노예가 되며 모든 것이 파괴되는가? 왜 임신한 여자의 배가 갈리고 아이들이 바위에 내려쳐지는가? 이는 모두 하느님이 행한 일이다. 사람들이 잘못된 길로 간 탓에 그가 응징하는 것이다.

물론 예언자들은 이것이 모든 고통에 대한 보편적 진리라고 말하지는 않았다. 예언자들은 당시 사람들이 겪는 고통에 대해 자신의 시각대로 원인을 찾았을 뿐이다. 그러나 아무리 그렇다고 해도 그러한 시각에 문제가 없는 것은 아니다. 하느님은 때때로 그의 백성들에게 심판을 내린다. 그들이 그의 백성이기 때문이다. 그리고 그들이 하느님과 그의 법을 따르지 않았기 때문이다. 이러한 관점에 대해 우리가 말할 수 있는 것은 무엇일까? 긍정적 측면을 보자면, 이러한 관점은 하느님이 이 세상에 깊은 관심을 갖고 인간사에 관여한다는 사실을 진지하게 받아들인다. 사람들이 깨뜨린 율법은 바로 사회의 복지를 위해 하느님이 그의 백성에게 준 율법이다. 이 율법은 가난한 자를 억압하지 말고, 궁핍한 자를 무시하지 말고, 약한 자를 착취하지 말라고 가르쳤다. 또한 이 율법은 이방신이 아닌 하느님에게만 예배드리라고 명령했다. 예언자들은 하느님의 뜻을 따르면 그의 은총을 받을 것이고 순종하지 않으면 고통이 따를 것이라고 말했다. 이 율법을 지키면 분명 모든 사람들, 특히 가난하고 궁핍하며 약한 자들이 혜택을 볼 것이었다. 예언자들은 실제 삶의 문제들, 즉 가난과 사회적 불공정의 문제, 압제, 불평등한 부의 분배, 가난하고 버림받은 자에 대한 있는 자의 무관심과 냉대 등에 대해 지대한 관심을 갖고 있었다. 이 모든 문제들에 대해 나는 전적으로 예언자들과 뜻을 같이한다.

그러나 이와 동시에 예언자들의 관점에는 분명 문제가 있어 보인다. 특히 많은 사람들이 그렇듯 이들의 관점을 보편적 진리로 일반화한다면 말이다. 과연 하느님은 죄에 대한 벌로 사람들을 굶겨죽일까? 에티오피아의 기근이 하느님이 한 일일까? 하느님이 과연 군사적 갈등을 일으킬까? 보스니아 내전이 하느님 때문일까? 하느님이 질병과 전염병을 일으킬까? 1918년에 전 세계적으로 3,000만 명의 목숨을 앗아간 인플루엔자 전염병이 하느님이 일으킨 사건이란 말인가? 하느님이 말라리아로 하루에 7,000명의 목숨을 빼앗을까? 과연 하느님이 에이즈를 이 세상에 보낸 걸까?

나는 그렇게 생각하지 않는다. 비단 예언자의 관점이 하느님의 선민인 이스라엘 민족에게만 해당되는 것이라 할지라도 말이다. 중동지방의 정치적, 군사적 문제들이 이스라엘 백성을 돌아오게 하려는 하느님의 계획일까? 하느님이 과연 자신의 뜻을 알리고자, 여자들과 아이들이 자살폭탄 테러에 생명을 잃도록 하겠는가? 이러한 관점이 고대 이스라엘에만 해당된다고 하더라도 문제는 마찬가지다. 이스라엘이 지은 죄 때문에 벌을 받아 무고한 사람들이 굶어 죽는다는 것이 말이 되는가?(기근은 죄지은 자에게만 닥치지 않는다.) 아시리아와 바빌론의 무자비한 압제가 하느님이 행한 일이며, 그가 잉태한 여자의 배를 가르고 어린아이들을 돌에 메다치라고 명했다는 말인가?

고통이 죄에 대한 대가라고 보는 관점은 언어도단이고 심지어 혐오스럽기까지 하다. 또한 그것은 잘못된 안도감과 잘못된 죄책감을 가져온다. 만약 죄 때문에 벌을 받는 것이 사실이라면, 나에게 지금 고통이 없는 것은 내가 의롭기 때문인가? 직장을 잃고 자식이 교통사고로 사망했으며 아내가 강간 살해된 나의 이웃보다 내가 더 의롭기 때문인가? 그와 반대로, 만약 내가 말할 수 없는 고통을 겪었다면 그것은 하느님이 나에게 벌을 내리는 것인가? 내 자식이 장애아나 기형아라면 그것은 나의 죄 때문인가? 경제 상황이 곤두박질쳐서 내가 더 이상 가족을 부양할 수 없다면, 내가 암에 걸린다면, 그것이 죄에 대한 벌이라고 말할 수 있는가?

분명 이 세상의 고통과 괴로움에는 다른 설명이 있을 것이다. 맞다. 성서에는 여러 가지 다른 해석들이 있다. 그러나 그것을 살펴보기에 앞서 위에서 거론된 예언자들의 관점이 다른 성서 저자들에게 어떠한 영향을 미쳤는지 먼저 알아보기로 하자.

3장

더 많은 죄, 더 맹렬해지는 신의 분노

홀로코스트가 모두의 간담을 서늘하게 만드는 끔찍한 사건이었지만, 그것이 2차 세계대전에 의해 발생한 유일한 문제는 아니었다. 전쟁은 군인과 민간인 모두의 삶에 크나큰 영향을 미쳤다. 20세기에 세계에서 발생한 전쟁의 참상은 다음과 같다. 1차 세계대전은 1,500만 명의 사망자를 발생시켰다. 많은 사람들이 양군이 맞붙어 싸우는 참호전에서 참혹하고 처참한 죽음을 맞이했다. 2차 세계대전에는 이보다 훨씬 더 많은 사람들이 죽었다.(5,000만~6,000만 명의 사람들이 사망한 것으로 알려졌다.) 이는 당시 총 인구의 2, 3퍼센트에 해당한다. 부상자를 제외하고도 말이다. 군인들은 지뢰에 다리가 잘려나가고 각종 총상을 입었으며, 어떤 이는 포탄 파편이 살에 박힌 채 평생을 살아야 했다. 이 사상자들을 단순히 숫자로 취급하기 전에 우리가 기억해야 할 것은, 이들이 모두 우리와 같은 인간이었다는 점이다. 육체적 필요와 욕구가 있고, 사랑하고 미워하고, 믿음과 희망이 있었던 남자, 여자, 그리고 어린아이들……. 2차 세계대전에서 이 5,000만 명의 사람들은 야만적으로 삶을 박탈당했다. 또한 생존자들은 평생 씻지 못할 상처를 입었다.

많은 상처들은 외부로 잘 드러나지 않은 채 안에서 곪아 썩어 들어간다. 물론 밖으로 드러나는 상처들도 있다. 양차 세계대전, 한국전쟁, 베트남전쟁, 그 외 온갖 전쟁의 생존병사들 다수는 평생 불행한 여생을 보내야 했다. 이들은 영구적인 치명상을 입었거나 불구가 되었고, 정신적, 정서적 외상 때문에 다시는 정상적인 삶을 영위할 수 없게 되었다. 만약 전쟁을 찬양하는 이가 있다면 윌프레드 오웬Wilfred Owen(1차 세계대전 때 활동한 전쟁 시인—옮긴이)의 시를 읽어보든지 달튼 트럼보Dalton Trumbo의 1971년 영화 〈자니 총을 얻다Johnny Got His Gun〉(전쟁터에서 양팔과 다리, 눈과 귀, 치아와 혀를 모두 잃고 병원에 누워 있는 한 상이군인에 관한 이야기—옮긴이)를 봐야 할 것이다.

전쟁에서 살아 돌아와 민간인이 되어 겉으로는 행복한 삶을 살아가는 사람들도 사실은 가슴속 깊은 곳에 말할 수 없는 고뇌와 상처가 있다. 이러한 사람들은 셀 수 없이 많다. 나는 여기서 2차 세계대전에 참전한 우리 아버지의 이야기를 예로 들어보겠다.

내가 사물을 인식하기 시작했을 때(나는 철이 늦게 든 편이어서 그때가 13세 무렵이었다) 아버지는 이른바 아메리칸 드림을 사는 사람인 듯했다. 우리는 방이 네 개 있는 넓은 집에 살았으며, 차가 두 대, 그리고 보트도 하나 있었다. 우리 가족은 컨트리클럽 회원이었고 사람들과 활발히 왕래하며 지냈다. 아버지는 캔자스 로렌스 지방에서 골판지 상자를 판매하는 비즈니스맨이었다. 그는 절친이자 아내인 우리 어머니와 행복한 결혼생활을 했으며 세 명의 자식도 있었다. 이러한 삶에 고통이 어디 있었겠느냐고? 물론 우리 집에도 어느 집에나 있는 평범한 고통들이 있었다. 이런저런 실망스런 일들, 실패, 좌절된 희망 등과 같은 것들 말이다. 그리고 아버지는 결국 암에 걸리기도 했다. 그러나 그보다 훨씬 전에 아버지는 자기 몫의 고통을 젊은 나이에 톡톡히 경험해야 했다. 1943년 3월, 18세의 아버지는 군에 징집되었다. 신병훈련소에서 혹독한 훈련을 받은 후(이에 대해 말하려면 또 하나의 이야기가 된다) 그는 104보병사단의 일등병으로 독일에 파병되었다. 거기서 그는 결코 잊을 수 없는 일을 경험했다.

전투에 참여한 첫째 날 탄약 운반병으로 투입되었던 아버지는 바로 그날 오후에 기관총 제1포수로 자리가 바뀌었다. 선임 군인이 전사하여 그가 대신 그 일을 수행해야 했기 때문이다. 가장 충격적인 일은 1945년 2월 23일 독일 루어강 전투에서 발생했다. 이것은 벌지 전투에서 독일군이 격파되고 연합군이 독일 영토로 진격한 이후에 생긴 사건이다. 104사단은 포탄세례를 받으며 라인 쪽으로 이동해서, 만반의 공격태세를 갖춘 독일군이 건너편에 진을 친 루어강을 건너려 하고 있었다. 그러나 강을 건너려는 계획은 독일군의 반격으로 좌절되었다. 연합군이 강을 건너려는 것을 알고 독일군이 상류의 댐을 터뜨려 그 일대를 물바다로 만들어버렸기 때문이다. 강을 건너는 게 불가능해진 미군은 기다려야 했다. 이윽고 2월 22일 다음날 새벽 한 시에 강을 건너라는 명령이 내려졌다.

그다음 24시간 동안 일어난 사건은 아버지가 이따금씩 언급한 내용들을 갖고 퍼즐 맞추듯 끼워 맞춘 것이다. 사건이 발생한 후 아버지가 보낸 편지들과 그가 나중에 (머뭇거리며) 말한 것들을 갖고서 말이다. 아버지는 열두 명쯤 되는 다른 군인들과 보트를 타고 노를 저으며 강을 건넜다. 강 건너편의 독일보병들이 총을 쏘아대 총탄이 사방으로 튀었다. 아버지 앞에 앉아있던 병사는 총에 맞고 쓰러졌다. 강 건너편에 도착한 군인들은 다른 병사들이 올 때까지 참호에 몸을 숨기고 있어야 했다. 아버지가 몸을 숨긴 구덩이는 범람한 강물로 가득 차 있었다. 아버지와 다른 군인 두 명은 사방에 날아다니는 총탄을 피해 거기 꼼짝없이 몸을 숨기고 있었다. 한겨울 살을 에는 얼음물에 다리가 온통 잠긴 채로 그들은 거의 하루 종일 거기 있어야 했다.

급기야 이들은 더 이상 견딜 수 없는 지경에 이르렀다. 발은 얼어붙어가고 어디에서도 도움은 오지 않았다. 이들은 거기서 뛰어서 탈출하기로 했다. 아버지가 리더였다. 불행히도 그 주변은 모두 지뢰밭이었다. 아버지의 부하 군인 두 명은 그를 따라 달려오다가 지뢰가 터져서 몸이 산산이 흩어졌다. 아버지는 부대가 있는 곳으로 간신히 도망갔지만 더 이상 몸을 움직일 수 없었다. 위생병이 와서 그의 상태를 점검해보고 그의 발이 심한 동상을 입었다고 말했다. 아버지는 들것에 실려서 후방으로 가게 되었고 결국 영국 솔즈베리로 이송되었다.

그곳 의사들은 아버지의 발 상태를 살펴보고 그가 뛰는 것은 고사하고 서 있기라도 한 것이 기적이라고 했다. 그들은 다리를 절단해야 할 것이라고 말했다. 그런데 놀랍게도 발에 다시 혈액순환이 이루어지면서 아버지는 다리를 지킬 수 있었다. 그러나 평생 계속되는 문제가 남았다. 아버지는 돌아가실 때까지 발에 피가 잘 돌지 않아 항상 발이 시려 고생하셨다.

솔즈베리에 사는 아버지의 삼촌은 그의 부상소식을 듣고 병원으로 달려왔다. 그는 처음에 아버지를 알아보지 못했다. 공포스러운 경험을 한 후 아버지의 머리가 완전히 하얗게 세었기 때문이다. 그는 당시 20세였다.

내가 아버지의 이야기를 하는 것은 그의 이야기가 특별해서가 아니라 그것이 무척 전형적이기 때문이다. 5,000여만 명의 사람들은 아버지만큼 운이 좋지 않았다. 그들은 전쟁에서 목숨을 잃고, 불구가 되고, 얼굴과 몸이 일그러지고, 흉터가 남았다. 하지만 수많은 다른 사람들은 아버지와 같은 경험을 하였다. 겉으로 드러나지는 않지만 이들은 모두 끔찍한 고통을 겪었다. 아버지가 경험한 것은 그만의 경험이라고 할 수 있겠지만, 어찌 보면 전형적이다. 그것은 또한 매우 보편적이다.

아버지가 전쟁터에서 끔찍한 경험을 하는 동안, 그의 고향 캔자스에는 다른 문제로 고민하는 20세 청년들이 있었다. 이들은 화학시험에서 D를 받는 문제, 댄스파티에 데려갈 데이트 상대를 구하는 문제, 혹은 여자친구에게 채인 문제로 고민하고 있었다. 이루어지지 않은 사랑의 아픔을 과소평가하려는 것이 아니다. 우리

대부분은 사랑 문제로 가슴 아픈 경험을 한다. 하지만 그것은 사방에 적군의 폭탄세례가 쏟아지는 가운데 좌우에서 전우가 총탄을 맞아 몸이 산산조각 나는 공포와 비교하기 어렵다. 또한 전쟁터에는 전방에서 그리 멀리 떨어지지 않은 곳에서 또 다른 극한의 고통을 겪던 20세의 청년들이 있었다. 이들은 실험실의 쥐가 되어 나치의 광기어린 의사들에 의한 냉동실험, 소이탄 실험, 사지 절단과 이식 실험 등 각종 실험의 도구가 되어야 했다. 이처럼 고통은 어이없고 이해 불가능하다. 또한 고통은 무작위적이고 변덕스러우며 불공평하다.

전쟁의 고통을 어떻게 설명할 수 있는가? 전쟁의 고통뿐 아니라 어떤 종류의 고통이라도 무슨 설명을 할 수 있다는 말인가?

예언자의 관점을 다시 생각하다

구약성서의 예언자들이 보기에 이스라엘 백성이 전쟁에서 패배하고 고통을 겪는 원인은 명백했다. 그것은 죄에 대한 하느님의 심판이었다. 당시 전쟁의 참상은 지금 못지않았다. 사람들이 서로 엉겨 붙어 칼과 창으로 싸우는 백병전은 바로 옆에서 총탄이 날아다니는 참호에 몸을 숨기고 사방에서 전우들이 총탄세례를 받는 것만큼이나 끔찍했다. 예언자에 의하면, 하느님은 그의 백성에게 교훈을 가르쳐주고 회개하도록 이끌기 위해 전쟁을 일으킨다. 만약 그 참호에 무신론자가 있었다면 효과가 있었을 것이다.

고통에 대한 예언자들의 이러한 관점은 구약성서의 일부분에만 나타나는 것이 아니다. 이 관점은 구약성서 전반에 걸쳐 나타나는 보편적 관점이다. 지혜서는 문학적 장르에 있어 예언서와는 사뭇 다르다. 예언서 저자들은 특정 위기상황에 대한 '하느님의 말씀'을 선포하며, 그들이 당면한 구체적 문제에 대해 백성들이 어떻게 행동하기를 하느님이 원하는지에 대해 말했지만, 지혜서의 저자들은 보편적 상황에 대한 지혜를 전하였다. 지혜서들에는 복 있고 번창한 삶을 살기 위해 사람들이 마음에 새겨두어야 할 지혜가 나열되어 있다. 그것은 하느님의 특별한 계시라기보다는 여러 세대를 거쳐 축적된 경험에 기초한 것이다. 구약성서 지혜서에는 욥기와 전도서도 포함되지만, 뭐니 뭐니 해도 이 장르의 가장 대표적인 책은 잠언이라고 할 수 있다. 잠언에는 풍족하고 복된 삶을 살기 위해 지켜야 할 지혜가 적혀 있다.[1]

사람들이 상고하고 지켜야 할 짤막짤막한 지혜의 말들로 이루어진 잠언에는 이렇다 할 정연한 패턴이 없다. 잠언을 읽으며 문학적 맥락이나 논리 전개의 흐름을 찾으면 안 되는데, 거기에는 그런 것이 없기 때문이다. 놀라운 것은, 잠언의 형식이 예언서와는 매우 다르나 예언서와 동일한 시각을 갖는다는 점이다. 그것은 곧 하느님 앞에 의로운 자는 복 받고, 악하고 순종하지 않는 자는 고통을 받는다는 관점이다. 인과응보의 교훈을 담고 있는 잠언에는 의로운 행동은 복으로, 악한 행동은 재앙으로 이어진다는 구절이 반복된다. 다음의 예를 보라.

야훼께서는 불의한 자의 집에는 저주를 내리시고
옳은 사람의 보금자리엔 복을 내리신다.(잠언 3,33.)

야훼께서 착한 사람은 굶기지 않으시지만
나쁜 사람의 밥그릇은 깨버리신다.(잠언 10,3.)

착하게 살면 곤경에서도 빠져 나오지만
나쁜 일 하다가는 도리어 거기에 빠져든다.(잠언 11,8.)

정의를 굳게 지키면 생명에 이르지만
악한 일을 좇으면 죽음을 불러들인다.(잠언 11,19.)

착하게 살면 화를 입지 않지만
나쁜 짓 하면 재앙을 면하지 못한다.(잠언 12,21.)

죄지은 사람은 곤경에 몰리고
착한 사람은 좋은 상을 받는다.(잠언 13,21.)

　　지혜서에 두루 쓰인 이 내용은 예언서의 고전적 관점과 일치
한다. 왜 사람들이 굶주리고, 몸이 다치고, 불행을 겪고, 하느님의
저주를 받고, 환난을 겪고, 죽음을 맞이하는가? 왜냐하면 그들이
악하기 때문이다. 그들이 하느님에게 순종하지 않았기 때문이다.
어떻게 하면 이 모든 재난을 피할 수 있는가? 하느님에게서 복을

받고, 배가 부르고, 삶이 풍족해지고, 이 모든 환난과 해악에서 벗어나려면 어떻게 해야 하는가? 하느님에게 순종하면 된다.

이것이 사실이라면 얼마나 좋겠는가. 하지만 현실은 그렇게 간단하지 않다. 조금만 둘러보면 사악한 자가 잘되고 의로운 자가 끔찍한 고통을 받는 모습을 쉽게 찾아볼 수 있다. 이러한 사실을 몸소 체험하고 인과응보의 원칙에 문제가 있음을 잘 알았을 법한 구약성서 저자들이, 고통은 인간의 죄에 대한 벌로써 하느님이 내린다는 고전적 관점을 고수했다는 사실은 참으로 불가사의하다. 이 관점은 성서에서 가장 널리 알려진 역사적 사건들에 그대로 드러나 있다. 성서의 맨 첫 번째 책인 창세기, 이스라엘이 약속의 땅을 차지하는 이야기가 실린 여호수아, 그리고 바빌론에 의해 멸망한 남유다 왕국에 대한 열왕기하를 그 예로 들어보겠다.

창세기에 나타난 죄와 벌

모세5경의 주된 테마는 태초의 아담과 하와의 이야기에 잘 나와 있다. 모세5경은 하느님과 그가 창조한 인간, 특히 그가 선택한 이스라엘 민족과의 관계에 대한 내용으로 구성된다. 그는 이스라엘 민족을 그의 선민으로 택하고 그들에게 율법을 주었다.(이들이 율법을 깨뜨리면 하느님은 그들에게 벌을 내렸다.) 이스라엘 민족의 운명은 하느님 앞에서 이들이 어떻게 행하느냐에 따라 결정되었다. 하느님에게 순종한 자는 복을 받고(아브라함) 순종하지 않은 자는 저주를 받았다.(소돔과 고모라.) 고통이란 얽히고설킨 인류의 역사 속에서 필연적으로 발생하는 것이 아니라 하느님의 뜻에 의한 것이었다.

모세5경은 아담과 하와의 이야기로 시작된다. 아담이 처음 창조되었을 때 그는 에덴동산 모든 나무의 열매를 먹어도 되나 선악을 알게 하는 나무 열매를 먹어서는 안 된다는 명을 받았다. 하느님은 아담에게 선악과를 먹는 날에는 정녕 죽게 될 것이라고 말하였다.(창세 2,17.) 하와는 아담의 갈빗대 하나를 떼어내어 창조되었고, 그들은 유토피아 동산에서 살고 있었다.

하지만 우리가 잘 아는 바와 같이, 창조된 들짐승 중 가장 간교한 뱀이 하와를 유혹했다. 뱀은 하와에게 금지된 열매(성서에는 사과라는 말이 없다)를 따먹어도 결코 죽지 않으며, 오히려 그것을 먹으면 하느님처럼 된다고 말하였다. 여자는 뱀의 간계에 넘어갔다.(여기서 뱀은 사탄이 아니다. 그것은 사후적 해석일 따름이다. 하와를 유혹한 것은 다리가 달려 있던 진짜 뱀이다.) 여자는 그 열매를 따먹고 아담에게도 그것을 먹게 했다. 큰 실수였다.

하느님이 날이 서늘할 때에 동산을 거닐다가 아담과 하와를 찾아왔다. 그는 이들이 한 짓을 알아내고 뱀과 하와와 아담, 이 모두에게 벌을 내렸다.(창세 3,14-19.) 뱀은 다리가 없어져서 땅에 배를 대고 기어 다니게 되었다. 또한 하와는 죄에 대한 대가로 출산의 고통을 받게 되었다.

내가 들은 바에 의하면, 세상에서 가장 심한 고통은 아기를 낳는 고통이라고 한다. 혹자에 의하면 신장에 생긴 결석이 요로를 통해 빠져나올 때의 고통 정도가 이에 비교될 수 있다고 하는데, 솔직히 그것을 직접 경험해본 적이 없는 나로서는(산통은 물론이고) 알 수 없는 일이다. 아기를 출산할 때의 고통이 어느 정도인지는 모르겠으나, 어쨌든 창세기의 이야기는 그 고통이 순종하지 않은 결과로 하느님이 내린 벌이라는 것이었다.

아담 역시 저주를 받았다. 동산의 나무에서 과실을 손쉽게 따먹는 대신 그는 이마에 땀을 흘리며 땅에서 평생을 고생하게 되었다. 이제부터 인생이 고단하고 이 땅에서 사는 것이 만만치 않은 일이 될 것이다. 성서 전체의 테마가 여기서 정해졌다.

창세기를 읽을 때는 바로 이 첫 부분에 나오는 불순종과 죄의 관계를 고려하며 읽어야 한다. 순종하지 않은 인류 조상의 후손들은 계속 죄를 갖고 태어났다. 죄가 얼마나 많았던지 하느님이 세상을 싹 쓸어버리고 다시 시작해야 할 정도였다. 그리하여 노아의 방주와 홍수에 대한 이야기가 나온다. "야훼께서는 세상이 사람의 죄악으로 가득 차고 사람마다 못된 생각만 하는 것을 보시고 왜 사람을 만들었던가 싶으시어 마음이 아프셨다."(창세 6,5-6.) 그래서 그는 땅 위에 인간을 창조한 것을 후회하면서 이들에게 심판을 내리기로 결정하고 "내가 지어낸 사람이지만, 땅 위에서 쓸어버리리라. 공연히 사람을 만들었구나. 사람뿐 아니라 짐승과 땅위를 기는 것과 공중의 새까지 모조리 없애버리리라"고 말하였다.(창세 6,7.) 동물들은 대체 무슨 죄인지 모르겠으나, 아무튼 인간들은 그들의 악함 때문에 벌을 받게 되었다. 그리하여 노아와 그의 가족은 구원을 받고 그 외 모든 사람들은 하느님이 내린 홍수에 쓸려 죽고 말았다.

우리들 중 대부분은 주위에 익사한 사람이 있을 것이다. 그들의 마지막 순간이 어떠했을지 우리는 아픈 마음으로 상상해보곤 한다. 그것은 너무도 고통스러운 죽음일 것이다. 그런데 인류 전체가 그렇게 익사했다고? 무엇 때문에? 그것은 바로 이들이 하느님의 노여움을 샀기 때문이다. 불순종은 벌을 가져오는 법이고, 하느님은 그렇게 인류를 멸망시켰다. 아마겟돈 신봉자들은 하느님이 다시 그렇게 할 것이라고 주장한다. 이번에는 물이 아니라 (하느님이 다시는 홍수로 멸하지 않겠다고 약속했으므로: 창세 9,11) 불로써 말이다. 반면에 인간의 행동이 마음에 들지 않는다고 그렇게 깡그리 멸망시키는 하느님을 도저히 믿지 못하겠다는 사람들도 물론 있다.

창세기에는 또 하나의 이야기가 있다. 노아의 홍수 후에 사람들이 번성하여 그 수가 불어나자 사람들은 다시 악해졌다. 그래서 하느님은 한 명의 의인 아브라함을 선택해 그와 특별한 관계를 약속하였다. 아브라함에게는 롯이라는 조카가 있었는데 그는 악인들로 가득한 소돔 성에 살았다. 하느님이 소돔을 멸하기로 결심하자 아브라함은 하느님에게 간청하여 거기에 열 명의 의인만 있다면 그 성을 멸하지 않겠다는 약속을 받아낸다. 아브라함과 협상하면서 한 발짝 양보를 한 하느님에게는 다 생각이 있었다. 그는 이미 그곳에 열 명의 의인이 없다는 사실을 잘 알고 있었기 때문이다. 그곳의 의인이라곤 롯과 그의 아내 그리고 그들의 두 딸밖에 없었다. 그리하여 하느님은 그 성읍에 복수의 천사 둘을 보냈다.

패악하기 그지없는 소돔 백성들은 이들이 인간인 줄로 알고 밤에 롯의 집으로 와서 이들을 윤간하겠다고, 집 밖으로 이들을 내어놓으라고 요구한다. 그리고 롯은 이들에게 (이것이 고대의 접대방식이었는지는 모르겠으나) 천사들 대신 자신의 두 처녀 딸을 데려가라는 괴이한 제안을 한다. 그러나 다행히 두 천사가 개입하여 이들은 상황을 모면한다. 이튿날 롯의 가족은 성읍에서 도망치고 하느님은 불과 유황으로 소돔과 고모라를 멸망시킨다. 롯의 아내는 천사의 지시를 따르지 않고 뒤를 돌아보다가 소금기둥이 되고 만다.(창세 19,24-26.) 어디에서나 순종하지 않으면 벌이 뒤따랐다.

모세5경에 반영된 예언서의 관점

모세5경의 다섯 권은 모두 유사한 주제를 갖고 있다. 그리고 이 주제는 모세5경의 마지막 책인 신명기에 이르러 절정에 다다른다. 신명기의 문자 그대로의 의미는 '두 번째 율법'이다. 그런데 그것은 새로이 주어진 율법이 아니라 모세를 통해 이스라엘 민족에게 이미 주어진 율법을 다시 한 번 상기시키는 것이었다. 신명기의 내용은 다음과 같다. 출애굽기에서 하느님은 이스라엘 백성을 이집트의 종살이에서 구해내고 홍해(혹은 갈대바다)에서 놀라운 방법으로 파라오의 군대를 따돌렸다. 그리고 그는 이스라엘 백성을 시나이 산으로 인도하여 거기서 그들에게 율법을 주었다.(출애굽기, 레위기.) 백성들은 북쪽으로 이동하여 약속의 땅으로 들어가도록 되어 있었다. 약속의 땅 근방에 도착한 이들은 도시에 정탐꾼을 보냈다. 이 정탐꾼이 도시를 돌아보고 와서, 그곳 거주민들이 힘이 세고 강하여 이스라엘은 결코 그 땅에 들어갈 수 없을 것이라고 말한다.(민수 13-14.) 백성이 하느님을 신뢰하지 않고 땅을 정복하여 차지하라는 하느님의 명령을 따르지 않자, 하느님은 그 세대의 누구도 약속의 땅에 들어가지 못한다는 벌을 내렸다.(죄는 벌을 불러온다). 그는 모세에게 말하였다. "나의 영광을 보고도, 내가 이집트와 광야에서 나타낸 힘을 보고도 이렇게 거듭거듭 나를 시험하고 나의 말을 듣지 않는 자들은 그 누구도 내가 저희 선조에게 주겠다고 맹세한 땅을 보지 못하리라."(민수 14,22-23.)

그리하여 하느님은 그 세대의 사람들이 모두 죽을 때까지(믿음 있는 정탐꾼 갈렙과 모세의 뒤를 이어 이스라엘의 새 지휘관이 된 여호수아를 제외하고) 이스라엘 민족이 40년 동안 광야에서 헤매도록 만든다. 40년이 지난 후 하느님은 모세에게 40년 전에 주었던 율법을 다시 주어 차세대 사람들에게 전달하도록 하였다. 신명기는 모세가 이 새 율법을 전하는 내용이다.

신명기 마지막 부분에서 모세는 모든 법령과 조례를 전한 후에 백성들에게 분명히 말한다. 그들이 하느님의 인도를 받아 성공하고 번성하려면 반드시 이 율법을 지켜야 한다고 말이다. 만약 그들이 율법을 지키지 않으면 무섭고도 극심한 고통이 기다리고 있을 것이다. 신명기 28장에는 이 책의 신학이 집약되어 있다. 모세는 여기서 '복과 화'에 대해 분명한 어조로 설교한다.

그러나 너희가 만일 너희 하느님 야훼께서 하신 말씀을 귀담아 들어, 내가 너희에게 내리는 그의 모든 명령을 성심껏 실천하면, 너희 하느님 야훼께서는 땅 위에 사는 만백성 위에 너희를 높여주실 것이다. 너희 하느님 야훼의 말씀을 순종하기만 하면 다음과 같은 온갖 복이 너희를 사로잡을 것이다.

너희는 도시에서도 복을 받고 시골에서도 복을 받으리라.

너희 몸의 소생과 밭의 소출과 소 새끼나 양 새끼 할 것 없이 너희 가축에게서 난 모든 새끼가 복을 받으리라.

너희 광주리와 반죽 그릇이 복을 받으리라.

너희는 들어와도 복을 받고 나가도 복을 받으리라.(신명 28,1-6.)

모세는 계속해서, 만약 백성들이 율법을 지키면 전쟁에서 승리하고 풍성한 수확을 얻을 것이며 풍족한 삶을 살고 번성할 것이라고 말한다. 그러나 만약 율법을 지키지 않는다면 정반대의 상황이 전개될 것이다.

너희는 도시에서도 저주를 받고 시골에서도 저주를 받으리라.

너희 광주리와 반죽 그릇이 저주를 받으리라.

너희 몸에서 태어난 소생과 밭의 소출과 소 새끼와 양 새끼가 모두 저주를 받으리라.

너희는 들어와도 저주를 받고 나가도 저주를 받으리라.

야훼께서는 너희에게 저주를 내려 너희가 손을 대는 모든 일을 뒤엎으시어 뒤죽박죽이 되게 하실 것이다. 당신을 저버리고 못할 짓을 한 까닭에, 마침내 너희를 쓸어버리시리니, 너희는 이내 망하고 말 것이다.

야훼께서는 너희가 들어가 차지하려는 땅에서 너희로 하여금 염병에 걸려 끝장나게 하고 마실 것이다. 야훼께서 폐병과 열병과 염병을 내려 너희를 치시고 무더위와 열풍을 몰아오고 깜부기병을 내려 너희를 치실 것이다. 이런 것들이 덮쳐와 너희는 결국 망하고 말 것이다. 너희가 이고 있는 하늘은 놋이 되고 딛고 서 있는 땅은 쇠가 될 것이다. 야훼께서는 너희 땅에 모래와 티끌을 비처럼 내리실 것이다. 이런 것들이 하늘에서 너희 위에 내려 너희는 결국 쓸려가고 말 것이다. 야훼께서는 너희를 원수에게 패하게 하실 것이다. 그래서 너희가 한 길로 쳐나갔다가 일곱 길로 뿔뿔이 도망치게 되면, 땅 위에 있는 모든 나라가 너희 모양을 보고 두려워 떨 것이며, 너희 시체는 온갖 공중의 새와 땅의 짐승이 거리낌 없이 뜯어먹으리라.

야훼께서는 이집트의 악질 종기와 치질과 옴과 습진을 내려 너희를 치시리니 너희가 낫지 못하리라.

야훼께서는 너희를 쳐서 미치게도 하시고 눈멀게도 하실 것이다. 너희는 정신을 잃고 앞이 캄캄하여 허둥대는 장님처럼 대낮에도 허둥대게 되리니, 무엇 하나 제대로 되는 일이 없을 것이다. 언제까지나 짓밟히고 착취를 당하건만 너희를 빼내어 줄 이도 없을 것이다.(신명 28,16-29.)

역시 같은 메시지다. 하느님의 백성에게 왜 재앙이 내리는가?

왜 이들이 전염병과 질병을 얻는가? 왜 농작물이 썩고 전쟁에서 패하며 정신병에 걸리고 다른 모든 고난들을 겪는가? 그것은 순종하지 않은 데 대한 하느님의 징벌이다. 예언서의 관점이 역사서에도 그대로 나오는 것이다.

신명기의 영향을 받은 다른 역사서들

예언자들의 관점은 신명기에만 국한되지 않는다. 구약성서의 많은 부분을 차지하는 역사서들이 신명기의 신학에 영향을 받아 계속해서 동일한 관점을 나타내고 있다. 신학자들은 신명기 다음을 잇는 여호수아, 판관기, 사무엘상하, 열왕기상하를 신명기적 역사서라고 부른다. 왜냐하면 이 책들의 저자들은 모두 신명기적 관점으로 모세 이후(대략 기원전 1250년)[2]의 이스라엘 역사를 해석하기 때문이다. 이 책들은 이스라엘 백성이 약속의 땅을 정복한 사건(여호수아), 왕이 생기기 전에 여러 지파로 분리되어 살았던 이야기(판관기), 사울과 다윗 그리고 솔로몬이 이스라엘을 다스리던 시대(사무엘상하와 열왕기상), 그리고 솔로몬의 사후 왕국이 분열되어 북 왕국이 아시리아에 멸망하고 남 왕국이 바빌론에 의해 멸망한 사건(열왕기상하)을 이야기 형식으로 전개하고 있다. 이 여섯 권의 책은 700년이 넘는 이스라엘의 역사를 총망라한다. 이 책들의 테마를 관통하는 관점은 죄가 있으면 벌이 따른다는 것이다. 이스라엘이 하느님에게 순종하고 그의 뜻을 따르며 율법을 지키면 잘되고 번성한다. 그러나 순종하지 않으면 징벌이 내려진다. 이스라엘은 결국 순종하지 않은 대가를 치르고 만다. 이방 나라에 의해 멸망한 것이다.

이러한 죄와 벌에 대한 관점은 신명기적 역사서 여섯 권 모두에서 발견된다. 여호수아에는 이스라엘의 오합지졸이 어떻게 약속의 땅에 살았던 거주민을 몰아내고 그 땅을 정복했는지에 대한 이야기가 나온다. 여호수아 서두에 이미 이야기의 주제가 정해졌다. 하느님은 여호수아에게 그 땅을 쳐서 정복하라고 명하며 그에게 이렇게 약속한다.

네 평생에 아무도 네 앞길을 막지 못할 것이다. 내가 모세의 곁을 떠나지 않았던 것처럼 네 곁을 떠나지 않고 너를 버리지 아니하리라.

힘을 내고 용기를 가져라. 내가 이 백성의 선조들에게 주겠다고 맹세한 땅을 차지하여 이 백성에게 나누어줄 사람은 바로 너다. 용기 백배, 있는 힘을 다 내어라. 그래서 내 종 모세가 너에게 지시한 모든 법을 한눈 팔지 말고 성심껏 지켜라. 그리하면 네가 하는 모든 일이 뜻대로 되리라. 이 책에 있는 법이 네 입에서 떠나지 않게 밤낮으로 되새기며 거기에 적혀 있는 것을 어김없이 성심껏 실천하여야 한다. 그렇게만 하면 네 앞길이 열려 모든 일이 뜻대로 되리라.(여호 1,5-8.)

이 약속은 이스라엘의 첫 번째 전투장, 그 유명한 예리고 전투에서 그대로 실현된다. 이스라엘 민족이 어떻게 이 강한 성을 정복했는가? 단순히 하느님의 지시를 따라서였다. 여호수아는 하느님의 명을 받아 이스라엘 군대가 엿새 동안 하루에 한 바퀴씩 성을 돌게 했다. 일곱 번째 되던 날 이들은 성을 일곱 바퀴 돌고 나팔을 불었다. 그러자 견고한 성 예리고가 무너졌다. 하느님의 명령에 순종하자 기적이 일어난 것이다. 성벽이 무너져 내리자 이스라엘의 용사들은 성에 들어가 남녀노소를 막론하여 모조리 도살하고 우양과 나귀를 칼로 멸하였다.(창녀 라합과 그 가족을 제외하고.) 완벽한 대승리다.(여호 6.)

고통의 문제에 관심이 있는 사람이라면 아마도 예리고 성의 주민들에 대해 한번쯤 생각해보았을 것이다. 이스라엘의 하느님에게 이들은 다른 신을 섬기던 이방인들이었고 멸망을 받아 마땅한 민족이었는지 모른다. 하지만 죽임을 당한 이들에 대해 생각해보자. 하느님은 과연 자기 백성이 아니면 무자비하게 학살하는 존재일까? 예리고 백성들은 하느님을 알 기회가 없었고 당연히 하느님에게 돌아올 수도 없었다. 그러나 그들은 모두, 심지어 갓난아기들까지도 모두 하느님의 이름으로 칼에 희생되었다.

여호수아는 시종일관 이스라엘 군대가 하느님의 지시를 따르면 승리하고 사소한 잘못이라도 저지르면 패배하는 이야기(예를 들어 여호수아 7장의 아이 성 패배)로 가득하다. 이 모든 이야기들, 즉 이스라엘 민족이 이집트에서 탈출하여 가나안으로 들어가 그 땅을 차지했다는 것이 실제 일어난 역사적 사실이라는 근거는 매우 희박하다. 역사학자들이 이 이야기의 근거를 발견하기 위해 노력했지만, 고고학적 물증은 발견되지 않았다. 기원전 13세기에 예리고 성이 무너졌다는 물증은 그 어디에도 없다.[3] 그러나 일단 이 문제는 뒤로하고, 여기서는 신명기적 역사서 저자가 이 사건들을 어떻게 보는지만 살펴보기로 하자. 그의 관점은 분명하다. 이스라엘이 하느님에게 순종하면 승리하고, 순종하지 않으면 패배한다. 순종하지 않을 때 야기되는 패배는 혹독한 것이었다. 하느님이 명한 대로 행하지 않으면 백성은 호된 고통을 겪어야 했다.

같은 주제가 판관기에서도 되풀이된다. 이스라엘 민족은 왕정이 시작되기 전에 열두 지파로 갈라져 약속의 땅에서 살았다. 이 200년간의 시대는 그야말로 혼란의 시대였다. 그러나 죄와 벌의 원칙은 이 시기에도 역시 적용됐다. 이스라엘이 하느님에게 신실하면 복을 받지만, 이들이 하느님의 길에서 멀어지면, 예를 들어 이방인들이 섬기는 신에게 예배드리면(이스라엘 군대는 이방인들을 완전히 멸하지 못했다), 하느님은 이들을 징벌했다. 판관기 첫 부분은 이스라엘 백성이 가나안 족속의 이방신을 섬길 때 어떻게 되는지 자세히 묘사하고 있다.

이스라엘 백성은 바알들을 섬겨 야훼의 눈에 거슬리는 못할 짓들을 하였다. 자기네 조상을 이집트 땅에서 이끌어내신 조상의 하느님 야훼를 저버리고, 주위 백성들이 섬기는 다른 신들을 따르며 절하여 야훼의 노여움을 샀다. 그들은 야훼를 저버리고 바알과 아스다롯을 섬겼다. 야훼께서는 크게 화를 내시어 이스라엘로 하여금 적에게 침략을 받아 노략질을 당하게 하셨다. 또한 둘러싸고 있는 원수들 손에 팔아 넘기셨으므로 그들은 도저히 원수들과 맞설 수가 없었다. 그들이 출정할 적마다 야훼께서 손수 그들을 치셨던 것이다. 야훼께서 경고하시며 맹세하신 대로 된 것이다. 그러나 그들이 심한 곤경에 빠지면, 야훼께서는 판관들을 일으키시어 약탈자들의 손에서 그들을 건져내시곤 하셨다.(판관 2,11-16.)

이러한 일이 발생할 때마다(판관기에는 이러한 일들이 반복해서 발생한다) 하느님은 자신을 섬기는 판관(사사士師라고도 한다. 구약 시대에 유대 민족을 다스리던 제정일치의 통치자—옮긴이)을 통해 백성을 회복시키고 이방국가의 압제로부터 자유를 되찾아주었다. 에훗, 드보라, 기드온, 삼손은 바로 이러한 판관이었다. 이 시기의 상황은 판관기 맨 마지막의 한마디로 간추려질 수 있다. "그 때는 이스라엘에 왕이 없어서 사람마다 제멋대로 하던 시대였다."(판관 21,25.) 그런데 불행히도 사람의 뜻에 옳은 것은 하느님 뜻에 옳은 것이 아니어서, 판관기는 각종 이방 나라의 압제와 지배로 얼룩져 있었다.

마지막 판관은 사무엘이었다. 사무엘상하에는 이스라엘이 여러 개의 지파로 나뉘어 지방자치제로 운영되던 혼란의 시대로부터 왕정체제로 전환되던 시기의 이야기가 나온다. 사무엘은 하느님의 백성을 다스릴 사람을 선출해 그에게 기름을 부어 왕으로 삼으라는 명을 받는다. 신명기적 역사서는 왕을 달라는 이스라엘 백성의 요구에 대해 엇갈린 해석을 하고 있다. 그것이 하느님의 뜻이었다는 해석도 있고, 하느님이 악하다고 생각했지만 백성이 원하니 마지못해 허락한 일이었다는 해석도 있다.

첫 번째 왕은 사울이었다. 초기에 그는 하느님을 두려워하는 선한 왕이었다가 점차 하느님에게 순종하지 않는 악한 왕으로 바뀌었다. 사울의 악행들 때문에 하느님은 사무엘에게 청년 다윗을 왕으로 기름 부으라는 명을 내린다. 다윗은 사울과 온갖 갈등을 겪다가(사무엘상) 전쟁터에서 사울이 죽자 이스라엘의 왕으로 등극했다. 다윗은 고대 이스라엘의 황금기를 열었다. 이스라엘은 넓은 영토를 차지하고 있었다. 그 시대는 이집트와 아시리아가 아직 주변국가였고 세력을 확장하기 전이었다.(사무엘하.) 다윗의 시대가 그의 아들 솔로몬으로 넘어가면서 솔로몬의 시대가 전개된다. 신명기적 역사관은 솔로몬 시대에서도 찾아볼 수 있는데, 역사서 저자는 하느님의 입을 빌어 솔로몬에게 이렇게 말한다.

> 네가 네 아비 다윗처럼 충성스런 마음으로 내 앞에서 바르게 살고 내가 일러준 모든 계명을 지켜 나가며 내 법과 의식을 따르면 나는 이스라엘을 다스리는 너의 왕좌를 영원히 지켜주리라. 내가 네 아비 다윗에게 이미 약속한 대로 너의 자손이 끊이지 아니하고 이스라엘 왕좌에 앉게 하리라. 만일 너나 너의 자손이 나를 따르지 아니하고 등을 돌리거나 내가 너에게 일러준 명령과 법을 지키지 아니하고 다른 신을 받들어 섬기거나 예배하면 나는 내가 준 땅에서 이스라엘을 끊을 것이고, 성별하여 나의 것으로 삼은 이 전을 내 앞에서 버릴 것이다. 그러면 이스라엘은 여러 나라들 사이에서 한갓 속담거리와 웃음거리가 되고 말리라.(1열왕 9,4-7.)

그러나 솔로몬은 결국 하느님에게 충실하지 않게 되었다. 그의 전 시대와 후 시대의 권력자들이 그러했듯이, 그 역시 여자 문제로 몰락의 길에 들어섰다. 솔로몬은 천 명이 넘는 후궁과 첩을 거느렸다.(1열왕 11,3.) 그것 자체는 일부다처제가 허용되던 당시에 문제될 것이 없었으며 모세의 율법에 위반되지도 않았다.(요즘 사람들에게는 충격적이겠지만.) 하지만 문제는 "솔로몬 왕은 매우 호색가였으므로 수많은 외국 여인들과 사랑을 나누었다. 파라오 왕의 딸뿐 아니라 모압 여인, 암몬 여인, 에돔 여인, 시돈 여인, 헷 여인 등 외국 여인들을 후궁으로 맞아들였다"(1열왕 11,1)는 것이었다. 하느님은 이스라엘 사람들에게 오직 동족하고만 결혼하고 관계를 맺으라고 명하였다. 그 이유는 솔로몬의 경우에 분명해진다. 솔로몬의 이방 여인들은 솔로몬으로 하여금 이방신을 섬기도록 만들었다. 하느님은 진노하여 "내가 결단코 이 나라를 너에게서 빼앗겠다"고 맹세했다. 그리고 그 일은 실현되고 말았다. 솔로몬이 세상을 떠나고 그의 아들 르호보암이 왕위를 이어받자, 이스라엘 북쪽 지방에 살던 지파들이 반기를 들고 르호보암의 경쟁자인 여로보암을 왕으로 추대하여 자기들의 왕국을 건설한 것이다.

열왕기상하의 나머지 부분은 북이스라엘과 남유다가 메소포타미아 초강대국들에 멸망할 때까지 여러 왕이 통치하던 시대에 관한 것이다. 신명기적 역사가들의 시각에, 이들 왕의 성패는 그의 정치적 능력이나 외교적 수완이 아니라 하느님에게 얼마만큼 충실하느냐에 달려 있었다. 하느님에게 순종한 왕은 복을 받고, 순종하지 않은 왕은 저주를 받았다. 급기야 불순종의 정도가 한계에 다다르자 하느님은 북이스라엘 왕국을 멸하기로 결심하였다. 열왕기하의 저자는 아시리아가 북이스라엘의 수도 사마리아와 왕국 전체를 멸하게 된 이유를 다음과 같이 설명한다.

그리고 이스라엘 전역을 침공, 사마리아를 포위하여 삼 년 동안 공격하였다. 마침내 호세아 제구년에 아시리아 왕은 사마리아를 함락시키고 이스라엘 백성들을 사로잡아 아시리아로 데려다가 할라 지방과 고잔의 하볼 강 연안과 메대의 성읍들에 이주시켰다.

이스라엘이 이렇게 된 것은 자기들을 이집트에서 이끌어내시어 이집트 왕 파라오의 손아귀에서 건져주신 저희 하느님 야훼께 죄를 지었기 때문이었다. …… 야훼께서 엄하게 금하신 우상 숭배를 일삼았다. …… 그들은 야훼께서 저희 선조들과 계약을 맺으시며 주신 규정과 엄히 일러주신 훈령을 업신여겼다. 허수아비를 따르다가 허수아비가 되었고, 야훼께서 본받지 말라고 하신 주위에 있는 민족들을 본받았다. …… 이렇게 스스로 자유를 잃은 종의 신세가 되어 야훼의 눈에 거슬리는 일을 함으로써 야훼의 속을 썩여드렸던 것이다. 야훼께서 크게 노하시어 이스라엘을 당신 앞에서 쫓아내시니 남은 것은 유다 지파밖에 없었다. (2열왕 17,5-18.)

그로부터 1세기 반이 지난 후 유다 왕국 역시 아시리아를 정복한 바빌론 군대에 의해 멸망한다. 유다의 사악하고 패역한 왕들이 하느님의 진노를 산 것이다. 열왕기의 저자에 의하면, 군사적 패배와 그로 인해 생겨나는 고통은 정치적 역량의 부족과 약한 군사력 때문이 아니었다. 유다 왕국은 하느님의 율례를 범한 죄로 하느님에 의해 멸망한 것이었다.

> 나 야훼가 선언한다. 유다 왕이 읽는 책에 적혀 있는 재앙을 내가 이제 이 곳과 이 곳 국민들에게 내리리라. 그들은 나를 저버리고 저희 손으로 만들어 세운 온갖 우상에게 제물을 살라 바쳐 나의 속을 썩여주었다. 그런즉 나의 분노가 이 곳에 불길같이 떨어지면, 아무도 그 불을 끄지 못하리라.(2열왕 22,16-17.)

유대인들이 제사에서 희생제물을 바친 이유

지금까지 우리는 고통에 대한 고전적 관점이 성서에서 얼마나 지배적인 관점으로 자리하는지 살펴보았다. 하느님에게 순종하지 않아 고통을 받는다는 해석은 대예언서와 소예언서, 그리고 지혜서(예: 잠언)와 역사서(예: 모세5경과 신명기적 역사서) 모두에서 발견된다. 그것은 고대 이스라엘 종교의 가장 핵심적인 메시지였다.

서방국가, 특히 내가 사는 미국 남부의 많은 사람들은 종교가 믿음의 문제라고 생각한다. 종교란 외적으로는 예배의식과 신자의 삶을 주관하는 것이고, 내적으로는 하느님과 그리스도, 구원, 그리고 성서에 대한 믿음에 관한 것이라는 것이다. 하지만 고대 이스라엘에서는 (대부분의 다른 고대사회와 마찬가지로) 종교가 올바른 믿음을 갖는 것을 의미하지 않았다. 이들에게 종교란 하느님에게 예배의식을 드리는 것이었다. 그리고 제대로 된 예배란 하느님이 정한 방식대로 의식을 치르는 것을 뜻하였다.(이것은 고대의 다른 토속종교에서도 역시 마찬가지다.) 이스라엘의 종교의식은 제사의식이었다.

율법서에는 백성이 하느님에게 짐승을 희생제물로 드리고 다른 곡물들을 바쳐야 한다고 나와 있다.(레위 1-7.) 현대 학자들은 이 제사 관련 규례가 매우 복잡하고 혼란스러운 것이었다고 말한다. 율법서에 나오는 제물의 종류〔속죄제, 속건제, 번제, 요제(제물을 위아래, 좌우로 흔들면서 드리는 제사)—옮긴이〕, 제사 올리는 방법, 제사의 효험 등에 대해서는 아직도 논란이 많다.[4] 그러나 한 가지만은 분명하다. 그것은 지정된 거룩한 장소(예를 들어 고대에는 성막, 그리고 솔로몬 이후에는 유대성전)에서 제사장이 드리는 제사의 핵심이 바로 죄를 용서받기 위한 것이었다는 점이다. 즉 이스라엘 민족이 하느님의 율법을 어겨서 그의 눈 밖에 벗어나면, 하느님은 제사라는 의식을 통해 다시 관계를 회복시켰다. 이 제사의 기본원리는 하느님의 뜻을 어기는 자는 반드시 벌, 즉 하느님이 주는 고통을 받아야 하는데, 희생제물을 바침으로써 짐승이 대신 벌을 받고 인간은 용서를 받는다는 것이다.

이러한 원리는 레위기에 나오는 번제("번제물의 머리에 손을 얹도록 하여라. 그러면 그것이 그의 죄를 벗겨주는 제물로 받아들여질 것이다": 레위 1,4, 욥기 1,5)와 속죄제("이렇게 사제가 그의 죄를 벗겨주면 그는 죄를 용서받는다": 레위 4,35), 그리고 속건제("사제가 그 잘못한 벌로 내는 숫양을 바쳐서 그의 죄를 벗겨주면, 그는 죄를 용서받을 것이다": 레위 5,16)에 분명히 나타난다.

죄는 하느님의 진노와 심판을 일으키기 때문에, 하느님의 무서운 벌을 받지 않기 위해서는 그의 진노를 잠재워야 한다. 따라서 희생제물을 바침으로써 하느님의 진노를 피하는 것이다. 그런데 앞에서도 말했듯이 이 제사의 효험이 어느 정도인지는 분명치 않다. 희생제물이 인간 대신 죽었다고 해서 인간이 완전히 면죄되고 새로운 삶을 부여받는 것인가?(창세 22,1-14.) 아니면 여기에 또 다른 복잡한 조건이 부가되는가?[5] 그에 대한 해답이 무엇이든 간에, 고대 이스라엘 종교는 순종하지 않아 단절된 하느님과의 관계를 회복하기 위한 제사의식에 중점을 두고 있었다. 불순종이 징벌을 가져온다는 고전적 관점이 고대 이스라엘 종교의 핵심이었던 것이다.

대속물(짐승)이 누군가(인간)를 대신해 희생제물이 된다는 개념은 상징적 의미를 갖는다. 우리가 알고 있다시피 이것은 그리스도교 신앙의 기본 개념이다. 그리스도교는 예수가 우리의 죄를 대신해 죽음으로써 완전한 제물이 되었다고 말한다.(히브 9-10.) 죄에 대한 대속물이 필요하다는 개념은 그리스도인들이 새로 만들어낸 개념이 아니다. 이것은 기원전 586년 예루살렘의 멸망 이후에 활동하던 한 예언자의 글에 잘 나타나 있는 것처럼, 고대 이스라엘 전통에 뿌리를 두고 있다. 이 예언자의 글은 그보다 약 150년 전에 예루살렘에 살았던 이사야의 글에 덧붙여져 하나의 두루마리 책에 편입되었으므로, 그는 제2의 이사야라는 이름으로 불린다.[6]

죄에는 벌이 따른다고 믿은 제2의 이사야

역사학자들은 유다 왕국이 바빌론에게 멸망한 과정을 이해하기 위해 히브리 성서의 여러 부분을(2열왕 25; 예레 52) 출처로 사용한다.[7] 남쪽의 이집트와 북쪽의 바빌론의 패권싸움에 끼어 있던 유다의 왕 시드키야는 결국 남쪽의 이집트와 동맹관계를 맺기로 결정했다. 이에 바빌론의 느부갓네살 왕은 군대를 이끌고 유다로 쳐들어와 18개월 동안 예루살렘을 포위하였고, 사람들은 극심한 고통과 굶주림에 처하였다. 이윽고 성벽이 무너지고 저항자들이 처단되며, 솔로몬이 400여 년 전에 건축한 성전은 파괴되었다. 시드키야는 탈출을 시도했으나 결국 붙잡히고 말았다. 느부갓네살은 시드키야의 목전에서 그의 아들들을 죽이고 시드키야의 두 눈을 빼버린 다음, 그를 바빌론으로 끌고 갔다. 그는 예루살렘의 귀족계급들도 포로로 잡아갔다.(조국 땅을 떠나 있으면 반역을 꾀할 수 없을 것이라는 계산하에.) 바로 이러한 상황에서 제2의 이사야가 그의 예언을 선포한 것이다.

지금부터 100여 년 전부터 학자들은 이사야 40-55장의 저자는 1장부터 39장까지의 저자와 동일인일 수 없다는 데 동의해왔다. 앞의 장들은 아시리아가 유다를 공격할 것이라고 예견한다. 즉 이것은 기원전 8세기에 쓰인 것이다. 하지만 40장부터 55장은 유다 왕국이 패망하고 백성들이 유배되는 사건에 대해 기록되어 있다. 즉 기원전 6세기 중반에 쓰인 것이다. 이 두 책들이 서로 유사한 예언적 메시지를 담고 있으므로 후세의 누군가가 이 두 책을 합쳐버리고 또 다른 예언자(제3의 이사야)에 의해 쓰인 56-66장까지 포함해서 하나의 두루마리 책으로 만들어버린 듯하다.

　제2의 이사야는 이스라엘 백성이 하느님에게 죄를 지어 그 대가로 벌을 받게 될 것이라고 예언한다. 사실상 이스라엘은 "야훼의 손에서 죄벌을 곱절이나 받았다."(이사 40,2.) 그러나 죄와 벌의 원칙은 정복당한 이스라엘에만 적용되는 것이 아니었다. 그것은 정복자 바빌론에도 적용되었다. 하느님은 정복자에 대해 이렇게 선언한다.

> 내가 나의 백성에게 진노하여
> 그들, 나의 유산을 천대하여
> 네 손에 넘겼는데
> 너는 그들을 가엾게 보기는커녕
> 노인들에게 묵직한 멍에마저 씌웠다.
> ......
> 이제 불행이 덮쳐오는데
> 무슨 마술을 써서 네가 그것을 막아내랴?
> 이제 재난이 떨어지는데
> 무슨 방법을 써서 네가 그것을 물리치랴?
> 헤아려 미리 알 수 없는 재난이
> 갑자기 너에게 닥치리라.(이사 47,6; 47,11.)

　제2의 이사야가 전하는 핵심 메시지는 재앙이 닥치기 전의 예언자들과는 달리, 유다가 그의 죄로 인해 충분히 벌을 받았으므로 이제 하느님이 노여움을 풀고 그의 백성을 용서해주리라는 것이다. 그는 하느님이 그들을 약속의 땅으로 되돌아가게 하고 그들과 새로운 관계를 시작할 것이라고 말했다. 이러한 맥락에서 다음과 같은 유명한 구절이 나온다.

"위로하여라. 나의 백성을 위로하여라."
너희의 하느님께서 말씀하신다.
"예루살렘 시민에게 다정스레 일러라.
이제 복역 기간이 끝났다고,
그만하면 벌을 받을 만큼 받았다고,
야훼의 손에서 죄벌을 곱절이나 받았다고 외쳐라."(이사 40,1-2.)

또한 제2의 이사야는 그의 글 뒤편에 이렇게 말하였다.

"내가 잠깐 너를 내버려두었었지만,
큰 자비를 기울여 너를 다시 거두어들이리라.
내가 분이 복받쳐
내 얼굴을 잠깐 너에게서 숨겼었지만,
이제 영원한 사랑으로 너에게 자비를 베풀리라."
너를 건지시는 야훼의 말씀이시다. (이사 54,7-8.)

수세기 전에 하느님이 이스라엘을 이집트의 노예생활에서 구원하여 광야를 거쳐 약속의 땅으로 인도한 것처럼, 그는 다시 "사막 가운데 주의 첩경"을 예비해줄 것이다. 이와 같은 회복은 기적적으로 이루어질 것이다. "모든 골짜기를 메우고, 산과 언덕을 깎아내려라. 절벽은 평지를 만들고, 비탈진 산골길은 넓혀라. 야훼의 영광이 나타나리니 모든 사람이 그 영화를 뵈리라. 야훼께서 친히 이렇게 약속하셨다."(이사 40,4-5.) 하느님을 신뢰하는 자들은 광야를 지나 이 영광스런 회복을 맛보게 될 것이다.

> 힘이 빠진 사람에게 힘을 주시고
> 기진한 사람에게 기력을 주시는 분이시다.
> 청년들도 힘이 빠져 허덕이겠고
> 장정들도 비틀거리겠지만
> 야훼를 믿고 바라는 사람은 새 힘이 솟아나리라.
> 날개쳐 솟아오르는 독수리처럼
> 아무리 뛰어도 고단하지 아니하고
> 아무리 걸어도 지치지 아니하리라.(이사 40,29-31.)

이사야서의 여러 곳에서 하느님은 이스라엘을 그가 택한 종이라고 부르며, 이들이 광야에 유배되었으나 다시 회복될 것이고 그의 대적은 사방에 흩어질 것이라고 말하였다.

> 너, 이스라엘, 나의 종,

너, 내가 뽑은 자, 야곱아,

나의 친구 아브라함의 후예야,

나는 너를 땅 끝에서 데려왔다.

먼 곳에서 너를 불러 세우며 일렀다.

'너는 나의 종이다.

내가 너를 뽑아 세워놓고 버리겠느냐?'

두려워하지 마라. 내가 너의 곁에 있다.

걱정하지 마라. 내가 너의 하느님이다.

내가 너의 힘이 되어준다. 내가 도와준다.

정의의 오른팔로 너를 붙들어준다.

너에게 서슬이 푸르게 달려들던 자들은

부끄러워 쥐구멍을 찾게 되고,

멸망하여 흔적도 없이 사라지리라.(이사 41,8-11.)

여기서 중요한 것은 제2의 이사야가 말하는 "나의 종"이 유
배당한 이스라엘 백성을 가리키는 말이라는 점이다. 그는 나중에
"너는 나의 종, 너에게서 나의 영광이 빛나리라"고 말했다.(이사
49,3.) 이것이 중요한 이유는 후세에 초기 그리스도인들이 이 구
절을 메시아 예수를 가리키는 말로 이해했기 때문이다. 신약성서
에 친숙한 그리스도인들은 이사야 52장 13절부터 53장 8절까지
읽으면서 당연히 예수를 떠올린다.

"이제 나의 종은 할 일을 다 하였으니,

높이높이 솟아오르리라.

무리가 그를 보고 기막혀 했었지.

그의 몰골은 망가져 사람이라고 할 수가 없었고

인간의 모습은 찾아볼 수가 없었다.

이제 만방은 그를 보고 놀라지 않을 수 없고

제왕들조차 그 앞에서 입을 가리리라.

이런 일은 일찍이 눈으로 본 사람도 없고

귀로 들어본 사람도 없다."

......

그런데 실상 그는 우리가 앓을 병을 앓아주었으며,

우리가 받을 고통을 겪어주었구나.

우리는 그가 천벌을 받은 줄로만 알았고

하느님께 매를 맞아 학대받는 줄로만 여겼다.

그를 찌른 것은 우리의 반역죄요,

그를 으스러뜨린 것은 우리의 악행이었다.

그 몸에 채찍을 맞음으로 우리를 성하게 해주었고

그 몸에 상처를 입음으로 우리의 병을 고쳐주었구나.

우리 모두 양처럼 길을 잃고 헤매며

제멋대로들 놀아났지만,

야훼께서 우리 모두의 죄악을

그에게 지우셨구나.

그는 온갖 굴욕을 받으면서도

입 한번 열지 않고 참았다.

도살장으로 끌려가는 어린 양처럼

가만히 서서 털을 깎이는 어미 양처럼

결코 입을 열지 않았다.

그가 억울한 재판을 받고 처형당하는데

그 신세를 걱정해 주는 자가 어디 있었느냐?

그렇다, 그는 인간 사회에서 끊기었다.

우리의 반역죄를 쓰고 사형을 당하였다.(이사 52,13-53,8.)

이 강력한 메시지를 정확히 이해하기 위해서는 다음과 같은 점들을 고려해야 한다. 첫째는 내가 이 장의 첫 부분에 언급한 내용이다. 이스라엘의 예언자들은 수정구슬을 들여다보며 먼 훗날 일어날 일들을 점치는(예수는 5세기 이후에야 태어났다) 점쟁이들이 아니었다. 이들은 하느님이 그 당시의 사람들에게 하는 말을 전하였다. 둘째, 이들이 쓴 글에는 그것이 미래의 메시아를 의미한다는 암시가 전혀 없다. 메시아라는 단어는 이사야서 전체를 통틀어 단 한 번도 나오지 않는다.(직접 한 번 읽어보라.) 셋째, 이사야서에서 거론되는 이 '종'의 고난은 미래형이 아닌 과거형으로 쓰여 있다. 이러한 점들을 감안할 때, 그리스도교가 생기기 전에 유대인들이 이사야서를 읽으면서 이를 메시아와 결부시키지 않은 이유를 알 수 있다. 그리스도교 이전의 고대 유대교는 메시아가 다른 사람들을 위하여 고난받을 것이라는 생각은 전혀 하지 못했다. 메시아는 위풍당당한 인물, 예를 들어 다윗 왕처럼 백성을 다스리는 인물일 것이라고 생각했다. 그런데 예수는 어떠한가? 그는 십자가형을 받은 죄인으로서, 그들이 상상하던 메시아와는 정반대 모습이었다. 마지막으로 지적하고 싶은 점은 이것이다. 제2의 이사야는 이 '종'이 무엇을 뜻하는지 그의 글에 명백하게 밝히고 있다. 그것은 바로 이스라엘, 패망하여 다른 나라로 유배당한 이스라엘이다.(이사 41,8: 49,3.)[8]

그러나 그리스도인들은 궁극적으로 이 구절이 메시아 예수를 의미한다고 해석하게 되었다. 이 점은 조금 있다가 다루기로 하자. 지금은 우선 제2의 이사야가 당시 역사적 맥락 속에서 말하고자 하는 것이 무엇이었는지 알아보자. '나의 종 이스라엘'이란 무엇을 의미하는가?

다른 예언자들과 마찬가지로 제2의 이사야 역시 죄에는 벌이 따른다고 믿었다. 하느님의 종 이스라엘은 바빌론으로 끌려가서 압제자들의 손에 의해 끔찍한 고난을 겪었다. 그리고 이 고난은 속죄를 가져왔다. 성전에서 짐승들이 희생제물로 바쳐져 죄에 대한 대속이 이루어진 것처럼 이스라엘 역시 그렇게 희생되었다. 백성들의 죄로 인해 고난을 겪은 것이다. 제2의 이사야는 은유법을 사용하여 이스라엘을 '하느님의 종'으로 묘사하며, 유배당한 백성들이 다른 이들을 대신해 고통받는 것으로 설명하였다. 그 희생으로 말미암아 이스라엘은 용서받고 하느님과 바른 관계를 회복할 수 있게 되었다.[9] 즉 이사야서는 죄는 벌을 불러오며 순종하지 않은 결과로 고통이 주어지는 것이라는 고전적 관점을 고수하는 것이다.

그리스도교는 속죄를 어떻게 이해하는가

제2의 이사야는 유배당한 이스라엘을 향해 그들이 하느님으로부터 받은 벌 때문에 하느님과 그의 백성이 화목하게 되었다고 선포하고 있었다. 그러나 후세의 그리스도인들은 그가 말하는 '고통받는 종'이 십자가에 못 박힌 예수를 뜻한다고 해석하였다. 그리스도인들이 예수의 십자가형에 대해 이야기할 때, 또한 복음서 저자들이 예수가 십자가에 못 박힐 때의 일들을 서술할 때, 이사야서 53장(그리고 시편 22장)을 인용했다는 사실을 기억하라. 고통받는 이들에 대한 구약의 성서 구절이 예수의 수난을 묘사하기 위해 사용되는 구절이 되었다. 원래 이스라엘을 의미하는 '고난받는 종'이 고통받을 때 "어린 양처럼" 잠잠했던 것처럼(이사 53,7) 예수도 재판받는 자리에서 잠잠했다. 고난받는 종이 "반역자의 하나처럼 그 속에 끼여"(이사 53,12) 있었던 것처럼 예수 역시 두 악인들 사이에서 십자가에 못 박혔다. 고난받는 종이 "사람들에게 멸시를 당하고 퇴박을 맞"은 것처럼(이사 53,3) 예수도 다른 사람들에게 거절당하고 로마 군병들에게 모욕을 받았다. 고난받는 종을 "으스러뜨린 것은 우리의 악행"(이사 53,5)이었듯이, 예수의 죽음 역시 죄인을 위한 대속으로 그려졌다. 고난받는 종이 "불의한 자들과 함께 묻혔듯이"(이사 53,9) 예수 역시 아리마태아의 부자 요셉의 묘지에 묻혔다. 고난받는 종이 고통받은 후에 그의 정당성을 입증받고 "오래오래 살" 것처럼(이사 53,10), 예수도 사망의 권세를 이기고 죽음에서 부활하였다. 신약성서의 십자가 사건이 이사야서 53장과 많은 유사점을 보이는 것은 우연이 아니다. 이 복음서의 저자들은 글을 쓰면서 이사야서의 '고난받는 종'을 떠올렸던 것이다.

여기에 매우 중요한 점이 한 가지 있다. 그것은 죄와 고통의 관계에 대한 고전적 관점이 구약성서에서만 발견되는 것이 아니라는 점이다. 신약성서를 이해하는 데에도 이와 같은 관점이 필수 요건이다. 왜 예수가 고통받고 죽어야만 했는가? 왜냐하면 하느님은 죄를 벌해야 했기 때문이다. 제2의 이사야는 초대 그리스도인들이 예수의 끔찍한 고난과 죽음을 이해하는 데 필요한 근거를 제공했다. 예수의 죽음으로 말미암아 인간이 하느님과 관계를 회복할 수 있다는 것이었다. 즉 예수는 죄에 대한 희생제물이었다.

신약성서의 저변에 깔려 있는 관점은 예수를 믿는 그리스도교가 유대교에 비해 모든 면에서 뛰어나다는 것이다. 예수는 유대인에게 율법을 가져다준 모세보다 뛰어나다.(히브 3.) 그는 약속의 땅을 정복한 여호수아보다 뛰어나다.(히브 4.) 그는 성전에서 제사를 지내던 제사장들보다 뛰어나다.(히브 4-5.) 그리고 가장 중요하게, 그는 모든 희생제물보다 뛰어나다.(히브 9-10.) 예수는 완전한 희생제물로 바쳐진 것이며, 그로 인해 더 이상 다른 제사가 필요 없어졌다. 사람들은 그를 받아들이기만 하면 완벽한 거룩함(혹은 신성함)을 얻게 된다. "예수 그리스도께서는 하느님의 뜻을 따라 단 한 번 몸을 바치셨고 그 때문에 우리는 거룩한 사람이 되었습니다."(히브 10,10.) 왜냐하면 "그리스도께서는 당신 자신을 오직 한 번 희생제물로 바치심으로써 죄를 없애주셨는데 이것은 영원한 효력을 나타내는 것"(히브 10,12)이기 때문이다. 여기에 내포된 의미는 다른 이들의 죄를 위해 누군가가 대신 고난을 겪어야 한다는 것이다. 그러면 그와 같은 대리 제사로 인해 하느님의 진노 아래 놓인 이들은 죄를 씻을 수 있다.

히브리서의 무명 저자(후세의 그리스도인들은 히브리서의 저자가 바울로인 줄 알았다)보다 몇십 년 전에 편지를 썼던 사도 바울로 역시 유사한 견해를 갖고 있었다. 고린토인들에게 쓴 첫 번째 편지에서 그는 "나는 내가 전해 받은 가장 중요한 것을 여러분에게 전해 드렸습니다. 그것은 그리스도께서 성서에 기록된 대로 우리의 죄 때문에 죽으셨다는 것"이라고 기록하였다.(1고린 15,3.) 바울로는 로마인들에게 이보다 다소 길게 설명하였는데, 그는 로마서에서 "하느님의 진노"(로마 1,18)가 모든 사람에게 임한 것은 그들이 모두 죄를 지은 까닭인데, 그리스도가 다른 사람들을 위하여 피를 흘림으로써 죄가 사라졌다고 말하였다.

모든 사람이 죄를 지었기 때문에 하느님이 주셨던 본래의 영광스러운 모습을 잃어버렸습니다. 하느님께서는 그리스도 예수를 통해서 모든 사람을 죄에서 풀어주시고 당신과 올바른 관계를 가질 수 있는 은총을 거저 베풀어주셨습니다. 그리스도를 믿는 사람에게는 죄를 용서해 주시려고 하느님께서 그리스도를 제물로 내어주셔서 피를 흘리게 하셨습니다.(로마 3,23-25.)

바울로가 생각하기에 하느님이 그의 백성을 영원히 구원하는 일에는 어떤 공식이 필요했다. 그것은 "죄는 벌을 가져온다"—"그리스도는 벌을 대신 받았다"—"따라서 그리스도의 죽음은 다른 이들의 죄를 대속했다"는 다소 단순한 공식이었다.

이러한 속죄에 대한 견해는 다시 고통에 대한 고전적 관점으로 회귀된다. 사람이 죄를 지으면 벌로써 고통을 받아야 한다는 관점 말이다. 그렇지 않다면 하느님은 사람들을 그냥 용서해주었을 테고, 그렇다면 그리스도가 죽어야 할 이유도 없었다. 이와 같이 속죄와 구원에 대한 그리스도교 교리는, 사람들이 죄를 지으면 하느님에게 벌을 받아 고통을 겪을 것이라는 예언자적 관점에 뿌리를 두고 있다.

이러한 관점은 복음서 중 가장 먼저 쓰인 마르코복음에 분명히 드러난다. 우리가 이름을 알 수 없는 마르코복음의 저자가 바울로의 편지를 읽었는지는 분명치 않다. 바울로서신은 마르코복음보다 약 20년 전에 쓰였다. 하지만 예수의 죽음에 대한 마르코복음의 해석은 여러 측면에서 바울로의 속죄신학을 닮았다. 마르코복음에서 예수는 제자들에게 이렇게 말하였다. "사람의 아들도 섬김을 받으러 온 것이 아니라 섬기러 왔고, 또 많은 사람들을 위하여 목숨을 바쳐 몸값을 치르러 온 것이다."(마르 10,45.) 여기 나타난 대리 속죄의 신학은 제2의 이사야의 관점과 일맥상통한다.

마르코복음에서 예수는 자신의 죽음이 죄에 대한 속죄제물이라고 말한다. 체포되기 전에 그는 제자들과 마지막 식사를 하였다. 그것은 수세기 전 모세에 의해 이스라엘 민족이 출애굽한 사건을 기념하는 유월절 만찬이었다. 이 만찬에서 예수는 제자들과 함께 먹었던 음식에 또 다른 의미를 부여하였다. 그는 빵을 떼며 "이것은 내 몸이다"라고 말하였다. 또한 포도주 잔을 들며 "이것은 나의 피다. 많은 사람을 위하여 내가 흘리는 계약의 피다"라고 말하였다.(마르 14,22-24.) 다시 말해 예수의 몸은 빵과 같이 찢겨져야 할 것이고, 그의 피는 흘려져야 할 것이었다. 그것은 그의 죄로 인하여 받는 벌이 아니라 다른 사람들을 위하여 그가 겪어야 할 고통이었다.

신약성서에 나타나는 고전적 관점들

속죄에 대한 그리스도교 교리는 인간의 고통에 대한 고전적 관점이 발전된 형태다. 예언자들은 사람들이 하느님에게 순종하지 않은 죄로 이 땅에서 고통을 받는다고 말하였다. 그러나 후세의 유대인들과 그리스도인들은 죄가 초래하는 고통이 현세가 아닌 내세에 나타난다고 생각하게 되었다. 이러한 관점의 변화가 일어난 이유에 대해서는 8장에서 다룰 것이다. 우선 지금은 그리스도가 죽음으로 속죄함으로써 사후에 받을 징벌을 벗어나게 되었다는 그리스도교적 해석만 이해하고 지나가기로 하자.

고통에 대한 예언자적 관점은 신약성서 중 속죄와 무관한 구절에서도 발견할 수 있다. 사람이 죽은 후에 일어날 일에 관한 이야기에서 말이다. 사후의 징벌에 대한 교훈은 마태오복음 25장의 양과 염소의 심판에 대한 예수의 설교에 잘 나타나 있다. 마태오복음에만 등장하는 이 구절에 대해 학자들은 이것이 단지 예수의 비유일 따름이라고 해석하기도 하고 혹은 실제 종말에 닥칠 일이라고 해석하기도 한다. 예수는 이 구절에서 그가 사람의 아들이라고 부르는 하늘의 심판자가 "영광을 떨치며 모든 천사들을 거느리고 와서 영광스러운 왕좌에 앉게 되면"(마태 25,31) 어떠한 일이 벌어질지를 말한다. 사람의 아들은 모든 민족을 그 앞에 모으고 그들을 두 집단으로, 즉 양은 그 오른편으로, 염소는 왼편으로 갈라놓을 것이다. 사람의 아들은 "양"에게 "너희는 내 아버지의 복을 받은 사람들이니 와서 세상 창조 때부터 너희를 위하여 준비한 이 나라를 차지하여라"라고 말한다. 왜 이들이 하느님의 복된 왕국에 들어가느냐? 그것은 그들이 "너희는 내가 굶주렸을 때에 먹을 것을 주었고 목말랐을 때에 마실 것을 주었으며 나그네 되었을 때에 따뜻하게 맞이하였다. 또 헐벗었을 때에 입을 것을 주었으며 병들었을 때에 돌보아 주었고 감옥에 갇혔을 때에 찾아주었"기 때문이다.(마태 25,35-36.) 하지만 의인들은 어리둥절하다. 왜냐하면 그들은 위대한 왕에게 그러한 일을 한 기억이 없기 때문이다. 이때 왕이 대답한다. "분명히 말한다. 너희가 여기 있는 형제 중에 가장 보잘것없는 사람 하나에게 해준 것이 바로 나에게 해준 것이다." 다시 말해, 고통받는 자에게 베푼 친절한 행위 덕에 영원한 상을 받는 것이다.

반면에 남에게 의로운 행동을 하지 않은 자는 영원한 형벌을 받는다. 왕은 "염소들"에게 말한다. "이 저주받은 자들아, 나에게서 떠나 악마와 그의 졸도들을 가두려고 준비한 영원한 불 속에 들어가라. 너희는 내가 주렸을 때에 먹을 것을 주지 않았고, 목 말랐을 때에 마실 것을 주지 않았으며 나그네 되었을 때에 따뜻 하게 맞이하지 않았고, 헐벗었을 때에 입을 것을 주지 않았으며, 또 병들었을 때나 감옥에 갇혔을 때에 돌보아 주지 않았다."(마 태 25,41-43.) 이들 또한 어리둥절한 것은 마찬가지다. 그들은 왕 이 그런 처지에 놓인 것을 본 적이 없기 때문이다. 왕은 그들에게 말한다. "똑똑히 들어라. 여기 있는 형제들 중에 가장 보잘것없는 사람 하나에게 해주지 않은 것이 곧 나에게 해주지 않은 것이다." 예수는 이 구절에서 곤란에 처한 사람들에게 의롭게 행하지 않은 자들은 "영원히 벌받는 곳으로 쫓겨날 것"(마태 25,46)이라고 엄 중히 경고한다.

영벌. 이것은 가장 무서운 형벌이다. 꺼지지 않는 불구덩이에 서 영원히 불에 타는 것. 왜 이 영원한 형벌이 내려지는가? 그것 은 사람들의 죄 때문이다. 이것은 사후세계에 관한 그리스도교 교 리에 나타난 예언자적 관점이다. 하느님이 불의한 자들에게 고통 을 내린다는 관점 말이다.

고통을 신이 내린 벌이라 할 수 있는가

위에서 살펴본 바와 같이 고통에 대한 고전적 관점은 성서 전 체에서 발견된다. 이러한 관점은 구약성서의 예언서, 잠언, 역사 서, 그리고 신약성서 곳곳에서 찾아볼 수 있다. 구약성서의 관점에서 하느님의 징벌은 현재 이 땅에 적용된다. 하느님의 뜻에 순종하고 그의 법도를 지키는 개인, 집단, 나라는 번성하고, 그렇지 않은 개인, 집단, 나라는 고통을 받는다. 그들이 고통을 받는 이유는 다름 아닌 그들의 죄 때문이다. 신약성서의 저자들은 이 형벌이 사후에 영원히 주어지는 것으로 본다. 감형의 기회는 없다.

대부분의 구약성서 저자들, 특히 예언자들이 보았을 때 고통은 회개를 촉구하는 하느님의 유인책이었다. 만약 사람들이 다시 하느님에게 돌아와 회개하고 의롭게 행동하면 그는 벌을 거두어들이고 고통을 감해줄 것이다. 하느님이 그들의 건강과 안녕을 회복시켜주고, 다시 좋은 시절이 올 것이다. 하지만 역사적으로 불행한 상황은 여전히 계속됐다. 미래의 번영과 행복에 대한 예언이 실현되지 않은 것이다. 고대 이스라엘의 많은 사람들은 하느님에게 돌아와 그들이 과거에 섬긴 우상을 깨뜨리고 하느님의 법규를 지키기 위해 애썼다. 다시금 하느님과의 계약을 지키기 위해서였다. 그러나 고통은 끝나지 않았고 유토피아 왕국은 끝내 도래하지 않았다.

영어로 "Utopia"라는 말은 대단히 흥미롭다. 그것은 '좋은 장소good place'를 뜻하는 두 개의 그리스 단어에서 온 말이다. 그런데 또 다른 어원을 볼 것 같으면 그것은 '존재하지 않는 장소no place'를 의미한다. 아마도 유토피아라는 단어를 만든 사람은 이 두 가지 의미를 모두 고려했던 것 같다. 유토피아란 더할 나위 없이 선한 장소, 즉 어디에도 존재할 수 없는 완벽한 장소인 것이다. 고통과 괴로움, 아픔이 존재하지 않는 유토피아 왕국은 그 어디에도 존재하지 않는다. 고대 이스라엘 역시 예외는 아니었다. 백성이 하느님에게 돌아와도, 경건한 통치자가 다스려도, 하느님의 선민에 걸맞은 민족이 되려고 애를 써보아도, 이스라엘은 계속해서 기근과 가뭄, 전염병, 전쟁, 그리고 패망을 경험했다. 군사적 상황을 볼 것 같으면, 아시리아에 의해 나라가 멸망된 다음에는 또다시 바빌론에 침략당했다. 그다음은 페르시아였다. 그다음은 그리스, 그다음은 이집트, 그다음은 시리아, 그다음은 로마, 하나가 끝나는가 싶으면 또 하나가 일어나 세상을 호령하고 조그마한 이스라엘을 삼켜버렸다. 정치적 실패, 군사적 패배, 사회적 악몽은 한도 끝도 없이 계속되었다.

바로 이러한 문제 때문에 고통에 대한 고전적 관점은 점차 공허해지고 설득력을 잃어갔다. 고대 이스라엘의 후기 저자들은 명시적, 암시적으로 다른 견해를 나타내기 시작했다.(앞으로 우리가 살펴볼 욥, 전도서, 다니엘 등과 같이.) 고대 예언자들에 의해 제기된 질문은 수세기 동안 많은 종교인들이 제기한 바로 그 질문이었다. 이 질문은 하느님이 이스라엘에 깊이 관여하고 이들을 이집트의 노예살이로부터 구원해냈다는 믿음에 기초한다. 하느님이 그때 우리의 편에 서서 우리를 도와주었다면 그는 왜 더 이상 그렇게 하지 않는가? 우리가 고통받는 것이 하느님의 뜻 아닌가? 그것은 곧 우리가 그에게 뭔가 잘못했다는 것을 의미하는 것 아닌가? 어떻게 하면 다시 그의 은총을 받고 이 고통을 끝낼 수 있을까? 물론 예언자들과 그 외의 성서 저자들이 그 어디에나 적용될 수 있는 보편적 원리를 이야기했던 것은 아니다. 그들은 특정 시간, 특정 상황에 대해 말했을 따름이다. 하지만 때때로 성서 독자들은 이것이 보편적 진리라고 생각하고, 고통이 우리의 죄에 대한 하느님의 벌이라는 성급한 결론을 내리곤 한다.

이러한 관점을 갖는 사람들은 종종 불필요한 죄책감과 마음의 고통을 겪고는 한다. 그런데 고통이 진정 우리의 잘못인가? 이 세상의 현실을 볼 때, 죄와 벌이라는 고전적 관점에 오류가 있다는 사실은 너무도 명약관화하다. 그 누가 우리가 겪는 고통이 하느님으로부터 온 벌이라고 말할 수 있단 말인가? 쓰나미로 목숨을 잃은 어린이가 하느님에게 벌을 받아서 그렇게 되었다는 말인가? 하느님이 몇백만 명에 이르는 사람들을 벌로써 굶겨 죽인다는 말인가? 혹은 암이나 에이즈로? 혹은 인종 대학살의 희생자로? 얼어붙은 참호에 갇혀 있던 스무 살짜리 청년은 그의 죄 때문에 그와 같은 고통을 겪었다는 말인가? 지뢰로 몸이 산산조각 나 죽은 그의 전우들은 더 못된 죄인이었기 때문에 그렇게 되었는가? 편안한 삶을 누리는 자들은 하느님이 보기에 선하기 때문이고, 고통받는 자들은 하느님의 벌을 받아서 그렇게 된 것인가? 도대체 누가 그러한 주장을 할 만큼 오만하거나 자기혐오를 할 수 있다는 말인가?

분명 다른 답이 있을 것이다. 그렇다. 성서에는 다른 답들이 나와 있다. 이 다른 해답은 예언서에서도 발견된다. 다음 장들에서는 이 다른 해답들을 살펴보기로 한다.

4장
신정론, 누군가의 죄로 인해 고통받는 사람들

사람들이 겪는 수많은 고통을 우리는 일일이 다 열거할 수도 없다. 서른 살 난 이웃 청년이 말기 뇌종양 진단을 받는다. 아이가 셋 있는 미혼모가 직장을 잃고 의료보험과 집, 그리고 아이들을 부양할 방편을 모두 상실한다. 동네 고등학생 다섯 명이 교통사고로 한꺼번에 목숨을 잃는다. 이웃 마을의 양로원에 화재가 나 노인 세 명이 불에 타 숨진다.

이런 불행을 목격하면 우리는 그만 손을 들고 항복한다. 우리는 왜 이런 불행들이 닥치는지 지금도 이해할 수 없고 앞으로도 이해할 수 없을 것이다. 하지만 사람들의 고통을 목격하면서, 이에 대해 우리가 뭔가 할 수 있는 일이 없을까 생각하게 된다. 특히 그 고통이 다른 어떤 인간에 의해 야기된 경우에 그렇다. 범죄율이 높아졌다는 뉴스를 보면서, 또 강도사건, 자동차 도난사건, 강간사건, 살인사건 등을 접하면서, 우리는 어떤 특단의 조치를 취해야 한다고 생각한다.

사실 인간이 다른 인간에게 가할 수 있는 가장 끔찍하지만 예방 가능한 범죄는 국가차원에서 저질러진다. 우리는 전쟁에 대해 다양한 해석을 내린다. 전쟁은 때로는 정의를 위해 일어나기도 하고(독일에 대항하기 위한 연합군), 때로는 의심쩍은 동기에 의해 일어나기도 하며(베트남전쟁), 때로는 완전히 흉악한 목적으로(이라크의 쿠웨이트 침공) 일어나기도 한다. 그러나 많은 대형 사건들은 일반 사람들의 이해를 벗어난다.

나는 2장에서 근대 역사상 가장 참혹한 사건인 홀로코스트에 대해 언급한 바 있다. 워싱턴 D.C.에 있는 홀로코스트 기념박물관이나 베를린의 박물관 혹은 아우슈비츠 수용소 현장에 가본 사람이라면 누구든지 "이런 일이 다시는 일어나서는 안 된다"고 다짐한다. 이러한 맹세와 결단은 매우 고결하다. 그런데 생각해보자. 우리는 진정 그렇게 결단하였는가? 어떠한 경우에라도 특정 인종이나 민족이라는 이유로 무고한 사람들이 죽는 인종청소가 다시는 일어나지 않게 막겠다고 우리는 결단하였는가? 만약 그렇다면 최근에 발생한 르완다 사태나 보스니아 사태를 어떻게 설명할 수 있는가? 다르푸르에서 발생하는 일들은 또 어떻게 설명하는가? 진정 우리는 "절대 다시는!"이라고 결단했다고 할 수 있겠는가?

작금에 일어나는 상황들은 설명하기가 쉽지 않다. 정치적 상황은 우리가 상상할 수 있는 것보다 훨씬 더 복합적이고 거미줄처럼 복잡하게 얽혀 있다. 단순히 군대를 보내고 폭탄을 떨어뜨린다고 해서 양민학살을 일삼는 독재세력의 폭정을 종식시키고 인간 존엄성을 회복시킬 수 있는 것은 아니다. 이라크의 경우를 보라.

홀로코스트 이후 가장 악랄한 집단학살은 캄보디아의 크메르 루주가 자행한 양민학살 사건이다. 나는 이 사건과 어느 정도 연관이 있다. 나는 캄보디아 출신 친구를 한 명 알고 있다. 내가 그를 만난 것은 뉴저지 트렌턴에서였다. 그는 캄보디아 '킬링필드'의 생존자로서 미국에 오기까지 온갖 고초를 겪었다.

1960년대 후반과 1970년대 초반, 캄보디아의 역사는 참혹한 사건으로 얼룩져 있었다. 베트남전쟁 말미에 미국은 베트콩을 소탕하기 위한 전략으로 미군을 캄보디아로 이전시켰다. 거기서 우리가 완곡하게 '부수적 피해'라고 표현하는 그 일이 벌어졌다. 미군이 베트콩 수송물자를 파괴하기 위해 사용한 B-52 폭탄과 네이팜탄, 집속탄(하나의 폭탄 속에 여러 개의 소형 폭탄이 들어 있는 폭탄—옮긴이) 때문에 미션 수행과정에서 75만 명에 이르는 캄보디아인들이 희생된 것이다.

1975년 종전 후 캄보디아에서는 시민소요가 발생했다. 미국이 지지한 론 놀 정권은 악명 높은 폴 포트가 이끄는 크메르루주 공산당에 의해 무너졌다. 이 과정에서 15만 명의 캄보디아인들이 목숨을 잃었다. 그러고 나서 본격적인 학살이 시작됐다. 크메르루주는 공산당 이데올로기의 기치를 들고, 수도인 프놈펜을 포함한 도시의 주민들을 모두 끌어내어 지방의 수용소로 이송시켰다. 끌려간 사람들은 거기서 극심한 협박과 감시를 받으며 노역에 동원되었다. 반대자는 가차 없이 죽였다. 항의자는 그 자리에서 목숨이 날아갔다. 잠재적으로 문제를 일으킬 소지가 있다고 생각되는 사람들은 모두 제거됐다. 의사, 변호사, 교사와 같은 사람들은 교육받은 자라는 이유로 무차별적으로 살해됐다. 다른 사람들은 질병과 굶주림으로 죽었다. 폴 포트 체제에서 목숨을 잃은 사람의 숫자는 총 200만 명에 달한다.

폴 포트에 의해 희생된 사람의 숫자와 미군 폭격과 내전 때문에 목숨을 잃은 사망자의 수까지 합하면, 캄보디아 총인구의 반이 증발한 셈이었다. 이들은 모두 처참한 죽음을 맞이했다.

내가 만난 생존자의 이름은 마르세이 나운Marcei Noun이었다. 나는 그를 아주 우연한 기회에 알게 되었다. 뉴저지의 프린스턴 침례교회에서 목회생활을 마친 나는 (마침내 전임목사가 구해졌으므로) 루터란 교회로 옮겼다. 그 교회에 다니는 지인들이 있었으며, 침례교회와는 달리 엄숙한 예배의식을 드리는 그 교회가 마음에 들었기 때문이었다. 그러나 이전에 수년간 청년부 목자로, 그리스도교 교육 담당자로, 그리고 목회자로 적극적인 교회활동을 했던 사람으로서 나는 일주일에 한 번 교회에 나가 예배를 드리는 것만으로는 뭔가 부족하다는 느낌이 들었다. 나는 의미 있는 봉사가 하고 싶어졌다.

당시는 내가 그리스도교 기원에 대한 역사를 연구하면서, 더욱 중요하게는 이 세상의 불공평과 불공정에 대해 고민하면서 나의 신앙에 대해 심각하게 의문을 가졌던 시기였다. 어쨌든 이런저런 동기로 나는 직업으로서가 아닌(그때 나는 이미 러트거스대학교 종교학과에서 교편을 잡고 있었다) 순전한 자원봉사자로서 사회를 위해 뭔가 도움이 되는 일을 해야겠다고 결심했다. 나는 새로 다니게 된 교회를 통해 최근에 미국으로 이주해온 이민자들에게 영어를 가르치는 프로그램이 있다는 사실을 알아냈다. 그것이야말로 내가 원하던 봉사였다. 비록 작지만 누군가에게 중요한 도움이 되고 종교적 색채가 없는 그런 봉사 말이다. 나는 영어교사 자원봉사자로 등록했다.

나는 마르세이 나운의 이름과 주소를 받았다. 그의 가족은 우리 집에서 30분가량 떨어진, 트렌턴의 한 후미진 동네에 살고 있었다. 내가 전화를 걸자 그는 매우 서툰 영어로 쩔쩔매며 간신히 약속시간을 잡았다. 나는 그의 집으로 가서 그를 만났다. 마르세이는 그의 아내 수피와 두 명의 10대 자녀를 나에게 소개했다. 마르세이에게는 영어를 배우겠다는 간절한 열망이 있었다. 우리는 그날 바로 수업을 시작했다.

그때부터 나는 일주일에 한 번 마르세이의 집으로 가 몇 시간 동안 영어를 가르쳤다. 일주일에 몇 시간 영어공부를 하는 것만으로는 우리가 원하는 만큼의 성과를 얻지 못했지만, 우리 둘 다 그 이상의 시간을 내는 것은 불가능했다. 나는 학교일이 있었고 그는 뉴저지 서머빌 인근에 있는 듀크 정원에서 정원사로 일하고 있었다. 하지만 마르세이의 영어실력은 꾸준히 향상되었고 나는 그의 아내 수피에게도 영어를 가르치기 시작했다.

그것은 내 평생에 걸쳐 가장 보람 있었던 일들 중 하나였다. 우리는 친밀한 관계가 되었고 이들의 영어실력은 날로 향상되었다. 처음에 마르세이는 나에게 무척 존경심을 보였다. 강대국 미국의 대학교수라고 말이다. 하지만 우리가 점차 가까워지면서 그는 나를 한 명의 인간으로 대하게 되었다. 나는 그가 캄보디아에서 미국 트렌턴으로 오게 된 과정에 대해 알고 싶어졌다.

그러던 어느 날 그는 나에게 그 이야기를 해주었다. 그의 이야기는 마치 〈킬링필드〉(우리가 같이 공부하던 당시 나왔던 캄보디아 대량학살사건에 관한 영화)에서 방금 튀어나온 이야기 같았다. 1970년 중반 마르세이와 그의 가족(수피와 두 어린 자녀)은 프놈펜에서 살고 있었다. 그는 어느 정도 교육을 받은 사람으로서 직업은 정원사였고 몇 편의 시를 출간한 시인이기도 했다. 크메르루주가 도시에서 사람들을 강제추방할 때 그는 안경을 깨뜨린 후 그가 교육받은 사람이라는 증거가 될 만한 흔적들은 모두 없앤 뒤 문맹인 척을 하였다. 그의 가족은 다른 수백만 명과 함께 집에서 강제로 쫓겨나 지방으로 보내졌다. 가장 힘들었던 일은 가족이 서로 떨어져야 했던 것이었다. 마르세이는 노예농장에서 일하고 아내 수피는 묘목원에서 일하며 아이들과 함께 지냈다. 아마도 가장 힘든 사람은 수피였던 것 같다. 그녀는 궂은 날씨에도 종일 바깥에서 일하고, 비가 오면 몸이 젖은 채로 한데에서 잠을 잤다.

그 후에 일어난 일들은 매우 복잡해서 나는 대략적으로만 알고 있다. 어느 날 마르세이는 캄캄한 밤중에 강제노동수용소에서 경비원의 눈을 피해 몰래 빠져나와 아내와 아이들이 있는 곳을 찾아갔다. 거기서 그들은 몰래 도망쳐 나와 난민보호구역이 있다는 태국을 향해 험산준령을 넘었다. 굶주리고 기진맥진한 상태로 난민수용소에 도착한 그들은 국제사회의 보호를 받으며 그곳에서 몇 년간 지냈다. 이윽고 미국으로 갈 기회가 생겼고 이들은 루터란 사회복지센터의 도움으로 트렌턴에 정착해 한 아파트에서 살게 되었다.(더럽고 바퀴벌레가 들끓는 집이었지만 이들에게는 천국과도 같았다.) 복지센터는 마르세이에게 직장을 알선해주고 아이들을 학교에 다니게 해주었다. 사회복지사들은 정기적으로 마르세이의 집을 방문하여 이들이 새로운 삶에 잘 적응하는지 점검했다.

이들은 훌륭하게 적응했다. 마르세이 가족이 미국에 온 지 1, 2년 후에 내가 이들을 만났는데, 이들은 이미 트렌턴에서 다른 캄보디아인들을 만나 서로 도와가며 살고 있었다. 마르세이는 정원사로 일하며 돈을 벌어(그는 기회만 있으면 언제든지 초과근무를 했다) 그의 가족은 비록 최저생활이지만 큰 불편함 없이 생활할 수 있었다. 수피 또한 파트타임으로 일을 하였다. 아이들은 놀라운 속도로 영어를 깨우쳤다.(내가 처음 만났을 때 아이들은 이미 미국 은어들을 모두 알 정도로 영어가 유창했다.) 마르세이 가족은 돈을 저축해 캄보디아에 있는 친척들에게 보내기도 하였다.

내가 뉴저지를 떠나게 된 1988년, 그들은 나를 초대하여 캄보디아 음식을 대접하며 내가 그들에게 영어를 가르쳐준 것에 대해 감사를 표하였다. 하지만 내가 한 일은 정말 아무것도 아니었다. 내가 한 것이라곤 일주일에 한 번 그들의 집에 가서 영어를 가르친 것뿐이었다. 반면에 내가 그들에게서 배운 것은 이루 다 말할 수 없는 것들이었다. 나는 지금도 그들이 겪은 일과 그들이 극복한 일들을 생각하면 놀라움을 금치 못한다. 그들이 겪은 고통은 그들의 얼굴에 드러나 있다. 그들은 아직까지도 캄보디아에서 겪은 일들을 악몽으로 꾼다고 했다. 그들은 당시에 일어난 일들을 이야기하기를 꺼려하고, 자기네들끼리도 가능하면 그때 이야기를 피한다.

어떻게 인간이, 이 경우에는 크메르루주의 맹목적인 추종자들(그들 중 다수는 어린아이들이었다. 총칼을 든 어린아이들 말이다)이 또 다른 인간에게 이러한 일을 행할 수 있었을까? 마르세이와 그 가족이 그들의 죄 때문에 이러한 일을 겪었다고 말할 사람은 그 어디에도 없을 것이다. 그들이 강제노동수용소에서 일하고 물구덩이에서 젖은 몸으로 잠을 잘 때, 나는 학교에서 교육을 받았고 차를 운전하였으며 좋은 집에서 살면서 주말에는 맥주를 마시고 야구경기를 보았다. 내가 마르세이보다 선한 사람이라서 그랬는가? 고통에 대한 고전적 관점은 세상에 일어나는 일들을 볼 때 결코 옳은 해답일 수 없다.

사람들은 왜 고통받는가? 거기에는 분명 다른 설명이 있다. 성서는 고통에 대한 또 다른 해석을 내린다. 역설적이게도 이 다른 해석은, 고통이 순종하지 않은 데 대한 하느님의 벌이라고 말한 바로 그 예언자들에 의해 내려졌다. 예언서 저자들은 또 다른 의미로 고통이 불순종에서 초래된다고 말하였다. 죄는 고통을 가져온다. 하느님이 죄인을 벌해서가 아니라 죄를 저지른 악한 인간들에 의해서 말이다. 고통은 누군가가 죄악을 행하여 그 결과로 빚어진 현상이라고 성서는 말한다.

다른 사람의 손을 통해 주어진 고통

예언자들은 종종 고통이 하느님의 진노라는 형태로 직접 나타나는 것이 아니라 다른 인간의 손을 통해 주어진다고 보았다. 하느님이 진노하는 이유는 사람들이 그의 규례를 깨뜨렸기 때문이다. 첫째, 그것은 종교적인 죄 때문이다. 이스라엘 민족이 가나안의 신 바알을 섬긴 것처럼 말이다. 둘째는 사회적인 죄 때문이다. 사람들은 다른 사람들을 압제하고 해를 가하며 그들에게 고통을 안겨주었다. 고전적 관점은 다른 이들을 압제하고 고통을 준 사람에게 하느님이 벌로써 고통을 내린다고 해석하였다.

이러한 성서의 원리는 다음과 같은 예로 비유할 수 있겠다. 어떤 아이가 다른 아이를 때리면, 부모는 이를 보고 다른 애를 때린 그 아이를 매로 친다. 부모에게 매를 맞은 아이는 물론 고통을 받는다. 하지만 그 아이에게 얻어맞은 아이는 벌을 내린 부모 때문이 아닌 자기를 때린 아이에 의해 이미 고통을 받았다. 이것이 바로 성서에서 말하는 핵심이다. 무고한 사람들이 다른 죄인들로 인해 고통을 받는다는 것이다.

우리는 예언서를 살펴보면서 이와 같은 사례들을 접하였다. 기원전 8세기의 예언자 아모스는 세상에서 벌어지는 사회적 불의에 분노했다. 앞에서 말했듯이 그 당시는 비교적 평화롭고 조용한 시기였다. 아모스는 기원전 722년 사마리아의 몰락을 가져온 아시리아의 공격이 시작되기 이전, 기원전 8세기 중반에 글을 썼다. 그때는 북이스라엘 왕국이 번성하던 때였다. 하지만 번성한 사회가 늘 그렇듯이 사회에는 어두운 구석이 있었다. 부자들은 가난한 자들을 착취하며 부를 쌓아갔다. 부의 불평등은 현대 자본주의 서구사회에만 있었던 것이 아니다. 현대에는 불평등 문제가 더욱 현저하고 극단적으로 발생한다.(대기업의 CEO 연봉과 최저임금 노동자의 임금을 비교해보라.) 하지만 어떤 경제체제에서든 불평등의 문제는 존재했고, 사회적 약자들은 이를 온몸으로 체감했다.

아모스는 하느님이 보기에 악한 방법으로 부를 축적하고 낭비하는 부자들을 엄중히 꾸짖었다. 그는 "죄없는 사람을 빚돈에 종으로 팔아 넘기고, 미투리 한 켤레 값에 가난한 사람을 팔아 넘"기고 "기를 못 펴는 사람을 길에서 밀쳐낸" 자들을 규탄하였다.(아모 2,6-7.) 그는 또한 "힘없는 자를 마구 짓밟으며 그들이 지은 곡식을 거둬가"고 "죄없는 사람을 학대하며 뇌물을 받고 성문 앞에서 가난한 사람을 물리치는" 자들을 공개적으로 비방했다.(아모 5,11-12.) 그는 수도 사마리아에 사는 부자 여인들을 바산의 살찌고 탐욕스러운 암소에 비유하였다.(바산은 우양이 많은 비옥한 땅이다.)

바산 풀밭의 암소들아
이 말을 들어라.
사마리아 언덕에서 노니는 여인들아,
남편을 졸라 술을 가져다 마시며
힘없고 가난한 자를 짓밟는 자들아.(아모 4,1.)

나는 이 구절을 읽을 때마다 백만장자 상속녀가 호화 야외수영장 의자에 앉아서 남편에게 "칵테일 한 잔 더 가져와요" 하고 말하는 모습을 연상하곤 한다.

이 바산의 암소는 왜 아모스의 책망에 귀를 기울여야 할까? 왜냐하면 그들에게 무서운 종말이 다가오고 있기 때문이다.

> 주 야훼께서 당신의 거룩하심을 걸고 맹세하신다.
> "너희를 갈고리로 끌어내고
> 너희 자식들을 작살로 찍어낼 날이 이르렀다.
> 무너진 성 틈으로 하나씩 끌어내다,
> 거름더미에 던지리라."(아모 4,2-3.)

아모스는 궁핍한 자를 압제하는 자들은 반드시 하느님에게 벌을 받을 것이라고 경고했다. 적군이 성을 치고 성벽을 부수며 부유한 자들을 성벽 무너진 데로 끌고 갈 것이다. 그때 이들은 손목에 수갑이 채워져 가는 것이 아니라, 갈고리로 입이 꿰어져서 끌려갈 것이다. 하느님의 진노와 징벌에 대한 매우 생생한 묘사다. 그런데 가난한 자들은 무엇 때문에 고통을 받았는가? 가난하고 궁핍한 자들은 부자들에 의해 고통을 받았다. 하느님이 아닌, 다른 인간에 의해 고난을 겪은 것이다.

다른 예언자들도 그 점에 동의한다. 이사야는 그 누구보다 비난받아 마땅한 자는 바로 백성의 통치자라고 말하였다. "너의 지도자들은 반역자요, 도둑의 무리가 되었다. 모두들 뇌물에만 마음이 있고 선물에만 생각이 있어 고아의 인권을 짓밟고 과부의 송사를 외면한다."(이사 1,23.) 또한 그는 이렇게 말하였다.

> 야훼께서 당신 백성의 장로들과 그 우두머리들을 재판하신다.
> "내 포도밭에 불을 지른 것은 너희들이다.
> 너희는 가난한 자에게서 빼앗은 것을 너희 집에 두었다.
> 어찌하여 너희는 내 백성을 짓밟느냐?
> 어찌하여 가난한 자의 얼굴을 짓찧느냐?
> 주, 만군의 야훼가 묻는다."(이사 3,14-15.)

예언자 예레미야 역시 다음과 같이 말하였다.

> 나의 백성 가운데는 못된 자들이 있어
> 새잡이 그물을 치듯이
> 올가미를 놓아 사람을 잡고 있다.
> 새장에 새를 가득히 채우듯이
> 남을 속여 약탈해 온 재산을 제 집에 채워
> 벼락부자가 되고 세력을 휘두른다.
> 피둥피둥 개기름이 도는 것들,
> 못하는 짓이 없구나.
> 남의 권리 같은 것은 아랑곳없다는 듯
> 고아의 인권을 짓밟고
> 빈민들의 송사를 공정하게 재판해 주지도 않는다.

이런 짓을 보고도 나더러 벌하지 말라고 하느냐?

이 따위 족속에게 어찌 내가 분풀이를 하지 않겠느냐?

똑똑히 들어두어라.(예레 5,26-29.)

하느님의 마지막 판결 때 죄인들은 분명 벌을 받을 것이다. 하지만 현 상황에서는 굶주린 이가 계속 굶주리고, 궁핍한 자가 더욱 궁핍해지며, 가난한 자가 갈수록 가난해지고, 보호받지 못하는 자가 계속 보호받지 못할 것이다. 이들이 받는 고통은 하느님에 의한 것이 아니라 사람에 의한 것이다.

지극히 인간적인 사람들의 이야기

성서는 매우 '인간적인 책'이다. 여기서 인간적이란 말은 성서가 인간에 의해 쓰였다는 의미다. 성서는 하느님이 직접 만든 책이 아니라 여러 사람들이 서로 다른 견해와 시각과 편견과 의견과 호불호와 특정 맥락을 가지고서 집필한 책이다. 물론 성서가 '완전히 신성한' 책이라고 보는 이들도 있다. 그들은 성서에 나오는 예언, 역사, 그리고 시들이 모두 하느님의 영감을 받아서 쓰였다고 생각한다. 이 신학적 문제에 대해 어떤 견해를 갖고 있든, 한 가지 분명한 사실은 성서가 인간의 손에 의해 쓰인, 인간들의 이야기를 쓴 책이라는 것이다. 성서의 역사서에는 '지극히 인간적인' 사람들의 이야기가 실려 있다. 때로는 의롭게 살기도 하지만 때로는 후안무치한 죄를 저지르는, 때로는 하느님을 기쁘게 하려고 노력하지만 때로는 온갖 반역을 행하는, 때로는 다른 사람을 돕기도 하지만 때로는 무자비하게 해를 입히고 압제하며 불구로 만들고 고문해서 죽여버리는 그런 인간들 말이다. 성서 저자들은 이러한 인간의 실제 모습을 감추려하지 않고 온갖 추한 모습들까지 적나라하게 드러내 보였다.

우상을 섬기거나 안식일을 지키지 않는 종교적 일탈 외에도 성서에 실린 인간들의 죄의 많은 부분은 다른 사람들에게 고통을 가한 죄였다. 십계명의 대부분은 사람들 사이의 관계에 대한 것이다. 이스라엘인들은 살인을 해서는 안 되고(가나안 사람들은 죽여도 되지만), 도둑질해서는 안 되며, 타인의 당나귀나 아내를 탐해서는 안 된다.(가부장적인 이스라엘에서 여자는 남자의 소유물이었다.) 역사서에는 이러한 율법을 어긴 사례가 여럿 나와 있다.

인간이 감행한 첫 번째 불순종은 직접 남에게 해를 입히지는 않았다. 아담과 하와는 에덴동산에서 금지된 열매를 따먹었다. 그 결과는 혹독했다. 이들은 동산에서 쫓겨나고 여자의 후손은 출산의 고통을 겪어야 했으며, 남자의 후손은 이마에 땀을 흘리면서 노동을 해야 먹을 것을 구할 수 있었다. 이것은 자신의 죄에 대한 벌이었다. 그러나 그 죄 때문에 해를 입은 타인은 없었다. 물론 아담과 하와 시대에는 해를 입을 다른 인간이 없었지만 말이다.

하지만 그다음에 일어난 사건은 달랐다. 이 태초의 커플에게는 두 아들, 카인과 아벨이 있었다. 카인은 농부가 되었고 아벨은 양치는 자가 되었는데, 이 둘은 각자의 노동의 소산을 하느님에게 제물로 바쳤다.(창세 4.) 하느님은 아벨이 바치는 양은 받았지만 카인이 바치는 곡식제물은 받지 않았다.(정확한 이유는 성서에 나와 있지 않다.) 자신이 바친 제물이 하느님에게 거부당하자 화가 난 카인은 일을 저지르기로 한다. 돌아가서 이번에는 동물로 제사를 드려보려고 한 것이 아니라, 분이 치밀어 올라 동생 아벨을 죽여버리기로 한 것이다.(창세 4.) 모세5경의 역사관에 따르면, 이것은 불순종에 대한 자연스러운 결과다. 죄는 죄를 낳고, 패악은 더 큰 패악을 낳는다. 카인이 동생을 살인한 죄가 그의 부모가 금단의 열매를 따먹은 죄보다 더 큰 이유는 무엇인가? 그것은 아담과 하와의 죄는 하느님에게만 지은 죄지만, 카인의 죄는 하느님과 그의 동생 둘 다에게 지은 죄이기 때문이다. 아벨은 자기 형에게 무참히 살해됨으로써 죄의 첫 번째 희생물이 되었다. 이 사건은 앞으로 이 세상에서 일어날 수많은 범죄의 시작을 알렸다. 이제 인간의 죄는 하느님과의 관계에서만 일어나는 것이 아니라 다른 인간들에게까지 영향을 미치게 되었다.

인간의 죄에 대한 이야기는 창세기 마지막 장까지, 그리고 다른 역사서에 연이어서 계속된다. 창세기 바로 다음에 나오는 출애굽기 앞부분에서 야곱의 열두 아들의 자손은 이집트에서 큰 민족을 이룬다. 이스라엘 민족은 이집트땅에서 강제노역에 동원되어 노예로 일했는데, 이들이 채찍질을 당해가며 하던 일은 벽돌을 구워 도시를 건설하는 일이었다. 심지어 이집트인들은 이스라엘인들에게 재료를 직접 구해 벽돌을 만들라고 주문하고, 일의 진척이 늦어지면 혹독한 벌을 내렸다. 이 모든 고역에도 불구하고 이스라엘 민족의 숫자가 빠르게 증가하자, 이집트왕은 유대인 산파들에게 히브리 여자가 아들을 낳으면 죽이라는 명령을 내린다.(출애 1.) 이스라엘 민족이 겪는 이 모든 고난은 그들의 죄로 인한 것이 아니라 이집트의 폭군, '요셉을 알지 못하는 파라오' 때문이었다.(출애 1,8.)

고통을 야기하는 자는 하느님을 모르는 이방인만이 아니었다. 이집트의 노예생활에서 탈출한 이스라엘 민족은 하느님으로부터 약속의 땅을 받는다. 그런데 이 땅은 차지하기 무척 어려웠다. 이미 거기 살고 있던 거주민들이 있었기 때문이다. 약속의 땅을 "받았다"는 것은 가서 그것을 탈취할 권리가 생겼다는 것을 의미했다. 이스라엘 민족은 강한 성 예리고를 공격해 성벽을 무너뜨리고 그 성에 살고 있던 사람들을 남녀노소 할 것 없이 모조리 잡아 죽였다.(여호 6.) 많은 그리스도인들은 하느님이 예리고성 주민들의 죄를 심판했다고 생각하지만, 성서에는 그런 말이 없다. 하느님이 원한 것은 그의 자녀 이스라엘에게 약속의 땅을 주려는 것이었고, 그러기 위해서는 거기 있던 거주민들을 제거해야 했다. 예리고성에 살고 있던 죄 없는 사람들, 마당에서 놀고 있던 두 살짜리 소녀와 그들의 6개월 난 동생들은 어찌 되었는가? 그 자리에서 죽임을 당했다. 이스라엘의 하느님에게는 그것이 죄가 되지 않았다.

하지만 다른 신생아들의 경우에는 이야기가 달라진다. 예를 들어 신약성서에서는 예수가 탄생했을 때 헤롯왕에 의해 많은 아기들이 살해되었다고 나와 있다. 이 이야기는 오직 마태오복음에만 등장한다.(실제로 이러한 사건이 일어났다는 역사적 증거는 없다.)

예수의 탄생 후 동방박사들이 별의 인도를 받아 찾아왔다. 헤롯왕은 유대인의 왕이 탄생했다는 말을 듣고 자신의 왕위가 위태로워졌다는 생각에 고민하다가 군인들을 보내 베들레헴에 있는 두 살 이하의 사내아이들을 모조리 죽이라고 명하였다. 군인들은 헤롯왕의 명을 이행했고, 베들레헴에는 통곡하는 소리가 사방에 울려 퍼졌다.

"라마에서 들려오는 소리,

울부짖고 애통하는 소리,

자식 잃고 우는 라헬,

위로마저 마다는구나!"(마태 2,18, 예레 31,15 인용.)

이 예레미야 구절은 북이스라엘 왕국이 아시리아에 멸망하여 수많은 사람이 죽었을 때에 관한 것이었다. 마태오는 이 구절을 예수의 탄생과 결부시켜 구약의 예언이 이루어졌다고 말하였다. 헤롯의 살인행위가 하느님의 뜻에 따라 이루어진 예언의 성취라는 것이다. 베들레헴의 이 가엾은 아기들은 왜 끔찍한 죽음을 맞았는가? 예정된 신의 뜻을 이루기 위해 그렇게 되었다는 말인가?

구약시대에도 이에 못지않게 끔찍한 사건이 또 있었다. 그 이야기는 바로 그 악명 높은 판관기 19장에 나온다. 에브라임 산지에 어떤 레위인이 살고 있었다. 그에게는 첩이 있었는데 이 첩이 남편과 다투고는 유다 베들레헴의 친정집으로 가버렸다. 4개월이 지난 후 레위인은 첩을 데리러 그녀의 집을 찾아가서 거기서 며칠 지낸 후 다시 자기 집으로 돌아오려고 함께 길을 나섰다. 집으로 돌아오는 길에 날이 어두워지자, 이들은 예루살렘의 북쪽에 있는 베냐민 지역 기브아의 한 마을에서 하룻밤 묵을 장소를 찾다가 어떤 노인의 집에 초대를 받아 거기 묵게 되었다.

거기서 경악스러운 사건이 일어났다. 날이 어두워진 후 그곳의 불량배들이 그 집을 에워싸고 문을 두드리기 시작했다.(판관 19,22.) 이들은 노인에게 그 레위인을 밖으로 내놓으라고 요구했다. 집단 성폭행을 하겠다는 것이었다. 이것은 성적 범죄일 뿐 아니라 사회적 범죄이기도 했다. 그 당시 접대법에 의하면 자기 집에 사람을 들이면 그의 안전에 대한 책임을 져야 하기 때문에, 노인은 그 레위인을 그들에게 내어줄 수 없었다. 그러나 레위인의 첩과 노인의 처녀 딸은 별개의 문제였다. 이들은 한낱 여자에 불과하기 때문이다. 노인은 문 밖으로, "이 사람들, 그게 어디 될 말인가! 이런 나쁜 짓을 하다니! 이분은 이미 내 집에 들어왔는데, 이런 고약한 짓을 하지 말게나. 나에게 처녀 딸 하나가 있는데 내어줄 터이니 욕을 보이든 말든 좋을 대로들 하게. 그러나 이 사람에게만은 그런 고약한 짓을 해서는 안 되네"(판관 19,23-24)라고 말하였다. 하지만 불량배들은 그의 말을 듣지 않고 계속 레위인을 내놓으라고 요구했다. 마침내 레위인은 자기 몸을 보전코자 자신의 첩을 대신 내어주었다. 그러자 일어나서는 안 될 일이 벌어졌다. 불량배들이 그 첩을 거칠게 윤간하고 밤새도록 욕보이다가 새벽 미명에 그를 내버려두고 가버린 것이다. 동틀 무렵 집 문 앞까지 기어온 그녀는 그만 그 자리에서 죽고 말았다.

밤새 푹 자고 아침에 일어난 레위인은 다시 길을 떠날 채비를 하였다. 그는 문 밖으로 나가서 첩이 쓰러져 있는 것을 보고 "일어나라, 이제 가자"고 말하였다. 아무 대답이 없자 그녀를 살펴본 그는 첩이 죽었다는 사실을 알아내고 그녀를 당나귀에 실어 집으로 데려갔다. 그리고 거기서 진정 괴기스러운 일이 발생한다. 집에 도착한 레위인은 칼을 꺼내서 첩의 시체를 열두 토막 냈다. 그리고 한 토막씩 이스라엘의 열두 지파 지도자에게 보내 이 사건에 대해 알렸다. 이 일은 전쟁을 불러왔다. 한 자리에 모여 회의를 한 이스라엘 민족은 이 범죄가 발생한 베냐민 지역의 사람들을 처단하기로 결정하고 그 후 치열한 동족상잔이 벌어졌다. 그 결과 베냐민 지파는 거의 멸족되다시피 하였다.(판관 20-21.) 이 이야기를 기록한 신명기적 역사가는 이러한 부도덕하고 차마 입에 담을 수 없는 일이 이스라엘에 왕이 없을 때 일어난 일이라고 말하였다.(판관 19,1.) 그리고 계속되는 뒷장에서, 하느님이 이러한 백성의 죄성을 보고 이를 다스리기 위해 이스라엘에 왕을 보내주게 되었다는 식으로 이야기를 전개하고 있다.

하지만 왕이 생겼다고 죄가 다스려진 것은 아니었다. 인간이 다른 인간을 학대하는 죄는 왕정에서도 계속됐고, 때로는 왕 자신이 저지르기도 했다. 이리하여 다윗과 바쎄바의 이야기가 나온다.(2사무 11.) 다윗은 예루살렘의 왕궁 옥상을 거닐다가 아름다운 여인이 목욕하는 것을 보게 되었다. 바로 바쎄바다. 다윗은 이 여인을 원했고, 그는 왕이었으므로 얼마든지 그렇게 할 수 있었다. 그는 바쎄바를 왕궁에 데려오게 해서 그와 동침했는데, 하필이면 그녀가 임신을 하고 말았다. 문제는 그녀에게 남편이 있다는 사실이었다. 그 남편은 다윗을 위해 전쟁터에 나가 충성을 다하던 우리야였다. 다윗은 그 충신 우리야의 아내를 범한 것이었다. 이제 다윗은 어떻게 해야 할까? 소문이 퍼지면 이것은 추문을 일으킬 것이다. 왜냐하면 우리야가 오래 지속되는 전쟁터에 계속 나가 있었으므로 그 아내는 임신할 수 없다는 사실을 누구나 알 수 있기 때문이다.

다윗은 최전방에 있던 우리야에게 휴가를 주기로 했다. 그가 아내인 바쎄바와 동침하도록 말이다. 하지만 충직한 우리야는 전우들이 전쟁터에서 목숨을 걸고 싸우고 있는데 어찌 자기만 편하게 집에서 먹고 자고 아내와 동침하겠느냐며 집에 돌아가지 않고 왕궁 문에서 다른 신하들과 같이 지냈다. 다급해진 다윗은 우리야를 죽이기로 결심한다. 그는 군대장군을 시켜서 우리야를 최전방에 보내 그가 적군과 맞서 싸울 때 다른 군인들을 후퇴시켜 혼자 싸우다가 죽게 하라고 명한다. 군대장군은 왕의 명대로 했고 결국 우리야는 죽었다. 다윗은 바쎄바와 결혼한다. 삶은 계속되었다. 하지만 바지춤을 제대로 잠그지 못하는 다윗의 손에 죽은 우리야의 경우, 이 세상에서의 삶은 그렇게 끝이 났다.

다윗의 아들 솔로몬은 다른 사람들에게 고통을 안겨준 또 하나의 예다. 솔로몬은 이 세상에서 '가장 지혜로운 인물'로 알려져 있다. 그는 예루살렘 성전과 왕궁을 건축했으며 그 외에도 많은 건축사업을 벌였다.(1열왕 6-9.) 어떻게 왕이 그렇게 웅장하고 아름다운 건축물들을 지을 수 있었을까? 공개입찰에 가장 낮은 가격을 써낸 건설업자와 계약을 맺어서? 아니다. 고대 이스라엘에 그런 것은 없다. 그의 건설사업은 강제동원된 수많은 사람들의 노역으로 이루어졌다. 수송기구도, 크레인도, 전기장치도 없이 순전히 몸으로 하는 노역이었다. 솔로몬은 이 사업을 위해 수많은 사람들을 노예로 부려먹었다. 성전을 짓는 데 동원된 역군의 수는 3만 명이고 자재 나르는 자가 7만 명, 산에서 돌을 뜨는 자가 8만 명이었다.(1열왕 5,13-18.) 이들은 이스라엘인이 아니라 헷 사람, 브리즈 사람, 히위 사람과 여부스 사람, 곧 이스라엘 민족이 그 땅을 점령할 때 전멸시키지 않아 남아있던 이방인의 자손들이었다.(1열왕 9,15-22.) 솔로몬은 이에 대해 자부심을 느꼈을지도 모른다. 이스라엘인을 노예로 쓴 것이 아니고 단지 이방인의 자손을 노예로 삼았을 뿐이니 말이다.

인간이 인간에게 가한 고통

신약성서 역시 구약과 마찬가지로 누군가의 죄 때문에 다른 사람이 고통받는 이야기들이 실려 있다. 신양성서의 핵심내용은 예수가 십자가에 못 박혀 죽음으로써 많은 사람이 구원을 받고 하느님과 관계가 회복된 것이다. 바울로 같은 저자들은 예수의 십자가 죽음을 그리스도교 신앙의 가장 핵심으로 들고 있다.(1고린 2,2; 갈라 3,1.) 그런데 놀라운 것은 십자가 사건 그 자체는 거의 다뤄지지 않는다는 사실이다. 예수의 삶과 죽음에 대한 이야기들이 실린 복음서조차도 단지 "그들은 예수를 십자가에 못박았다"고 말할 뿐 십자가 죽음의 참상에 대해 자세히 기록하고 있지 않다.(마르 15,24.) 예수에 대한 영화를 본 사람들, 특히 예수의 십자가 사건을 '정확하게' 묘사했다는 멜 깁슨의 〈패션 오브 크라이스트〉를 본 이들은 이 사실에 의아함을 느낀다. 멜 깁슨의 영화를 비롯한 예수 관련 영화들은 복음서들과는 달리 예수의 고난과 번민, 고문과 고초, 피가 낭자한 모습과 그 참혹함에 초점을 맞추고 있다. 그러나 정작 복음서에는 그러한 묘사가 나와 있지 않다.

신약성서 저자들이 십자가형에 대해 상세하게 묘사하지 않은 이유는 아마도 그 당시 사람들이 그것에 대해 이미 잘 알기 때문에 굳이 설명할 필요가 없어서였는지도 모른다. 그런데 복음서에서만 그런 것이 아니다. 고대의 십자가형은 그 어디에도 상세하게 묘사되어 있지 않다. 따라서 현대 사람들은 고문서에 등장하는 단편적인 자료들을 종합하여 십자가형을 재구성할 수밖에 없다.

우리가 알 수 있는 것은 십자가형이 극히 참혹했다는 사실이다. 로마인들은 가장 극악한 범죄자와 반역자들에게 십자가형을 내려 수치스럽고 고통스러운 죽음을 맞게 하였다. 그렇게 함으로써 다른 사람들에게 본보기를 보이고자 했다. 로마의 법 집행방법은 지금 우리의 것과는 완전히 달랐다. 우리는 배심원이 배석한 재판 과정과 항소 과정을 거쳐 최종 판결을 내린 후, 사람들이 없는 곳에서 형을 집행한다. 하지만 로마인들은 일벌백계를 위해 죄수들을 즉심에 처해 공공장소에서 십자가형을 집행했다. 가령 자동차 도난사건이 사회적 문제가 된다면(물론 당시에는 그런 문제가 없었겠지만) 로마인들은 죄수들을 붙잡아다가 사람들이 보는 앞에서 십자가에 못 박았다. 죄수들은 며칠 동안 거기 매달려 극심한 고통을 받다가 숨이 끊어졌다. 자, 이래도 차를 훔쳐 가겠느냐?

십자가형을 받은 사람은 과다출혈이 아니라 질식으로 숨졌다. 죄수는 십자가의 수직 나무기둥이나 양옆으로 난 나무에 꽁꽁 묶이거나, 손목이나(손바닥이 아닌) 발에 못이 박혀 옴짝달싹 못하게 십자가에 매달렸다. 또한 죄수는 살을 파먹는 새나 동물에 속수무책으로 당하고 극심한 갈증에 시달려야 했다. 체중이 앞으로 쏠려 몸통이 부풀어 오르면 숨을 쉬는 것이 극히 어려워지고 죄수는 죽음을 맞게 된다. 죄수들은 폐에 가해지는 압박을 줄이기 위해 상체를 들어 올리거나 다리에 힘을 주어 꼿꼿이 서기도 한다. 로마인들은 때때로 죄수가 앉을 수 있게 널빤지를 대주기도 하는데, 그것은 십자가형을 받은 죄수가 서서히 죽게 하기 위해서다. 그것이야말로 로마인들이 원하는 것이었다.(로마인이 십자가형을 많이 사용하기는 했지만, 이들이 그 처형법을 처음 고안한 것은 아니다.) 십자가형의 목적은 죄수들이 최대한 많은 고통을 받으며 수많은 사람들 앞에서 수치스럽게 죽어가게 만드는 것이었다. 예수의 십자가 죽음도 이와 같았다. 그는 재판받은 그날 아침 두 명의 다른 죄수들과 함께 십자가에 못 박혔다. 당시 로마인에 의해 십자가형을 받은 사람들의 수는 헤아릴 수 없이 많았다.

신약성서에서 예수의 죽음은 단지 불의한 로마제국의 소행 때문이 아니다. 그것은 하느님의 뜻이었다. 신약성서 저자들은 하느님이 예수의 죽음을 통해 인류의 구원이라는 최고의 선을 이루었지만, 그에게 해를 입힌 악인들은 벌을 면치 못할 것이라고 생각했다. 그들의 죄로 인해 예수가 고난을 겪었기 때문이다.

신약성서에서 고통스러운 죽음은 또 있다. 사도행전에는 그리스도교 역사상 첫 번째 순교자 스데파노의 이야기가 나온다. 그는 예루살렘의 유대교 지도자들의 미움을 사서 돌로 쳐 죽임을 당한 인물이다.(사도 7.) 돌에 맞아 죽는 것은 예나 지금이나(아직도 이러한 처형을 하는 곳이 있다) 매우 고통스런 죽음이다. 돌이 단번에 급소를 맞추지 않기 때문에 사방에서 날아오는 수많은 돌을 맞으며 고통 속에서 죽어가야 한다. 돌은 사람의 뼈를 부러뜨리고 장기를 파열시킨다. 그러다가 머리에 치명적인 한 방을 맞으면 급기야 정신을 잃고 죽게 된다.

신약성서에는 돌로 침을 당했으나 목숨을 건져 궁극적으로 성서의 저자가 된 이가 있다. 바로 사도 바울로다. 사도행전에는 바울로가 석살 당할 뻔했던 이야기가 실려 있다. 역사가들은 사도행전에 실린 이야기들의 신빙성을 의심한다. 왜냐하면 사도행전은 사건이 발생한 지 약 30년이 지난 후 그 일들을 직접 목격하지 않았던 사람이 쓴 책이기 때문이다. 아무튼 사도행전에 따르면, 바울로는 소아시아(지금의 터키) 지방의 리스트라에서 그리스도교 복음을 전하다가 비그리스도인 유대인들의 분노를 사게 되었다. 그들은 바울로를 돌로 치고 성읍에서 끌어내어 죽게 내버려두었다. 그러나 이들이 떠난 후 바울로는 마치 아무 일도 없었다는 듯 다시 일어나서 그다음 선교지로 떠나갔다.(사도 14,19-20.) 이 이야기는 사도행전이 쓰인 신학적 목적을 잘 달성하고 있다. 무엇도 바울로를 막을 수는 없다. 하느님이 뒤에서 도와주기 때문이다. 하느님은 선한 일꾼을 그냥 죽게 내버려두지 않는다.

바울로는 나중에 이 사건에 대해 잠시 언급한다. 당시 상황에 대한 앞뒤 설명은 없이 말이다. 고린토의 그리스도교 개종자들에게 쓴 그의 편지에서 바울로는 자신이 진짜 사도인 이유를 말한다. 그것은 바로 그가 그리스도를 위해 많은 고통을 받았기 때문이라는 것이다. 바울로에게 이 사실은 자신이 진실한 사도라는 것을 보여주는 증거였다. 예수도 사람들의 칭송을 받으며 화려하게 산 것이 아니라 사람들에게 거절당하고 멸시받으며 결국 형편없는 죄수처럼 십자가형을 받지 않았는가? 바울로가 생각하기에 그리스도의 제자가 된다는 것은 그의 고난에 동참하는 것이었다. 그가 고린토 사람들에게 이러한 편지를 쓴 이유는 그들 중 일부가 자신이 하느님의 특별한 능력을 받아 남들보다 우월하다고 우쭐댔기 때문이다. 그러나 바울로가 보기에 고난이 없는 사도는 진짜 사도일 수 없었다. 그래서 그는 고린토인들에게 자신이 받은 고통을 강조하였다.

그들이 그리스도의 일꾼들입니까? 미친 사람의 말 같겠지만 사실 나는 그리스도의 일꾼으로서는 그들보다 낫습니다. 나는 그들보다 수고를 더 많이 했고 감옥에도 더 많이 갇혔고 매는 수도 없이 맞았고 죽을 뻔한 일도 여러 번 있습니다. 유다인들에게 사십에서 하나를 감한 매를 다섯 번이나 맞았고 몽둥이로 맞은 것이 세 번, 돌에 맞아 죽을 뻔한 것이 한 번, 파선을 당한 것이 세 번이고 밤낮 하루를 꼬박 바다에서 표류한 일도 있습니다. 자주 여행을 하면서 강물의 위험, 강도의 위험, 동족의 위험, 이방인의 위험, 도시의 위험, 광야의 위험, 바다의 위험, 가짜 교우의 위험 등 온갖 위험을 다 겪었습니다.(2고린 11,23-26.)

계속해서 그는 자신이 받는 고통이 그와 그리스도가 서로 연결되어 있음을 증명하는 것이라고 강조했다. 바울로는 고통의 이유를 다음과 같이 설명했다. 이 세상에는 악이 가득 차 있으므로 우리가 세상에 사는 동안에는 사악하고 경건하지 않은 자들의 악행에서 자유로울 수 없다고 말이다.

신약성서는 인간의 고통과 괴로움에 대해 또 하나의 해석을 제시한다. 루가복음에서 예수가 예루살렘이 로마에 의해 멸망하리라고 '예언'하는 다음 구절을 보자.

예루살렘이 적군에게 포위된 것을 보거든 그 도시가 파멸될 날이 멀지 않은 줄 알아라. 그 때에 유다에 있는 사람들은 산으로 도망가고 성안에 있는 사람들은 그 곳을 빠져 나가라. 그리고 시골에 있는 사람들은 성안으로 들어가지 마라. 그 때가 바로 성서의 모든 말씀이 이루어지는 징벌의 날이다. 이런 때에 임신한 여자들과 젖먹이가 딸린 여자들은 불행하다. 이 땅에는 무서운 재난이 닥칠 것이고 이 백성에게는 하느님의 분노가 내릴 것이다. 사람들은 칼날에 쓰러질 것이며 포로가 되어 여러 나라에 잡혀갈 것이다. 이방인의 시대가 끝날 때까지 예루살렘은 그들의 발 아래 짓밟힐 것이다.(루가

21,20-24.)

비판적 역사학자들은 이 서술이 예루살렘 파멸 이후에 쓰였다고 본다. 서기 70년에 예루살렘이 로마에 의해 파괴된 후, 루가는 당시 어떠한 일이 일어났는지 잘 알고 있었다. 로마의 티투스 장군은 예루살렘에 반란의 조짐이 나타나자 이를 진압하기 위해 성을 포위했다. 루가는 그때 거기 살고 있던 유대인들에게 일어난 일들에 대해 상세하게 기록하지는 않았다. 하지만 예루살렘 성이 포위당했을 때 발생한 일들은 성서 외의 자료를 통해 알 수 있다. 성이 포위되었던 당시 살았던 유대인 역사학자 요세푸스는 다음과 같이 기록하였다.

성 안에 갇힌 사람들의 형편은 처참했다. 시시때때로 유혈극이 발생했고 매일 살인 사건이 일어났으며 모든 이들이 굶주렸다. 식량이 부족하니 한 가족 식구들끼리도 서로 음식을 훔쳤다. 심지어 몸이 약한 자의 입 속에 있는 음식물을 끄집어내 가져가는 사람도 있었다.

요세푸스는 다음과 같은 충격적인 일도 목격했다고 말하였다.

굶주림에 시달리던 어떤 임산부는 아기를 낳자 그 아기를 죽여서 화덕에 구웠다. 그리고 아기 몸의 반 정도를 단번에 먹어치웠다. 그 집 옆을 지나던 사람들이 고기 굽는 냄새를 맡고 고기를 빼앗으려고 집안으로 쳐들어왔다. 여자는 반쯤 없어진 아기의 몸을 쳐들고, 먹으려면 먹으라고 말하였다. 사람들은 이 모습을 보고 경악을 금치 못하였다. 그들은 후들거리는 몸으로 그 집을 빠져나와 다른 곳으로 음식을 구하러 갔다.[1]

예루살렘 함락은 끔찍한 사건이었다. 이 여인의 행동은 극악무도하고 흉악했지만, 그녀도 환난의 희생자였고 아기 역시 환난의 희생자였다. 위의 이야기는 우리로서는 상상조차 하기 어려운 이야기지만, 그것은 인간이 인간에게 가한 끔찍한 고통에 대한 많은 이야기 가운데 하나에 불과하다.

성서 저자들은 고통에 어떻게 반응했나

성서 저자들은 자신과 주변인들이 다른 사람 때문에 극심한 고통을 겪을 때 어떠한 반응을 보였을까? 요즘 사람들과 마찬가지로 과거에도 사람들은 분노, 슬픔, 좌절, 무력감 같은 다양한 반응을 나타냈다. 몇몇 성서 저자들은 고통이 자신을 더욱 강하게 만들어준다고 생각했다. 다른 이들은 하느님이 고통을 통해 자신의 믿음을 시험한다고 생각했다. 또 다른 이들은 고통이 곧 종말이 닥칠 징조라고 생각했다.

이에 반해 예레미야는 고통에 대해 매우 독특한 반응을 나타냈다. 예레미야는 그가 겪은 고난과 박해 때문에 종종 '고난의 선지자'로 일컬어진다. 예레미야는 남유다 왕국이 바빌론의 공격을 받을 때 그의 예언 중 일부를 기록했다. 대부분의 예루살렘 주민들은 성이 건재할 것으로 믿었다. 예루살렘에는 솔로몬이 400여 년 전에 건축한 성전이 있으므로 하느님은 이 거룩한 성전과 거기서 그에게 예배드리는 백성을 보호해줄 것이라는 것이 이들의 생각이었다. 하지만 예레미야는 그렇게 생각하지 않았다. 그는 예루살렘 성전이 백성을 보호하지 못할 것이며 백성들이 목숨을 건지려면 바빌론에게 항복해야 한다고 주장했다.(예레 7.)

그의 의견은 호응을 얻지 못했다. 그 결과 예레미야는 사람들에게 욕설을 듣고 신체적으로 박해를 받았다. 고난에 대한 그의 반응은 예레미야 11장에서 20장까지 산발적으로 실린 그의 '애가'에서 엿볼 수 있다. 고통을 받는 다른 이들과 마찬가지로 예레미야 역시 차라리 태어나지 않았기를 바랐다.(욥기 3 참고.)

저주받을 날,

내가 세상에 떨어지던 날,

어머니가 나를 낳던 날,

복과는 거리가 먼 날.

사내 아이가 태어났다는 소식을 전하여

아버지를 즐겁게 한 그자도 천벌을 받아라.

야훼께 사정없이 뒤엎인

성읍들처럼 되어라.

아침에 경보를 듣고

대낮에 적이 쳐들어오는 소리를 들어라.
모태에서 나오기 전에 나를 죽이셨던들
어머니 몸이 나의 무덤이 되어
언제까지나 탯속에 있었을 것을!
어찌하여 모태에서 나와
고생길에 들어서 이 어려운 일을 당하게 되었는가!
이렇게 수모를 받으며 생애를 끝마쳐야 하는가!(예레 20,14-18.)

예레미야는 은밀하게 사악한 계획을 꾀한 그의 대적에게 하느님의 진노를 내려달라고 기도하기도 하였다.

죽을 자리에 끌려가면서도 아무것도 모르는 어린 양처럼, 나는 사람들이 나를 해치려고 하는 줄을 몰랐었다. "나무가 성성할 때 찍어버리자. 인간 세상에서 없애버리자. 이름조차 남지 못하게 만들자" 하며 음모를 꾸몄지만, 도무지 나는 알지 못하였다.
"만군의 야훼여, 사람의 뱃속과 심장을 달아보시는
공정한 재판관이시여!
하느님께 호소합니다.
이 백성에게 원수를 갚아주십시오.
그것을 이 눈으로 보아야겠습니다."(예레 11,19-20.)

이 구절은 많은 성서 독자에게 다소 친숙하게 느껴질 것이다. 시편에도 자신이 받는 고난을 하느님에게 호소하고 그에게 감찰

해달라고 애원하는 구절이 있다. 이 '애가'들은 격정에 가득 차 있다. 시편의 저자는 하느님이 반드시 원수를 갚아주리라고 굳게 믿는다. 역경에 처한 사람들에게 이 시는 매우 인기가 있다.

> 야훼여! 힘이 부치오니 나를 불쌍히 여기소서.
> 뼈 마디마디 쑤시오니 나를 고쳐주소서.
> 내 마음 이토록 떨리는데,
> 야훼여! 언제까지 지체하시렵니까?
> 야훼여! 돌아오소서, 이 목숨 구하소서.
> 당신의 자비로써 살려주소서.
> 죽으면 당신을 생각할 수 없고
> 죽음의 나라에선 당신을 기릴 자 없사옵니다.
> 나는 울다가 지쳤습니다.
> 밤마다 침상을 눈물로 적시고
> 나의 잠자리는 눈물 바다가 되었습니다.
> 울다울다 눈이 안 보이고,
> 괴롭다 못하여 늙고 말았습니다.
> 악한 짓 하는 자 모두 나에게서 물러가라.
> 내 울부짖는 소리 야훼께서 들으셨다.
> 야훼께서 나의 애원 들으셨으니
> 야훼께서 나의 기도 들어주시리라.
> 내 원수들이 모두 겁에 질려 당황하는구나.
> 창피하거든 어서들 물러가거라. (시편 6,2-10.)

시편에는 하느님이 자신의 원수에게 가혹한 심판을 내려주기를 요청하는 기도도 있다. 아마도 이 저자가 원수에게 다른 뺨을 내미는 일 따위는 없을 것이다. 이 시편의 저자는 하느님에게 기필코 원수에게 앙갚음하고 무서운 징벌을 내려달라고 간절히 기도한다.

하느님, 침묵을 깨소서.
잠잠하지도 쉬지도 마소서, 하느님.
당신의 적들이 소리 높이 떠들고
당신의 원수들이 머리를 치켜 듭니다.
당신 백성을 거슬러 음모를 꾸미고
당신 보호 아래 있는 자들을 거슬러 공모하며
"같이 가서 그들의 나라를 쳐부수자.
이스라엘은 그 이름마저 남기지 말자" 합니다.

나의 하느님, 저들을 흩으소서.
바람에 굴러가는 엉겅퀴의 도가머리처럼,
바람에 흩날리는 초개와 같이
숲을 사르는 불길과 같이
산들을 휩쓰는 불꽃과 같이
당신의 회리바람으로 저들을 쓸어가소서.
돌풍으로 저들을 어지럽게 하소서.
저들이 당신의 이름을 부르기까지

야훼여, 그 얼굴에 부끄러움을 씌워주소서.

어이없고 겁에 질려 다시는 일어나지 못하게 하시고

수모를 당하여 멸망하게 하소서.

온 세상에 지극히 높으신 분,

당신의 이름만이 야훼이신 줄을 알게 하소서.(시편 83,1-4;
83,13-18.)

시편 137편에서 시편저자의 감정은 절정에 이르고 하느님에
대한 탄원은 극에 달한다. 바빌론에 유배당한 이스라엘 백성은 고
향으로 돌아가기를 간절히 원하며 하느님에게 원수를 갚아달라
고, 원수의 어린 자식도 가차 없이 죽여 달라고 요청한다.

바빌론 기슭, 거기에 앉아

시온을 생각하며 눈물 흘렸다.

그 언덕 버드나무 가지 위에

우리의 수금 걸어놓고서.

우리를 잡아온 그 사람들이

그 곳에서 노래하라 청하였지만,

우리를 끌어온 그 사람들이

기뻐하라고 졸라대면서

"한 가락 시온 노래 불러라" 하였지만

우리 어찌 남의 나라 낯선 땅에서

야훼의 노래를 부르랴!

예루살렘아, 내가 너를 잊는다면,

내 오른손이 말라버릴 것이다.

네 생각 내 기억에서 잊혀진다면

내 만일 너보다 더 좋아하는 다른 것이 있다면

내 혀가 입천장에 붙을 것이다.

야훼여, 잊지 마소서. 예루살렘이 떨어지던 날,

에돔 사람들이 뇌까리던 말,

"쳐부숴라, 바닥이 드러나게 헐어버려라."

파괴자 바빌론아,

네가 우리에게 입힌 해악을

그대로 갚아주는 사람에게 행운이 있을지라.

네 어린것들을 잡아다가

바위에 메어치는 사람에게 행운이 있을지라. (시편 137,1-9.)

그러나 사실 대부분의 애가는 바빌론 유수와 같은 국가 차원의 재앙에 관한 것이 아니라 다른 사람으로 인해 받는 개인적 고뇌에 관한 것들이다. 그리스도인들에게 친숙한 다음 시는 예수의 십자가형을 예언한 것으로 알려져 있다. 하지만 이사야서 53장의 경우와 마찬가지로, 시편 또한 후대 사람들이 내린 해석에 의존하기보다는 당시의 맥락을 고려하며 읽을 필요가 있다. 이 시의 저자는 하느님에게 외면당하고 다른 이들에게 박해받는 상황에서 이 시를 썼다.

나의 하느님, 나의 하느님,

어찌하여 나를 버리십니까?

살려달라 울부짖는 소리 들리지도 않사옵니까?

나의 하느님, 온종일 불러봐도 대답 하나 없으시고,

밤새도록 외쳐도 모르는 체하십니까?

......

나는 사람도 아닌 구더기,

세상에서 천더기, 사람들의 조롱거리,

사람마다 나를 보고 비쭉거리고

머리를 흔들며 빈정댑니다.

"야훼를 믿었으니 구해 주겠지.

마음에 들었으니, 건져주시겠지."

당신은 나를 모태에서 나게 하시고,

어머니 젖가슴에 안겨주신 분,

날 때부터 이 몸은 당신께 맡겨진 몸,

당신은 모태에서부터 나의 하느님이시오니

멀리하지 마옵소서.

어려움이 닥쳤는데 도와줄 자 없사옵니다.

황소들이 떼지어 에워쌌습니다.

바산의 들소들이 에워쌌습니다.

으르렁대며 찢어발기는 사자들처럼

입을 벌리고 달려듭니다.

물이 잦아들듯 맥이 빠지고

뼈 마디마디 어그러지고,

가슴 속 염통도 촛물처럼 녹았습니다.

깨진 옹기 조각처럼 목이 타오르고

혀는 입천장에 달라붙었습니다.

개들이 떼지어 나를 에워싸고

악당들이 무리지어 돌아갑니다.

손과 발이 마구 찔려

죽음의 먼지 속에 던져진 이 몸은

뼈 마디마디 드러나 셀 수 있는데

원수들은 이 몸을 노려보고 내려다보며

겉옷은 저희끼리 나눠가지고

속옷을 놓고서는 제비를 뽑습니다.

야훼여, 모르는 체 마소서.

나의 힘이여, 빨리 도와주소서.

칼에 맞아 죽지 않게 이 목숨 건져주시고

하나밖에 없는 목숨, 개 입에서 빼내 주소서.

가련한 이 몸을 사자 입에서 살려주시고,

들소 뿔에 받히지 않게 보호하소서.(시편 22,1-21.)

악인의 박해로 인해 경건한 자가 고통받으며 하느님만이 고통받는 자를 구원할 수 있다는 생각은 구약성서뿐 아니라 신약성서에서도 찾아볼 수 있다. 나는 바울로의 편지를 마지막 예로 들고자 한다. 그리스도를 닮기 위해 고통을 자처한 그는 하느님이 환난 가운데 놓인 그를 구해줄 것이라 믿어 의심치 않았다. 그는 고린토의 신자들에게 다음과 같이 말하였다.

형제 여러분, 우리가 아시아에서 당한 환난이 어떠한 것이었는지를 알리려고 합니다. 그 환난은 우리의 힘으로는 도저히 견디어낼 수 없으리만큼 심해서 마침내 우리는 살 희망조차 잃게 되었습니다. 그러나 이렇게 사형 선고를 받았다는 생각이 들자 우리는 우리 자신을 믿지 않고 죽은 자를 다시 살리시는 하느님을 믿게 되었습니다. 하느님께서는 과연 그렇게 어려운 죽을 고비에서 우리를 건져내 주셨고 앞으로도 건져내 주실 것입니다. 이렇게 우리는 하느님께서 앞으로도 건져내 주시리라는 희망을 가지고 있습니다.(2고린 1,8-10.)

자유의지가 고통을 초래하는가

나는 이 장을 쓰면서 내가 혹시 당연한 이야기를 하는 것은 아닌가 하는 생각이 계속해서 들었다. 이 장을 읽은 나의 친구들이 이 부분은 완전 시간낭비라고 말할 것 같았다. 다른 사람들이 내게 해를 입히면 나는 당연히 고통을 받는 것이지, 거기에 새로울 것이 뭐가 있는가?

하지만 나는 이 세상의 많은 종교인들이 세상에서 발생하는 모든 일은 하느님의 뜻에 의해 발생한다고 생각한다는 사실을 알고 있다. 그것이 직접적이든 간접적이든 말이다. 그리고 성서 저자들은 이들의 생각에 동의할 것이다.

그런데 모든 일의 배후에 하느님이 있다는 견해는 필연적으로 모순을 낳는다. 이 신학적 난제를 갖고 고민해온 사람들이라면 그 모순에 대해 잘 알 것이다. 만약 하느님의 뜻을 이루기 위해 어떤 사람이 악행을 저지른다면 그것은 그의 책임인가? 만약 아담과 하와가 열매를 따먹도록 예정되어 있었다면 그들은 벌을 받아야 하는가? 만약 유다가 예수를 배반하고 빌라도가 그를 십자가에 못 박은 게 하느님의 예정된 뜻이었다면 그들에게 어찌 책임이 있다고 말할 수 있겠는가? 만약 다윗과 사도 바울로의 대적들이 하느님의 계획에 따라 그러한 일들을 행했다면, 비난받아야 할 이는 과연 누구인가?

성서의 저자들 중 그 누구도 이 모순에 대해 직접 논하지 않았다. 하느님은 앞으로 일어날 일을 다 아는 전지전능한 존재지만, 어쨌든 사람은 자기 잘못에 대해 책임을 져야 한다. 적그리스도의 등장은 이미 예정된 일이지만, 하느님의 뜻에 의해 나타난 그는 결국 불의 못에 들어가야 한다.

아담과 하와부터 카인과 아벨, 다윗과 솔로몬, 유다와 빌라도, 그리고 적그리스도와 그의 하수인들에 이르기까지, 모든 사람들이 자신의 죄에 대해 책임을 져야 한다는 관점은 성서 저자들에게 자유의지의 개념이 있었다는 것을 보여준다. 인간이 죄를 지었으므로 고통을 받는다는 성서의 견해는 신정론의 '자유의지' 견해와 유사한 점이 있다. 신정론을 주장하는 철학자들의 견해를 간략히 서술하자면 이렇다. 만약 신이 우리에게 자유의지를 주지 않았더라면 이 세상은 불완전한 세상이었을 것이다. 신은 완전한 세상을 창조하기를 원했고, 따라서 인간에게 자유의지를 주었다. 신에게 순종하든 순종하지 않든, 고통을 해결하든 일으키든, 모든 것은 인간의 자유의지에 의한 것이다. 그리고 그것이 전능하고 선한 하느님이 통치하는 이 세상에 고통이 있는 이유다.

신정론에서 말하는 이 자유의지 주장은 신정론의 초기부터 줄곧 있어왔다. 그것은 17세기의 석학 라이프니츠의 주장이기도 했다. 신정론이 해결하려는 문제는 이것이다. 고통이 끊이지 않는 이 세상에서, 전능하고 선한 하느님의 존재를 어떻게 증명하느냐가 그들의 과제였다. 구약시대와 신약시대에 하느님의 존재를 의심하는 사람은 아무도 없었다. 고대의 유대인들과 그리스도인들은 하느님의 존재 여부에 대해서는 아무런 의문도 품지 않았다. 하느님이 존재한다는 것은 그들에게 너무도 당연한 사실이었기 때문이다. 이들은 세상에서 일어나는 일들을 목격하면서 하느님이 어떠한 신이며 그와 어떠한 관계를 맺어야 하느냐에 관심을 집중시켰다. 고통의 문제에 대해 고민하며 신의 존재에 의문을 갖기 시작한 것은 근대에 와서 생긴 일이었다.

계몽주의 및 후기계몽주의 시대의 신정론은 근대적 세계관에서 비롯되었다. 근대적 세계관은 세상에서 일어나는 모든 일들에 일종의 인과관계, 혹은 법칙이 있을 것으로 보았다. 신정론은 이러한 근대적 세계관에 입각하여 고통에 대해 철학적이고도 정교한 원인분석을 하기 시작했다. 이들의 해석은 성서에 등장하는 단순한 해석과는 달랐다. 독자가 현대 신정론자들의 글을 읽어보았는지 모르겠으나, 이들의 글은 실로 놀라울 정도다. 이들은 세상에 존재하는 고통이 전능하고 선한 하느님의 주권으로 발생하는 일이라는 그들의 주장을 뒷받침하기 위해 매우 정교한 철학적 논리를 사용하였다. 그들만의 고급용어를 사용해가면서 말이다. 그러나 솔직히 이들의 논리는 일반인들에게 매우 모호할 뿐만 아니라 실제의 우리 삶과 멀리 동떨어져 있다. 예컨대 1차 세계대전 때 참호 속에 몸을 숨겼던 군인이나 2차 세계대전 때 강제수용소에 잡혀간 사람들, 그리고 캄보디아 킬링필드에 있던 사람들의 삶은 도저히 이들의 논리로 설명할 수 없다. 나는 켄 수린Ken Surin 같은 학자의 말에 동의한다. 그는 신정론자들의 지성에 조금도 뒤지지 않는 사람이다. 켄 수린은 이 세상에 존재하는 고통에 대해 해석을 붙이려는 그 어떤 시도도 결국 도의적 혐오감밖에는 주지 못한다고 말하였다. 나는 또한 테렌스 틸리Terrence Tilley 같은 신학자의 말에 공감한다. 그는 신정론이란 한낱 지적 논쟁에 불과하다고 말하였다.[3] 인간이 겪는 고통의 문제를 논리적으로 설명한다는 것 자체가 잘못되었다는 것이다. 고통이란 고상한 설명이 필요한 것이 아니라, 현실적인 해결책을 마련해야 하는 문제다.

틸리와는 달리 나는 그리스도교 신자가 아니다. 하지만 나는 고통의 문제가 단지 머리로만 생각할 문제가 아니라는 그의 의견에 전적으로 동의한다. 고통에는 대책이 필요하다. 인간이 받는 많은 고통은, 보험회사들이 얄궂게 말하는 "불가항력적인acts of God 자연재해"에 의한 것이 아니라 종종 다른 인간에 의해 초래되기 때문이다. 그리고 이것은 과거 다른 나라의 나치나 크메르루주에 의해서만 발생하는 것이 아니라, 길 건너편에 사는 이웃, 사무실 복도 건너편에 있는 직장동료들, 가게에서 장을 보는 사람들, 우리가 선거에서 뽑은 인물들, 우리가 구매하는 상품의 회사 사장들, 노동자를 착취하는 악덕 기업주들, 그리고 그 외의 인물들에 의해 자행되는 일들이기 때문이다.

내 생각으로는, 신정론이라는 이름으로 불리는 철학적 접근은 고통에 대해 아무런 해답도 가져다주지 못한다. 인간의 자유의지란 단지 철옹성 같은 철학적 관점을 지키는 데 사용될 것이 아니라, 실질적이고 영향력 있는 대책을 마련하는 데 활용되어야 한다. 여태껏 사람들은 다른 사람들을 아프게 하고, 억압하고, 괴롭히고, 고문하고, 학대하고, 강간하고, 불구로 만들고, 살해해왔다. 만약 이 모든 것이 하느님의 뜻에 의한 것이었다면 비난받아야 할 것은 하느님일 것이다. 하느님의 뜻에 거스를 수 있는 인간은 아무도 없기 때문이다. 하지만 나는 그것을 믿지 않는다. 한 인간이 다른 한 인간에게 행하는 악행은 하느님의 위대한 손에 의한 것이 아니다. 인간이 그의 자유의지에 따라 사악한 행동을 하기도 하고, 남에게 해를 끼치기도 하는 것이다. 따라서 우리는 적극적으로 나서서 한 인간이 다른 인간에게 마음대로 악행을 저지르지 못하도록 막아야 한다. 자국이나 저개발 국가나, 인류에 대한 잔혹행위가 발생하는 곳이라면 어디든, 우리는 자신의 자유의지를 함부로 사용해 약자에게 고통을 주는 사람들에게 제재를 가하고 무고한 희생자들을 돕기 위해 팔을 걷어붙여야 할 것이다.

5장

더 위대한 선을 위해 겪는 고난이라니?

그리스도인이었다가 신앙을 떠난 사람은 그것이 얼마나 고통스러운 경험인지 아마 알 것이다. 그 과정에 대해 대수롭지 않게 생각할 수도 있겠지만(내 친구는 내가 "거듭난" 사람이었다가 "거듭 죽은" 사람이 되었다고 농담한다), 사실 그 당시 나는 극도로 갈등하며 괴로워했다. 나는 젊었을 때 보수적인 복음주의 신앙을 가졌고, 근본주의 성서학교와 그리스도교 인문대학에 다녔으며, 성서를 열심히 읽고 교회에 헌신하는 사람이었다. 그러나 나는 결국 불가지론자가 되었다. 나는 성서가 인간의 손으로 만들어진 책이라고 생각한다. 또한 1세기의 종말론적 유대인이었던 예수가 십자가형을 받은 것은 분명하지만, 죽음에서 다시 살아난 인물이라고 생각하지는 않는다. 내가 보기에 신학에서 다루는 문제들은 해답을 내놓기에 불가능한 문제일 따름이다.

나는 신의 존재를 믿지 않는다. 그렇다고 내가 무신론자인 것은 아니다. 왜냐하면 신이 존재하지 않는다는 주장을 펴려면 그것을 증명할 만한 증거가 있어야 하기 때문이다. 그러나 반대로 신이 존재한다는 것 또한 증명할 길이 없다. 일개 유한한 인간일 따름인 내가 어찌 그것을 알 수 있겠는가? 만약 진정으로 신이 있다 하더라도, 그 신은 적어도 그리스도교에서 말하는 하느님은 아닐 것이라고 생각한다. 무한한 권능을 갖고 이 세상에 적극적으로 개입하며 그의 뜻을 이루어나가는 그 하느님 말이다. 인간의 일에 적극 개입하는 절대적 존재가 있다는 것을 나는 도저히 납득할 수 없다. 만약 하느님이 누군가의 암을 고쳐주었다면, 왜 수많은 다른 사람들이 암으로 사망하는가? 만약 그것이 아무도 알 수 없는 신비라면(사람들은 "하느님은 신비로운 방법으로 일하십니다"라고 말한다), 그것은 곧 우리가 하느님을 모르며 그가 하는 일을 이해하지 못한다는 것을 의미한다. 그렇다면 우리는 왜 아는 척 위장하는가? 하느님이 배고픈 자를 먹인다면 왜 수많은 사람들이 굶주리는가? 하느님이 그의 자녀를 보호해준다면 왜 수많은 사람들이 매년 자연재해로 목숨을 잃는가? 왜 지구상에 있는 대다수가 불행과 비참함 속에 살아가는가?

나는 더 이상 세상사에 적극 관여하는 신의 존재를 믿지 않는다. 나도 한때는 내 마음과 영혼을 다하여 하느님을 믿고 섬기며, 주변 사람들에게 열심히 하느님을 전하던 사람이었다. 나는 전도활동에 힘을 썼다. 그러나 나는 전향했다. 비그리스도인으로 전향하는 과정은 그 무엇보다도 고통스러웠다. 앞에서 말한 바와 같이, 나는 몸부림치고 울부짖으며 믿음을 떠났다.

내가 어찌할 수 있었겠는가? 그 누구라도 자신이 믿어온 것에 정면으로 충돌하는 사실을 직면하고 나면 대안이 없었을 것이다. 나는 불편한 진실을 그냥 무시해버리거나, 존재하지 않는 것처럼 여기거나, 아예 까맣게 잊어버릴 수도 있었다. 하지만 나는 나 자신과 내가 깨달은 진실에 충실하기로 했다. 정직하고 진지하게 나 자신과 내가 새로 알게 된 사실을 돌아보고, 진실되게 행동하기로 한 것이다. 자신이 믿어온 것에 오류를 발견하면 기존에 가지고 있던 신념을 수정할 줄 알아야 한다고 나는 생각한다. 물론 그 과정이 매우 괴로울 수는 있겠지만 말이다.

나에게 그 괴로움은 여러 가지로 나타났다. 가장 어려웠던 것 중 하나는 내가 소중히 여기는 사람들, 즉 가족과 친한 친구들과의 관계가 서먹해졌다는 사실이다. 그들은 한때 나의 친밀한 영적 친구였고 삶과 죽음에 대해 같이 이야기하고 기도하던 사람들이었다. 내가 믿음을 잃자 우리는 더 이상 그런 시간을 가질 수 없게 되었다. 가족과 친구들은 나를 이상하게 쳐다보며 왜 내가 이렇게 변하여 "어둠의 자식"이 되었는지 안타까워했다. 그들이 보기에 나는 쓸모없는 지식이 생겨서 스스로 악마의 덫에 걸린 사람이었다. 사탄과 한통속이 된 사람과 친밀한 관계를 갖기란 어려웠을 것이다.

그러나 그 무엇보다도 나에게 괴로움을 준 것은 내가 복음주의 그리스도인이었을 때 믿었던 그리스도교의 핵심 교리였다. 나는 "구원받기" 원하였으므로 "거듭난" 그리스도인이 되었다. 무엇으로부터 구원된 것일까? 다른 여러 가지가 있겠지만 그 무엇보다도 지옥의 영벌에서 구원된 것이었을 것이다. 나는 교회에서 그리스도가 세상의 죄를 위해 죽었고 그를 믿는 자는 천국에서 그와 함께 영생을 누리게 된다고 배웠다. 그를 믿지 않는 자는 지옥에서 죗값을 치를 것이다. 지옥은 사람들로 가득할 것이다. 대부분 사람들은 지옥으로 간다. 거기서 그들은 영벌을 받는다. 지옥에 간 사람들은 하느님과 그 외의 모든 선한 것들로부터 격리되어, 영혼의 고통으로 몸부림치면서 불의 못에서 영원히 불 탈 것이다. 영원히 꺼지지 않는 지옥불에 탄다는 것은 나에게 단지 은유적 표현이 아니라 육체에 가해지는 실제적 형벌이었다. 내가 복음주의적 신앙을 갖게 된 것도 무리는 아니다. 나는 내 가족이나 친구가 영원한 지옥불에서 형벌을 받기를 원치 않았으므로, 열심히 그리스도를 전파했고 하느님이 거저 주시는 선물인 구원을 받으라고 힘써 설득했다.

지옥에 대한 이러한 관념은 나의 의식과 무의식 속에 깊이 파고들어 강렬한 흔적을 남겼다. 성서가 한 치의 오류도 없는 하느님의 말씀이고, 예수가 곧 하느님이자 구원에 이르는 유일한 길이며, 전지전능한 하느님이 절대주권을 갖고 세상을 다스린다는 믿음을 버리고 나니, 내 마음 속에는 뭔지 모를 불안감이 생겨났다. 내 생각이 과연 옳은 것일까? 만약 예전의 생각이 맞고 지금 생각이 틀리다면? 나는 지옥불에서 영원히 불탈 것인가? 죽음에 대한 두려움은 수년간 나를 사로잡았고, 나는 때때로 자다가 식은땀을 흘리며 깨어나기도 하였다.

이 모든 것은 고통에 대한 두려움 때문이었다. 내가 한때 붙들었던 복음주의 신학은 바로 이 두려움을 바탕으로 세워졌다. 그리스도가 나의 죄를 위해 고통받았으므로 나는 영원한 고통을 받지 않게 되었다. 그러나 하느님은 공평하고 의로운 심판자여서 그를 거부하고 구원을 받지 않은 자들에게는 벌을 내릴 수밖에 없다. 그런데 역설적이게도, 궁극적으로 나를 하느님으로부터 떠나게 한 것은 바로 이 그리스도교 교리였다. 나는 이 세상에 그득 찬 고통과 괴로움을 볼 때 이를 주관하는 하느님이 있다는 것을 믿을 수 없게 되었다. 만약 하느님이 있다면 어떻게 이런 일이 일어나는데 그냥 모른 척 내버려둘 수 있다는 말인가? 또한 나는 특정 종교의 교리를 받아들이지 않았다고 해서 무고한 어린이들과 그 밖의 사람들을 영원한 지옥불에 불태운다는 하느님을 도저히 받아들일 수 없게 되었다.

내가 불가지론자가 되었을 때 갖게 된 또 하나의 문제는 어찌보면 고통의 문제에 더욱 깊이 연관되어 있다. 사실 나는 이것이 나에게 문제가 되리라고는 미처 상상조차 하지 못했다. 그 문제는 바로 이것이다. 나는 좋은 삶을 살아왔다. 나는 이에 대해 무한한 감사를 느낀다. 나의 삶을 돌아보면, 이루 다 말할 수 없을 정도로 풍족하고 복된 삶이었다. 그런데 문제는 이제 그 감사를 누구에게 드려야 할지 모르겠다는 것이다. 누군가에게 감사하고는 싶은데 감사의 대상이 없다는 것은 내 마음에 묘한 공허함을 가져왔다. 이 공허함은 말로 표현하기 어려운 것이었다.

나는 내가 불가지론자가 되어가던 시점에 이 문제를 감지했다. 그것은 내가 예상치 못하던 방법으로 찾아왔다. 내가 어렸을 때 우리 식구는 밥을 먹기 전에 반드시 식사기도를 하였다. 어린 아이들은 차례를 바꿔가며 "크신 주님, 좋으신 하느님, 우리에게 음식을 주셔서 감사합니다"라고 기도문을 낭송했다. 이것은 단순하고도 아름다운 기도다. 하느님에게 해야 할 모든 말들이 여기에 들어 있다. 그 후 나이를 먹으면서 나는 좀 더 성숙하고 복잡한 단어들로 하느님에게 감사기도를 했다. 하지만 어느 순간부터 나는 내가 먹는 음식에 대해 하느님에게 감사하다고 말하는 것이 뭔가 잘못되었음을 알게 되었다. 바로 이것 때문이다. 내가 하느님에게 음식을 주셔서 감사하다고 말하는 것은, 내가 나의 노력이 아닌 하느님의 은혜로 음식을 먹게 되었다는 것을 의미한다. 그러나 이것을 뒤집어보면 음식이 없는 자는 하느님의 은혜를 받지 못했다는 뜻이다. 하느님이 음식을 주어서 내가 먹게 되었다는 것은 음식이 없는 다른 이들은 하느님이 주지 않아서 그렇게 된 것이라고 말하는 것 아닌가? 나에게 음식을 주셔서 감사하다고 말하는 것은 곧 하느님이 어떤 사람들은 차별하거나 무관심하게 방치한다는 뜻이 아닌가? 내가 가진 것이 모두 하느님에게서 온 것이라면, 굶주림으로 죽어가는 사람들은 도대체 어떻게 된 것이란 말인가? 내가 절대자의 눈에 그렇게 특별한 인간은 아닐 텐데 말이다. 그 사람들은 과연 나만큼의 가치가 없다는 말인가? 아니면 하느님이 의도적으로 그들을 굶기는 것일까? 하늘에 있는 우리 아버지가 그렇게 제멋대로고 변덕스럽단 말인가? 우리 인간 중에 세 자녀한테 줄 양식이 충분히 있는데도 한 아이에게만 밥을 주고 두 아이는 굶기는 아버지가 있다면 뭐라고 하겠는가? 자신의 두 형제는 영양실조로 죽어가는데 자기한테 먹을 것을 주었다고 아버지한테 감사하는 아이에 대해 우리는 또 어떻게 생각하겠는가?

세상에는 많은 이들이 굶주리고 있다. UN의 보고서를 보면 (www.wfp.org) 세계 총인구의 7분의 1, 즉 8억 5,000만 명이 식량부족으로 고통받고 있다. 5초에 한 명씩 어린이가 굶주려 죽는다. 매 5초마다 말이다. 그것도 어린이가! 이와는 반대로 나는 먹을 것이 많다. 많은 미국 사람처럼 나도 약간 비만이고, 이따금씩 냉장고를 뒤져보면 오래 놔둬서 상한 음식들이 나온다. 반면에 이 지구에 사는 다른 사람들은 영양실조에 걸렸거나 배를 곯고 기초식량마저 구하지 못하고 있다. 매일 평균 2만 5,000명의 사람들이 아사하거나 영양결핍 때문에 목숨을 잃는다. 내가 스테이크를 먹을까 갈비를 먹을까, 맥주를 먹을까 포도주를 먹을까 고민하는 사이에 말이다. 이 세상은 분명 뭔가 잘못되어 있다.

당연히 나는 내가 먹는 음식을 줄이고 음료수로는 물만 마시며(적어도 우리가 마시는 물은 깨끗하지 않은가?) 절약한 돈으로 가난한 자들을 돕는 자선단체에 기부해야 한다. 그런데 문제는 단순히 그것만으로 해결될 수 없을 만큼 복잡하다. 그렇게 간단히 해결될 문제라면 우리는 분명 그렇게 했을 것이다. 나는 분명히 강조한다. 우리 모두는 우리 지역에 있는 노숙자와 가난한 자를 돕고, 구제사업을 하는 국내 자선단체에 기부하며, 세계 기아퇴치 기구의 활동에 동참해야 한다. 우리는 반드시 그렇게 해야 한다. 지금보다 훨씬 더 많이 말이다. 또한 우리는 우리 정부에 더욱 적극적으로 가난한 이를 위해 돈을 쓰도록 촉구해야 한다. 선거철에 우리는 세계 기아사태에 관심이 있는 사람들에게 투표해야 할 것이다. 이 외에도 우리가 해야 할 일은 한없이 많다.

하지만 내가 가진 근본적인 딜레마는 여전히 존재한다. 많은 사람들이 처참한 인생을 살아가는데, 나는 어떻게 내가 가진 좋은 것들에 대해 하느님에게 감사한다고 말할 수 있는 것인가? 내가 하느님에게 감사한다는 것은, 달리 말하면 형편 무인지경인 다른 세상은 하느님이 내버려두어서 그렇게 되었다고 말하는 것과 마찬가지 아닌가?

많은 사람들이 텔레비전 뉴스에서 이러한 장면을 한두 번씩 본 적이 있을 것이다. 몇백 명의 사망자를 낸 비행기 사고에서 기적적으로 살아남은 생존자가 자기를 살려준 하느님에게 감사한다고 말하는 장면 말이다. 도대체 이 사람들은 무슨 생각을 하는 건지, 도무지 생각이 있기는 한 건지 묻고 싶다. 하느님이 '당신'을 살려주셨다고? 팔다리가 처참하게 잘려나가고 당신 옆 자리에 머리가 터진 채로 죽어 있는 다른 사람들은 어떡하고? 당신의 행운이 하느님의 보호 때문이라고 말하는 것은, 곧 다른 사람의 불행은 그가 보호해주지 않아서 그렇게 되었다는 의미 아닌가?

텔레비전에서 볼 수 있는 또 다른 장면이 있다. 이것은 매주 일요일 아침마다 텔레비전 화면에 나오는 장면이다. 기름이 빠지르르 흐르는 입심 좋은 텔레비전 전도사들은 하느님이 성도 여러분에게 좋은 것을 주기 원한다며, 하느님의 복을 받기 위한 12단계를 소개한다. 이것은 물론 모두 성서 구절에서 따온 것으로, 하늘에 있는 아버지가 당신에게 주고자 예비해 놓은 부와 명성을 얻는 데 필요한 단계들이다. 놀랍게도 사람들은 이런 말을 쉽게 믿는다. 하느님은 여러분들이 부유해지기를 원하십니다! 하느님은 그 방법을 알려주셨습니다! X목사처럼 당신들도 하느님이 주시고자 하는 복을 받을 수 있습니다! 수많은 사람들이 이 말을 믿고 헌금을 갖다 바친다. 미국에 있는 대형교회들을 보라. 많은 사람들이 매주 교회에 나가 성공적이고 풍요로운 삶을 얻기 위한 하느님의 비법을 듣는다. "예수께서는 우셨다."

예수가 울었다는 것을 우리는 기억해야 한다. 바울로가 고난을 겪었다는 사실도 말이다. 예수는 그를 따르는 것이 영광에 이르는 길인 줄로만 생각했던 그의 제자들을 꾸짖었다. 그는 제자들에게 그의 제자가 된다는 것은 그와 함께 십자가를 지고 그와 함께 고통과 수치의 죽음을 당하는 것이라고 가르쳤다. 지금 같으면 매우 인기 없을 말이다. 하느님의 권능은 약함 가운데 나타나고, 그것이 바로 그가 매를 맞고 돌로 침을 당하며 파선되고 위험에 처하는 이유이며, 바로 이런 것이 그가 그리스도의 사도임을 나타내 보이는 것이라는 사도 바울로의 말 역시 지금 사람들에게는 매우 인기 없을 것이다.

텔레비전 설교자들의 말은 현실의 관점에서 보나 신약성서의 관점에서 보나 한마디로 터무니없다. 하느님은 사람들을 부자로 만들 생각이 없다. 돈이 많고 냉장고에 음식이 가득한 것은(세계의 많은 사람들이 상상조차 할 수 없는 풍요로움이다) 운이 좋은 사람들에게나 가능한 일이다. 그것은 당신이 어디에서 태어났으며 어떤 조건에서 자라났느냐에 달려 있다.

우리 중에 어떤 이들은 운이 아주 좋다. 하지만 다른 많은 이들은 그렇지 못하다. 많은 이들이 평생 삶의 문제로 고통받다가 죽음을 맞이한다. 이것을 어떻게 설명할 것인가? 인류는 지금까지 이루 말할 수 없는 다양한 고통들을 겪어왔다. 이것에 대해 어떠한 설명을 할 수 있을 것인가?

우리는 앞에서 고통에 대한 성서의 두 가지 해석을 살펴보았다. 그것은 첫째, 고통이 죄에 대한 벌로써 하느님이 주는 것이라는 해석이다. 둘째는 고통이 다른 인간이 저지른 죄의 결과 발생한다는 해석이다. 이제 우리는 세 번째 해석을 찾아볼 것이다. 성서는 고통에 긍정적인 의미가 숨어 있다고 말한다. 하느님은 때때로 악(고통)에서 선을 이끌어내는데, 이 선은 악(고통)이 없었더라면 발생할 수 없었을 선이다. 그런 의미에서 고통이 구원을 이루는 데 필수요건이 된다는 것이다. 이러한 교훈을 가르치는 첫 번째 이야기는 창세기에서 찾을 수 있다. 그것은 기근과 기아에 대한 이야기다.

구원을 위한 고난, 요셉의 이야기

창세기의 마지막 4분의 3에 해당되는 부분에는(37-50장) 야곱의 가족이(후에 열두 지파의 선조가 될 열두 명의 아들) 기근으로 굶어 죽게 되었다가 하느님에게 구원받았다는 이야기가 나온다. 만약 기근에서 구조되지 못했으면, 하느님이 아브라함에게 한 약속,

즉 그의 자손들로 하여금 큰 민족을 이루게 해주겠다는 약속이 깨지게 될 판이었다. 이 이야기는 다소 복잡하지만 아주 재미있게 쓰여 있다. 이야기는 기근이 닥치기 한참 전에 일어난 사건으로 시작한다. 야곱의 열두 아들 중 하나는 다른 형제들의 시샘을 받아 먼 나라에 노예로 팔려간다. 이런 그의 고난은 다름 아닌 하느님의 계획이었다.

야곱(그의 다른 이름은 이스라엘)은 여러 명의 아내로부터 열두 명의 아들을 두었다.(당시는 일부다처제라 아내가 여럿인 것은 아무 문제가 아니었다.) 이 중 야곱이 특별히 사랑한 아들은 요셉이었는데, 그는 이 아들에게만 특별히 소매가 있는 긴 옷(흔히 채색옷이라고 알려짐)을 만들어 입혔다. 이와 같은 야곱의 편애는 다른 형제들의 분노를 일으키기에 충분했다. 이 형제들은 베냐민을 제외하고는 모두 요셉보다 나이가 많았다. 문제를 더욱 악화시킨 것은 요셉의 꿈 이야기였다. 첫 번째 꿈에서 요셉과 그 형제들이 밭에서 곡식짚단을 묶는데, 다른 형제들의 짚단이 요셉의 짚단에 절을 하였다. 두 번째 꿈은 해와 달과 열한 개의 별들이 그에게 절을 하는 꿈이었다. 요셉의 형제들은 이것이 무엇을 말하는 것인지 잘 알고 있었다. 이것은 언젠가 그들이 (그들의 부모와 함께) 모두 요셉에게 머리를 조아리게 된다는 것을 의미하는 것이었다.(창세 37,1-11.)

요셉의 형제들은 분이 치솟았고, 다혈질인 이들은 급기야 요셉을 죽이기로 결심했다.(창세 37,18-20.) 그러나 맏형인 르우벤이 요셉을 죽이지는 말고 그냥 구덩이에 던져 넣자고 말한다. 때마침

낙타를 탄 대상이 그 근처를 지나가자, 유다는 다른 형제들에게 요셉을 이 미디안 상인들에게 팔아넘기자고 제안한다. 상인들은 요셉을 사서 이집트로 데려가고, 형제들은 요셉의 외투에 염소의 피를 묻혀서 아버지에게 가져간다. 야곱은 요셉이 들짐승에게 잡아먹힌 것으로 생각하고 슬피 운다.

한편 이집트에서 고위관리의 종이 된 요셉은 "야훼께서 돌보아 주셨으므로" 하는 일마다 형통했다. 그의 주인인 보디발은 돈 많은 귀족이었는데, 요셉은 그의 집안 일의 관리인이 되어 주인의 소유물을 모두 관리하였다. 그런데 보디발의 아내가 젊고 잘생긴 요셉을 좋아하게 되었다. 요셉이 그녀와 동침하기를 거부하자 보디발의 아내는 화가 나서 요셉이 자신을 강간하려 했다고 무고하고, 요셉은 억울하게 감옥으로 끌려갔다. 그러나 감옥에서도 요셉은 형통하고 간수의 총애를 받아 죄수의 책임자가 되었으니, "야훼께서는 요셉을 돌보셨"기 때문이었다. 감옥에 있던 요셉은 죄수들의 꿈 해몽을 했는데 그것들이 모두 들어맞았고, 이후에 파라오가 흉흉한 꿈을 꾸었을 때 술잔을 올리는 시종장(술 관원장)은 야곱을 꿈 해석자로 추천하기에 이르렀다.

파라오는 일곱 마리의 살찌고 잘생긴 암소가 나일 강에서 풀을 뜯다가 일곱 마리의 여위고 볼품없는 암소에 의해 잡아먹히는 꿈을 꾸었다. 연이어서 그는 토실토실 여문 일곱 이삭이 마르고 여물지 못한 일곱 이삭에 삼켜지는 꿈을 꾸었다. 요셉은 주저 없이 이 꿈을 해몽하였다. 그것은 이집트땅에 7년간 풍년이 있은 후 일곱 해 동안 흉년이 들 것을 의미하는 것이었다. 파라오는 7년의 풍년 기간에 모든 곡물을 거두어 저장하고 그다음 7년의 흉년을 대비하는 임무를 맡을 사람이 필요했다. 파라오는 요셉에게 그 일을 맡겼다.(창세 41.)

이집트에 발생한 기근은 이스라엘 지방 역시 강타했고, 사람들은 굶주림으로 죽어가게 되었다. 야곱은 그의 아들들에게 이집트에 가서 곡식을 구해오라고 말했다. 이집트땅에 곡식이 저장되어 있다는 소문이 그 일대에도 퍼져 있었기 때문이다. 형제들은 이집트의 총리인 요셉을 찾아가서 알현했는데, 아무도 그를 알아보지 못하였다. 요셉의 꿈처럼 형제들이 그의 앞에 머리를 조아리고 선 것이다. 몇 번에 걸쳐 그들을 시험한 요셉은 드디어 자신이 누구인지 그들에게 밝히고, 이들은 감격스러운 재회의 시간을 갖는다. 이후 야곱의 가족은 이집트로 이주하고, 요셉의 보호를 받으며 이집트땅에 정착하여 살게 된다.(이것이 이스라엘 백성이 이집트에 살게 된 배경이다. 이 이야기는 400년 후 이스라엘 백성이 모세에게 이끌려 출애굽한 사건의 설정이 된다.)

야곱이 죽자 요셉의 형제들은 긴장하기 시작했다. 이전에 요셉에게 행한 자신들의 악행에 대해 요셉이 복수할까봐 말이다. 요셉이 고통을 받은 것은 순전히 자기들 때문이었다. 이들은 요셉을 모욕하고 위협했으며, 그를 납치하여 노예로 팔아넘겼다. 요셉은 종살이를 했고 강간미수로 오해를 받아 몇 년 동안이나 옥살이를 했다. 요셉이 과거의 일을 끄집어내어 그들을 죽이지 않을까 두려워진 형제들은 그를 찾아가 머리를 조아리며 용서를 구한다.(창세 50,15-18.) 이 대목에서 중요한 구절이 나온다. "'두려워하지들

마십시오. 내가 하느님 대신 벌이라도 내릴 듯 싶습니까?' 하면서 요셉은 이렇게 말하였다. '나에게 못할 짓을 꾸민 것은 틀림없이 형들이오. 하지만 하느님께서는 도리어 그것을 좋게 꾸미시어 오늘날 이렇게 뭇 백성을 살리시지 않았습니까?'"(창세 50,19-20.) 요셉은 형제들과 그들의 가족들을 안전하게 지켜주겠다고 약속하고, 죽을 때까지 그 약속을 지켰다. 그리고 창세기는 그렇게 끝이 난다. 결국 하느님은 요셉의 고통을 통해 그의 백성을 구원했다.

사람이 악을 행할지라도 하느님은 그것을 선으로 바꾼다는 내용은 여러 성서 구절에서 발견할 수 있다. 하느님이 개입한 결과, 고통이 구원을 이루는 결과를 낳는다. 성서 저자들은 하느님이 그가 구원을 이루기 위해 고통을 사용한다고 말하였다. 고통을 겪는 당사자는 당시에는 하느님의 뜻을 이해하지 못하지만, 결국 하느님은 악에서 선을 이끌어내고 고통에서 구원을 이끌어낸다.

성서에 나오는 구원을 위한 고난 이야기들

인간의 고통을 통해 하느님이 뜻을 이룬다는 관점은 구약성서의 그다음 이야기에서도 발견할 수 있다. 이스라엘 민족은 모세의 인도로 이집트의 노예생활에서 해방된다. 내가 어린 소년이었을 때 어머니는 나에게 종종 성서 이야기를 들려주셨는데, 내가 특히 재미있어 한 것은 이집트인들에게 가해진 열 가지 재앙 이야기였다. 물이 피로 변하고, 개구리와 파리 떼가 출몰하는 재앙 말이다.

이 이야기에서 흥미로운 점은 이 모든 재앙이 내려지는데도 불구하고 파라오가 고집스럽게 말을 듣지 않은 것이다. 모세는 파라오에게 자신의 요구가 받아들여지지 않으면 재앙이 내릴 것이라고 경고했다. 그리고 모세가 말한 대로 여러 가지 재앙이 일어났다. 서너 번의 재앙을 경험한 다음에는 파라오가 정신을 차릴 법도 했다. 그러나 파라오는 강퍅했다. 파라오가 강퍅하게 하면 할수록 이스라엘 백성은 더욱 혹독한 노동에 시달려야 했다. 이들은 모세가 이적을 행하는 동안 한층 더 심해진 노역에 시달리며 계속해서 고통을 받았다.

열 가지 재앙에 대한 이야기에서 많은 이들이 의아하게 여기는 부분은 바로 파라오의 강퍅한 마음이다. 성서의 어떤 부분에서는 파라오가 스스로 마음을 강퍅하게 했다고 나왔다.(예를 들어 출애 8,15; 8,32.) 재앙이 멈추면 파라오는 다시 마음이 완강해져서 이것이 하느님의 행사인 것을 믿지 않고 이스라엘 민족을 놓아주지 않았다. 그러나 다른 구절을 보면 하느님이 파라오의 마음을 강퍅하게 했다고 나와 있다.(출애 4,21; 10,1; 14,17 등.) 하느님은 왜 파라오의 마음을 강퍅케 해서 이 모든 재앙에도 굴하지 않고 고집을 피우도록 만들었을까? 성서는 다음과 같이 그 이유를 설명한다. 그것은 하느님이 파라오가 이스라엘 백성을 쉽게 놓아주기를 원하지 않았기 때문이다.

결국 파라오가 이스라엘 백성을 내보낸 후에도, 그는 생각을 바꿔 다시 이들을 잡아오려고 추격하기 시작했다. 이때 하느님은 이스라엘 백성을 노예살이에서 해방시킨 것이 오직 그의 권능 때문이었다는 사실을 보여주기 위해 놀라운 기적을 행하였다. 성서에서는 다음과 같이 설명한다. 하느님은 일찍이 모세에게 "나는 그로 하여금 억지를 부려 내 백성을 떠나 보내지 않게 하리라"(출애 4,21)고 말하였다. 이후에 하느님은 이렇게 설명한다. "나는 그들에게 온갖 증거를 보이려고 그와 그의 신하들로 하여금 고집을 부리게 하였다. 이는 내가 이집트인들을 어떻게 혼내 주었고, 그들에게 어떤 증거를 보였는지를 네가 네 후손에게 대대로 자랑스레 이야기해 주도록 하려는 것이며, 너희로 하여금 내가 야훼임을 알게 하려는 것이다."(출애 10,1-2.) 또한 그는 이스라엘 백성이 홍해를 건너려 할 때 이렇게 말하였다. "나는 이집트인들의 마음이 굳어지게 하리라. 그리하여 그들이 너희를 뒤따라 들어서게 되면 내가 파라오와 그의 모든 군대와 병거와 기병을 쳐서 영광을 드러내리라. 내가 파라오와 그의 병거와 기병들을 쳐 나의 영광을 드러내면, 이집트인들이 비로소 내가 야훼임을 알게 되리라."(출애 14,17-18.) 그리고 나서 물론 그가 말한 대로 기적이 일어났다. 이스라엘 백성은 홍해가 양 옆으로 벽처럼 갈라진 곳을 따라 바다를 건너갔다. 이들을 따라 들어온 이집트 군대는 바닷물이 다시 덮쳐서 모조리 몰살되었다.

이 과정에서 우리가 알 수 있는 것은 하느님이 기적을 모두 행할 때까지 이스라엘 민족의 고통이 연장되었다는 사실이다. 그것은 이들을 노예살이에서 구한 것이 (파라오의 마음이 좋아서가 아니라) 하느님이라는 사실을 모두가 알게 하기 위함이다. 파라오의 군대는 하느님에게 벌을 받고 물에 빠져 죽었다. 그 이유는 이스라엘 백성을 구원한 이가 권능의 주 하느님이라는 사실을 만천하에 보여주기 위해서였다. 고통을 통해 하느님의 권능과 구원이 온 세상에 드러났다.

하느님이 시간을 지체시키며 그의 백성을 계속 고통받도록 내버려둔 이 사건은 신약성서 요한복음 11장에서 예수가 죽은 라자로를 살린 사건과도 유사점이 있다. 내가 대학에서 이 부분을 다룰 때, 나는 학생들이 앞부분을 대충 읽고 뒷부분으로 바로 넘어가는 것을 알아챘다. 뒷부분은 이 이야기의 핵심으로, 예수가 라자로의 무덤에서 장사지낸 지 4일이 지나 냄새가 나기 시작한 라자로에게 쩌렁쩌렁한 목소리로 "라자로야, 나오너라"고 명하자 라자로가 무덤에서 일어나 나오는 장면이다. 물론 이것이 바로 이 이야기의 클라이맥스다. 예수에게 죽음을 이기는 권능이 있다는 것이 여기에서 나타난다. 그것을 위해서 라자로는 4일 동안 죽어있었다. 4일 동안이나 죽어있지 않았더라면 사람들은 그가 죽은 게 아니라 잠시 기절했다고 말할 것이다. 그러나 그는 죽었다. 완전히 말이다. 하지만 예수는 죽음을 이겼다. 그는 부활이요 생명이기 때문이다.(요한 11,25.)

하지만 여기서 흥미로운 점이 이야기 앞부분에 있다. 병에 걸린 라자로는 아직 죽지 않고 살아있었다. 마리아와 마르타는 걸어서 며칠 걸리는 거리에 있던 예수에게 전갈을 보내어 오빠가 병에 걸려 위독하니 부디 와서 고쳐달라고 부탁한다. 하지만 예수는 이를 거절한다. 왜일까? 왜냐하면 이 병은 "하느님의 영광을 드러내고 하느님의 아들도 영광을 받게" 하려는 병이었기 때문이다.(요한 11,4.) 5-6절에는 다음과 같은 내용이 나온다. "예수께서는 마르타와 그 여동생과 라자로를 사랑하고 계셨다. 그러나 라자로가 앓는다는 소식을 들으시고도 계시던 곳에서 더 머무르시다가 이틀이 지난 뒤에야 제자들에게 '유다로 돌아가자' 하고 말씀하셨다." 내 학생들은 이 구절이 제대로 쓰인 것인지 의아해한다. 예수가 라자로를 사랑했는데, 이틀을 더 지체했다고? 이게 무슨 말인가? 예수가 라자로를 사랑했다면 급히 달려오지 않았을까? 아니다. 요한복음 저자는 그렇게 말하지 않았다. 예수는 라자로가 죽도록 하기 위해서 일부러 지체했다. 라자로가 죽지 않는다면 예수는 그를 죽음에서 일으킬 수 없기 때문이다. 그래서 예수는 3일이 지나서야 라자로가 사는 곳으로 떠났고, 거기 도착했을 때 라자로는 이미 죽은 지 나흘이 지나 있었다.

그 이유는 무엇인가? "하느님의 아들도 영광을 받게 될 것이다." 하느님의 구원은 고통이 있는 곳에서 더욱 분명해진다. 예수는 단순히 병을 고치는 사람이 아니라 죽은 이를 죽음에서 일으키는 사람이다.

이와 같이 성서 곳곳에는 고통이 하느님의 영광을 나타내는 수단으로 나타난다. 또 다른 구절에는 하느님이 고통으로부터 선을 이끌어낸다고 나와 있다. 구름의 가장자리가 은빛으로 빛나는 것처럼, 고통에는 긍정적인 부분이 있다는 것이다. 이 책의 4장에서 다룬 다윗과 바쎄바의 이야기가 바로 그 예다. 다윗왕은 왕궁 근처에 사는 자기 신하의 아내를 꼬여내어 동침했다가, 그녀가 임신한 사실을 알게 되자 남편을 죽여버린다. 신명기적 저자는 이

이야기를 통해 죄가 벌을 불러온다는 고전적 관점을 고수한다.(2
사무 12.) 죄에는 벌이 따라야 한다. 바쎄바가 낳은 아기는 태어난
지 얼마 안 되어 죽는다. "임금님께서 야훼를 얕보셨으니, 우리야
의 아내가 낳게 될 아이는 죽을 것입니다."(2사무 12,14.)

　다윗은 금식하며 7일 동안 밤새도록 땅에 엎드려 아이를 살려
달라고 하느님에게 간구했지만 아이는 끝내 죽었다. 이 이야기는
한번 검토할 필요가 있다. 다윗은 그의 죄 때문에 며칠 동안 괴로
워했지만 결과가 좋지 않았다. 그는 고통을 받았지만 죽지는 않았
다. 죽은 것은 아기였다. 하지만 그 아기는 아무런 잘못도 저지르
지 않았다. 한 사람에게 교훈을 가르치기 위해서 다른 사람을 죽
이는 것. 이것이 하느님의 방법일까? 우리가 하느님을 따르는 사
람이라면, 우리도 남에게 이런 식으로 해도 되는 것인가? 누군가
에게 교훈을 보여주기 위해 그의 아이를 죽여도 되느냔 말이다.

　어쨌든 다시 본래의 주제로 돌아가자. 아이가 죽자 다윗은 바
쎄바를 위로하고, 그들은 다시 아이를 낳는다. 그 아이가 바로 솔
로몬이다. 고통이 지나가자 좋은 일이 찾아온다. 솔로몬은 이스라
엘의 역사상 가장 뛰어난 왕들 중 하나였으며, 하느님은 다윗에게
그의 나라를 영원히 든든하게 다지리라 약속했다.(2사무 7,13.) 그
리스도인들에게 예수의 혈통은 다윗으로부터 솔로몬을 거쳐 계승
된다.(마태 1,6.) 즉 다윗의 고통이 결국 구원으로 이어진 것이다.

성서 저자들이 생각한 고통과 구원의 관계

　　하느님이 고통을 통해 구원을 이룬다는 개념은 성서 저자들에게 사고의 전환을 가져왔다. 이들은 구원을 이루기 위해서는 고통이 반드시 따라야 한다고 생각하게 되었다. 우리는 이 책의 3장에서 바빌론 유수 시대의 선지자인 제2의 이사야에 대해 다루었다. 제2의 이사야는 백성을 위해 고통을 받는 인물인 '주의 종'을 다음과 같이 묘사했다. 그는 구원을 위해 고통받는 인물이었다.

> 그런데 실상 그는 우리가 앓을 병을 앓아주었으며,
> 우리가 받을 고통을 겪어주었구나.
> 우리는 그가 천벌을 받은 줄로만 알았고
> 하느님께 매를 맞아 학대받는 줄로만 여겼다.
> 그를 찌른 것은 우리의 반역죄요,
> 그를 으스러뜨린 것은 우리의 악행이었다.
> 그 몸에 채찍을 맞음으로 우리를 성하게 해주었고
> 그 몸에 상처를 입음으로 우리의 병을 고쳐주었구나.(이사 53,4-5.)

　　앞에서 말했듯이 이사야서 저자가 말한 '주의 종'이란 이스라엘을 의미한다.("너는 나의 종, 너에게서 나의 영광이 빛나리라.": 이사 49,3.) 원 글의 맥락은 이렇다. 이스라엘 국가는 백성이 지은 죄로 인해 바빌론에서 유배생활을 하며 고통을 받았다. 죗값을 다

치른 지금, 하느님의 구원이 도래할 것이다. 백성들은 하느님의 용서를 받고 다시 자기네들의 땅으로 돌아가게 될 것이며, 그 땅에서 하느님과 관계를 회복하게 될 것이다. 유배생활의 고난은 대리 고난이었다. 희생양으로 바빌론에 끌려가 고통과 괴로움을 받은 이들 덕분에 다른 이들이 구원을 얻을 것이다.

이 구절의 내용은 나중에 그리스도인들에 의해 다음과 같이 바뀌었다. 이들은 '고통받는 종'이 바빌론에 유배당한 이스라엘이 아니라 미래의 메시아라고 이해했다. 메시아가 인간의 죄를 위해 희생되어 고통받고 죽었다는 것이다. 신약성서 저자 중 그 누구도 이사야 53장을 인용하면서 예수가 우리의 죄를 위해 징벌을 받은 '고통받는 종'이라고 말하지는 않았지만, 그것이 그들의 주장이었다. 바울로 역시 구약성서를 직접 인용하지는 않았지만, "하느님께서 그리스도를 제물로 내어주셔서 피를 흘리게 하셨습니다. 이리하여 하느님께서 당신의 정의를 나타내셨습니다"라고 말하였다.(로마 3,25.)

베드로전서 2장 23-24절에서는 그리스도의 고난이 다음과 같이 묘사된다.

그분은 모욕을 당하시면서도 모욕으로 갚지 않으셨으며 고통을 당하시면서도 위협하지 않으시고 정의대로 심판하시는 분에게 모든 것을 다 맡기셨습니다. 그분은 우리 죄를 당신 몸에 친히 지시고 십자가에 달리셔서 우리로 하여금 죄의 권세에서 벗어나 올바르게 살게 하셨습니다. 그분이 매맞고 상처를 입으신 덕택으로 여러분의 상처는 나았습니다.(1베드 2,23-24.)

이러한 구절은 (직접 인용하지는 않았지만) 분명 이사야서 53장을 염두에 두고 쓰인 것이다.

이 책의 3장에서도 말했지만, 이러한 속죄의 개념은 죄에는 벌이 따르며 벌이 없이는 용서도 없다는 고전적 관점에 기초한다. 이를 달리 말할 것 같으면, 죄는 벌을 가져오며(그리스도가 인간을 위해 고통받음), 고통은 구원을 가져온다.(그리스도가 인간의 죄로 인해 고통받은 결과 구원이 이루어짐.)

이것이 바울로의 편지에서 그가 강조한 핵심 내용이었다. 고린토전서에서 바울로는 "나는 내가 전해 받은 가장 중요한 것을 여러분에게 전해 드렸습니다. 그것은 그리스도께서 성서에 기록된 대로 우리의 죄 때문에 죽으셨다는 것"이라고 말하였다.(1고린 15,3.) 바울로는 예수의 고난과 죽음 없이 구원이 이루어질 수 없다는 점을 강조했다. 그는 고린토인들에게 "그것은 내가 여러분과 함께 지내는 동안 예수 그리스도, 특히 십자가에 달리신 그리스도 외에는 아무것도 생각하지 않기로 하였기 때문입니다"라고 말하였다.(1고린 2,2.) 즉 바울로가 선포하는 복음의 핵심은 구원이 예수의 고난과 죽음을 통해서만 가능하다는 것이었다.

바울로의 교리를 이해하기 위해 우리는 바울로에 대해 좀 더 자세히 알 필요가 있다. 바울로서신은 오늘날 그리스도인들이 가장 많이 읽는 글이라고 할 수 있는데, 사실 바울로의 문체는 평생 그의 서신을 연구한 학자들에게도 난해하다. 바울로는 매우 깊은 사고의 소유자였으며 추상적 표현을 즐겨 사용하였다. 어쨌든 그가 자신의 편지에서 말하는 핵심은 인간이 유대의 율법을 지킴으로써 의인이 되는 것이 아니라, 예수의 십자가 죽음을 믿음으로써 하느님 앞에 설 수 있다는 것이었다.

바울로는 많은 이방인들을 그리스도인으로 회심시켰다. 예수는 그의 제자들과 마찬가지로 유대인이었다. 예수는 유대인으로 태어나(갈라 4,4), 유대인으로 성장했고, 유대인의 신을 하느님으로 섬겼으며, 유대인의 율법과 관습을 따르고, 유대인 선생으로서 유대인들을 제자로 삼아, (자신의 해석대로) 유대의 율법을 가르쳤다. 초대 교회 사람들은 예수의 추종자가 되려면 당연히 유대인이 되어야 한다고 생각했다. 따라서 이방인들은 유대법에 따라 할례를 받아야 했고, 안식일을 지키며 유대법에 따른 음식을 먹어야 했다.

하지만 바울로는 그렇게 생각하지 않았다. 바울로의 생각에, 유대법을 지키는 것이 하느님 앞에 의인이 되기 위해 반드시 필요한 것이라면, 예수가 죽을 필요가 애당초 없어지는 것이었다.(갈라 3,21.) 예수가 죽어야 했던 이유는 그것이 하느님의 뜻이었기 때문이다. 예수의 죽음은 죄에 대한 완전한 제사였다. 죄에는 반드시 벌이 따라야 하는데 예수가 이 벌을 대신 받은 것이다. 고통을 통해 구원이 이루어진다. 예수의 고난으로 우리가 구원을 받은 것이다.

바울로에게 예수의 죽음은 또 다른 의미가 있었다. 바울로는 그의 편지에서 예수가 반드시 십자가형을 받아야 했다고 말했다.

왜 늙은 나이까지 살다가 죽으면 안 되는가? 또한 꼭 처형을 받아야 한다면 돌로 맞아 죽는 것은 왜 안 되는가? 여기서 이야기가 다소 복잡해진다. 바울로는 하느님의 율법이 선한 것이지만(하느님으로부터 온 것이므로) 그 율법 때문에 사람들에게 저주가 내렸다고 말했다. 인간은 그들의 죄성으로 인해 마음으로는 원하지 않더라도 율법을 반드시 어기고 만다. 그에 따라 율법은 인간에게 저주를 가져온다. 율법은 인간에게 순종을 명했지만 순종할 능력까지 주지는 않았다. 따라서 모든 이들이 죄를 범하여 율법의 저주 아래 놓이게 되었다.(로마 7.)

바울로는 그리스도가 율법의 저주를 대신 받았다고 생각했다. 그는 "'나무에 달린 자는 누구나 저주받을 자다'라고 성서에 기록되어 있듯이, 그리스도께서는 우리를 위하여 십자가에 달려 저주받은 자가 되셔서 우리를 율법의 저주에서 구원해 내셨습니다"라고 말하였다.(갈라 3,13.) 나무에 달린 자는 하느님에게 저주를 받은 것이라는 신명기 21장 23절을 인용한 것이다. 예수는 십자가에 매달려 죽음으로써 나무에 달렸다. 그가 나무로 만든 십자가에 달려 죽었다는 것은 그가 저주를 받았음을 의미한다. 하지만 그가 죽은 것은 그의 죄 때문이 아니다. 그는 하느님의 메시아였다. 바울로는 예수가 다른 사람들이 받아야 할 저주를 대신 받아 나무에 달린 것이라고 해석했다. 예수의 십자가 죽음으로 율법을 범한 자들이 저주에서 해방되었다.

구원에는 고난이 필요했다. 그것도 보통 고난이 아닌 끔찍한 십자가형의 고난이 필요했다. 그것이 바울로의 설명이었다.

예수의 죽음이 구원을 불러왔다는 믿음

바울로서신은 가장 먼저 쓰인 복음서인 마르코복음보다 15~20년 정도 먼저 쓰였다. 성서학자들은 복음서 저자들이 바울로의 편지에 영향을 받았는지를 분석했으나 아직 확실한 것은 알 수 없다. 복음서들은 바울로서신을 직접 인용하지 않았으며 이들의 관점은 때때로 바울로의 관점과 차이를 나타낸다. 예를 들어 마태오복음은 예수를 따르는 자들이 율법을 지켜야 한다고 가르쳤다.(마태 5,17-20.) 또한 루가복음은 속죄를 강조하지 않았다.

하지만 마르코복음은 달랐다. 마르코복음에서 예수는 "사람의 아들도 섬김을 받으러 온 것이 아니라 섬기러 왔고, 또 많은 사람들을 위하여 목숨을 바쳐 몸값을 치르러 온 것이다"라고 말하였다.(마르 10,45.) 루가복음에는 이 내용이 빠져 있다.

죽음의 고통이 속죄를 위한 것이라는 마르코의 견해는 십자가 형벌에 대한 그의 묘사에 잘 반영되어 있다. 나는 학생들에게 이 구절을 가르칠 때, 이것이 마르코의 관점이지 루가나 요한의 관점이 아니라는 사실을 상기시키곤 한다. 각 저자들은 예수의 고난에 대해 저마다 독특한 관점을 갖고 있다. 만약 이들이 예수의 십자가 죽음에 대해 똑같은 관점을 갖고 있다고 싸잡아 생각한다면, 그것은 저자 모두에게 실례를 저지르는 것이다.

마르코복음은 십자가 사건을 매우 감동적으로 묘사한다.(마르 14-15.) 예수는 재판 과정에서 시종일관 잠잠하다.(루가복음과는 달리.) 그는 그의 제자 유다에게 배신당하고 가장 가까운 제자

베드로에게 세 번이나 부인된다. 유대 관중들은 그를 거세게 비난하고, 빌라도는 십자가형 선고를 내리며, 로마 군인들은 그를 조롱하고 고문한다. 예수가 십자가에 달렸을 때 양옆 십자가에 있던 죄수들은 둘 다 그에게 욕을 하고, 대제사장과 지나가는 자들은 머리를 흔들며 그를 모욕한다. 예수는 자신이 왜 이렇게 배신당하고 버려졌는지 이해할 수 없었다. 그는 마지막 순간에 이렇게 외친다. "나의 하느님, 나의 하느님, 어찌하여 나를 버리셨나이까?" (마르 15,34.) 그는 진심으로 이렇게 묻고 있었다. 그는 대체 하느님이 왜 자신을 버렸는지 묻고 싶었다. 마침내 그는 큰 소리를 지르고 숨을 거두었다.

당시 예수는 이해할 수 없었지만 마르코복음의 독자들은 알수 있었다. 예수가 숨을 거둔 직후 두 가지 일이 발생했다. 성전의 휘장이 위에서 아래로 찢어졌으며, 예수를 향해 서 있던 백인대장 百人隊長(백부장百夫長. 로마 군대에서 100명으로 조직된 단위 부대의 우두머리—옮긴이)은 "이 사람이야말로 정말 하느님의 아들이었구나!"하고 외친다.(마르 15,38-39.) 이 두 사건은 의미심장하다.

두 조각으로 찢어진 성전의 휘장은 원래 지성소와 성소를 분리하는 칸이었다. 지성소는 하느님이 거하는 곳으로 1년에 단 한번 속죄의 날(욤키푸르)에 유대인 대제사장이 혼자 들어가 자신과 사람들의 죄를 위해 제사를 지내는 곳이었다. 그러니까 이 휘장은 하느님과 인간을 분리시키는 것이었다. 마르코복음의 저자는 예수가 숨을 거두었을 때 이 휘장이 찢어졌다는 것이 이제 하느님과 사람이 직접 통하게 되었다는 것을 의미하는 것이라고 생각했다.

백인대장 또한 그 의미를 알아냈다. 많은 사람들이 십자가형을 받은 예수가 하느님의 아들이며 메시아라는 것을 믿지 않았다. 설마 메시아가 그렇게 죽겠는가? 마르코복음에서 예수가 메시아이며 하느님의 아들이라는 것을 알아차린 첫 번째 인물은 바로 이 백인대장이었다. 그는 예수가 십자가형을 받았음에도 그를 믿은 것이 아니라, 바로 예수가 십자가형을 받았기 때문에 그를 믿은 것이었다.

마르코복음 저자에게 예수의 죽음은 구원의 사건이었다. 마르코복음이 십자가에서 죽기까지의 예수를 연약한 모습으로 그린 것에는 이유가 있다. 마르코가 살았던 시대의 그리스도인들은 로마의 박해를 받고 있었다. 이들은 혹독한 고난을 겪으면서 하느님의 뜻이 도무지 어디에 있는지 알 수 없었다. 하지만 마르코는 알았다. 이 모든 고난 뒤에는 하느님의 뜻이 있다는 사실을 말이다. 하느님은 고난을 통해 구원을 이루려는 것이었다. 고통은 구원을 이끌어낸다.

나쁜 일이 발생한 후 좋은 일이 생긴다

신약성서에는 초대 그리스도인들이 박해와 거부를 당함으로써 구원이 이루어지는 내용이 실려 있다. 초기 그리스도교 교회의 역사에 대해 서술한 사도행전은 1세기 말에 쓰였다. 많은 이들이 사도행전의 저자가 루가복음 저자와 같은 인물이라고 추측하는데, 이는 정확한 사실이 아니다.[1] 학자들이 편의상 사도행전의 저자를 루가라고 부르지만, 사실 사도행전의 저자는 정확히 알 수 없다. 어쨌든 적어도 그가 바울로와 함께 선교여행을 다녔던 이방인 의사가 아니었음은 거의 확실하다. 어쨌든 이 저자에게 바울로는 영웅 같은 인물이었다. 사도행전에서 지중해 지방에 그리스도교가 전파된 이야기의 3분의 2 정도는 바울로의 행적에 관한 것이다. 사도행전에 나오는 바울로의 가르침과 여행기록은 바울로의 편지에 쓰인 것과 차이가 있다. 이러한 사실과 또 다른 몇몇 이유들 때문에 학자들은 사도행전의 저자가 바울로의 전도여행에 동행한 사람이 아니었을 것으로 추정한다.[2]

사도행전은 초기 그리스도교의 선교활동에 대한 이야기를 통해 하느님이 악에서 선을 이끌어냄을 보여준다. 바울로가 등장하기 전부터(그는 원래 그리스도교를 박해하던 자였다) 초기 그리스도인들은 하느님이 악을 선으로 바꾼다는 사실을 주장했다. 사도행전에 반복적으로 나오는 내용은 유대인이 예수를 죽였지만(여기서 반유대인 정서를 엿볼 수 있다) 하느님이 그를 죽음에서 일으켰다는 것이다. 다시 말해 매우 나쁜 일(예수를 죽이고 부인함)이 발생한 후, 매우 좋은 일(구원)이 생겼다는 것이다. 이 관점은 베드로의 설교에 잘 나타난다.

이스라엘 동포 여러분, …… 아브라함과 이사악과 야곱의 하느님이시며 우리 조상들의 하느님이신 그 하느님께서 바로 그 종 예수를 영광스럽게 해주셨습니다. 여러분은 거룩하고 죄없으신 그분을 배척하고 그분 대신에 살인자를 놓아달라고 빌라도에게 청하여 마침내 생명을 주관하시는 분을 죽이고 말았습니다. 그러나 하느님께서는 그분을 죽은 자들 가운데서 살리셨습니다. 우리는 다 그 목격자들입니다.(사도 3,12-15.)

루가는 이 말에 동감했다. 그는 그리스도인의 박해에 대해 기록하면서 고통 끝에 구원이 온다는 그의 신념을 밝혔다. 부활한 예수는 승천하기 전에 그의 제자들에게 "예루살렘과 온 유다와 사마리아뿐만 아니라 땅 끝에 이르기까지 어디에서나 나의 증인이 될 것이다"라고 말하였다.(사도 1,8.) 제자들이 이 말을 듣고 즉시 각지로 흩어져서 사람들에게 부활의 복음을 전했을까? 아니다. 처음부터 그렇게 하지는 않았다. 제자들은 자신들이 있던 자리에서 추종자들을 모으기 시작했고, 예루살렘에 있던 유대인들이 예수를 믿기 시작했다. 이때 그리스도교 박해가 시작되고 비로소 제자들은 사방으로 흩어졌다.

박해는 고통을 의미했다. 제자들은 매 맞고 옥에 갇히고 처형되기도 하였다. 하지만 사도행전 저자는 이러한 그리스도교 박해에 이유가 있었다고 보았다. 하느님이 그의 영으로 선교 사역을 도우므로 그리스도인들은 고통에도 불구하고 선교를 계속할 수 있었다. 베드로와 요한은 유대인 회당에 체포되었다가 증거 불충분으로 풀려나 더욱 담대히 믿음을 전파하였다.(사도 4.) 소란을 일으켰다는 죄로 다시 투옥되어 매를 맞을 때, 이들은 "예수의 이름으로 말미암아 모욕을 당하게 된 것을 특권으로 생각하고 기뻐하면서" 더욱 열심히 전도하였다.(사도 5.) 첫 번째 순교자인 스데파노는 예수를 전파한 죄로 돌로 쳐 죽임을 당하면서(사도 7) 하늘을 향해 기도했다. 그 모습을 보던 다소Tarsus의 사울은 그리스도인들을 박해하러 다른 지방으로 가던 길에 회심하여 그리스도인이 되었다.

예루살렘에서 그리스도교 박해가 극심해지자 신자들은 유대와 사마리아 지방으로 흩어지기 시작했다.(사도 8,1.) 박해가 그리스도교 신앙을 죽인 것이 아니라, 오히려 예수가 명한 바대로 온 유다와 사마리아 지방으로 메시지를 전파시켰다. 믿는 자가 고통을 받을수록 선교는 가속화되었다. 루가는 이러한 이야기들을 통해 고통이 구원을 가져오고 악이 선을 일으킨다는 것을 입증하고자 하였다.

바울로의 선교행적에도 이러한 이야기는 계속된다. 그는 다른 지역의 타민족들에게도 선교했다. 그리스도를 통한 구원은 유대인들만 위한 것이 아니었다. 그것은 유대인과 이방인들 모두를 위한 것이었다. 그런데 어떻게 이 복음이 유대인의 경계를 넘어 이방인에게까지 전파될 수 있었을까? 루가는 그것이 유대인들의 거부로 인해 가능해졌다고 주장했다. 유대인들이 그리스도교를 거부하는 바람에 다른 지역으로 복음이 전파될 수밖에 없었다는 것이다. 이것은 사도행전 13장, 바울로가 비시디아(소아시아)의 안티오키아 유대인 회당에서 한 설교에 잘 나타나 있다.

그다음 안식일에는 온 동네 사람이 거의 다 주님의 말씀을 들으려고 모여들었다. 그 군중을 본 유대인들은 시기심이 북받쳐서 바울로가 한 말을 반대하며 욕설을 퍼부었다. 그러나 바울로와 바르나바는 담대하게 이렇게 대꾸하였다. "우리는 하느님의 말씀을 먼저 당신들에게 전하지 않을 수가 없었습니다. 그런데도 당신들은 그것을 거부하고 그 영원한 생명을 받을 만한 자격이 없다고 스스로 판단하고 있으니 우리는 당신들을 떠나서 이방인들에게로 갑니다."⋯⋯ 이리하여 주님의 말씀이 그 지방에 두루 퍼져 나갔다.(사도 13,44-49.)

유대인들이 사도들을 박해하자 그들은 다른 지방으로 가서 복음을 전파했다. 거부와 박해 때문에 복음이 오히려 온 세상에 두루 퍼지게 된 것이다. 이와 같이 사도행전 저자는 하느님이 악에서 선을 이끌어낸다고 말하고 있다. 그렇다면 바울로의 생각은 어떠했을까?

거부와 구원에 대한 바울로의 해석

앞에서 언급했듯이, 사도행전 저자가 기록한 바울로의 행적은 바울로서신의 내용과 일치되지 않는 부분들이 있다. 바울로서신에는 그가 유대인 회당에 갔다는 내용이 전혀 언급되어 있지 않다. 바울로는 유대인들이 그의 메시지를 거부하자 이방인에게로 선교의 방향을 돌렸다고 말하지 않았다. 이것은 단지 루가가 그렇게 생각했을 뿐, 역사적으로 정확한 서술이 아닐 가능성이 있다. 하지만 분명한 것은 바울로가 이방인 사역을 그의 사명으로 여겼다는 사실이다. 그는 하느님의 계약을 상속받게 될 자가 아브라함의 자손인 유대인이 아니라 예수를 믿는 이방인이라고 선포하였고, 유대인들은 이에 반발하였다. 예수를 믿는 것이 하느님 앞에 바로 서는 유일한 길이라는 그의 메시지를 유대인들이 거부하자, 바울로는 격앙된 반응을 보이기도 했다. 다음은 바울로가 그의 첫 번째 편지에 쓴 내용이다.

> 교우 여러분, 여러분은 유다에 있는 그리스도 예수를 믿는 하느님의 교회를 본받는 사람들이 되었습니다. 유다의 신도들이 그들의 동족인 유대인들에게서 박해를 받은 것처럼 여러분도 동족에게서 박해를 받았습니다. 그 유대인들은 주님이신 예수와 예언자들을 죽이고 우리를 몰아냈습니다. 그래서 그들은 하느님의 마음을 상하게 해드리고 모든 사람의 원수가 되었습니다. 또 그들은 우리가 이방인들에게 복음을 전해서 구원을 얻게 해주는 일까지 방해했습니다. 이렇게 그들의 죄는 극도에 달해서 마침내 하느님의 진노가 그들에게 내리게 되었습니다.(1데살 2,14-16.)

바울로는 십자가에 못 박힌 예수가 하느님이 보낸 메시아임을 강조하였다. 하지만 대부분 유대인들에게 이 메시지는 터무니없기 그지없었다. 현대 그리스도인들은 유대인들의 이러한 태도가 오히려 이상하다고 생각할 것이다. 구약에 고통받는 메시아에 대해 이미 예언되어 있지 않은가? 시편 22편과 이사야 53장에 십자가에 대한 예언이 있지 않은가? 메시아는 십자가에 못 박혀 죽은 후 다시 살아나야 되는 것 아닌가? 왜 유대인들은 예수가 메시아라는 사실을 인정하지 않는가?

하지만 앞에서 지적했듯이, 시편 22편과 이사야 53장에는 메시아라는 말이 전혀 언급되어 있지 않다. 당시 유대인들은 이 구절이 하느님이 사랑하는 이가 고통받은 이야기라고만 생각했지, 그 구절이 메시아와 연관되어 있다는 생각은 전혀 하지 않았다. 유대인들에게 메시아란 영광으로 세상을 다스리는 존재이지 고통받고 죽는 이가 아니었기 때문이다.

메시아Messiah란 말은 히브리어 마시아mashiach에서 유래했으며 '기름부음 받은 자'라는 의미다. 이것을 그리스어로는 크리스토스christos라고 하는데 거기서 그리스도Christ란 말이 나온 것이다. 즉 그리스도는 메시아의 그리스어 표현이며, 예수 그리스도는 '메시아 예수'라는 뜻이다. 고대 이스라엘의 왕은 대관식에서 하느님의 특별한 은총을 받는다는 의미로 기름부음을 받았다.(1사무 10,1; 16,12-13.) 유대인들에게 메시아는 하느님이 보내줄 미래의 왕이었다. 다윗 왕처럼 이스라엘을 평화로 다스리고 다른 나라로부터 보호하며 복과 번성을 가져오는 왕 말이다.

메시아에 대해 다른 모습을 기대하던 유대인들도 있었다. 이들은 메시아가 하늘에서 내려와 땅을 심판할 우주적 심판자라고 생각했다. 초자연적인 힘으로 하느님의 원수들을 짓밟을 미래의 통치자 말이다. 미래의 통치자는 하느님이 세운 위대한 제사장으

로서, 권능으로 이 세상을 다스릴 것이었다.[3]

　다소의 시각 차이는 있지만, 메시아가 하느님의 특별한 은총을 받은 위대한 인물일 것이라는 데는 이견이 없었다. 그런데 예수는 어떠한가? 그는 십자가형을 받은 죄수일 뿐이었다. 대부분의 유대인에게 예수를 메시아라고 부르는 일은 허무맹랑한 일일 따름이었다. 그는 군대를 일으키지도 않았고, 로마를 치지도 않았으며, 예루살렘에서 왕권을 확립하지도 않았다. 그는 하늘로부터 영광 가운데 내려와 하느님의 원수를 쳐 없애지도 않았다. 원수를 처부수기는커녕 거꾸로 원수에게 패배한 인물이었다. 그는 원수에 의해 가장 수치스럽고 고통스러운 죽음을 당하였다. 예수는 사람들이 기대했던 메시아의 이미지와는 정반대 모습이었다.

　바울로는 이 문제를 잘 알았다. 그는 예수의 십자가형이 "유다인들에게는 비위에 거슬리"는 일이라고 말하였다.(1고린 1,23.) 그럼에도 바울로는 예수가 메시아라는 데 한 치의 의심도 하지 않았다. 예수가 십자가형을 받았음에도 불구하고 믿은 것이 아니라, 그가 십자가형을 받았기 때문에 믿은 것이었다. 그는 나무에 달림으로써 율법의 저주를 대신 받았다. 그는 하느님의 선택을 받아 사람들의 죄를 대신해 저주를 받았다. 그의 십자가 죽음 때문에 사람들은 율법의 저주에서 풀려나고 하느님과 인간을 갈라놓는 죄의 권세에서 자유로울 수 있었다. 그를 통해 사람들은 하느님 앞에 의로운 이로 설 수 있게 되었다.

　하지만 유대인들이 바울로의 말을 믿지 않자 바울로는 괴로워했다. 그는 "나는 그리스도의 사람으로서 진실을 말하고 거짓을 말하지 않습니다. 성령으로 움직이는 내 양심도 그것이 사실이라고 말해 줍니다. 나에게는 큰 슬픔이 있습니다. 그리고 마음으로 끊임없이 번민하고 있습니다. 나는 혈육을 같이하는 내 동족을 위해서라면 나 자신이 저주를 받아 그리스도에게서 떨어져 나갈지라도 조금도 한이 없겠습니다"라고 말하였다.(로마 9,1-3.) 바울로는 그의 동족인 유대인이 하느님으로부터 내쳐지는 것을 보기보다는 차라리 자신이 하느님의 진노를 받는 게 낫겠다고 생각했다. 하지만 유대인은 그리스도를 거부함으로써 이미 하느님과 멀어졌고, 바울로는 이 때문에 깊은 슬픔에 빠졌던 것이다.

그러나 바울로의 고뇌는 기쁨으로 바뀌었다. 바울로는 왜 유대인들이 메시아를 거부했는지 알게 되었다. 그는 그 이유를 로마서 11장에 설명했다. 그리스도의 복음은 모든 사람들, 즉 유대인과 이방인 모두를 위한 것이었다. 그런데 유대인은 왜 이 복음을 받아들이지 않았는가? 그것은 복음이 먼저 이방인에게 전달되도록 하기 위해서였다는 것이 바울로의 설명이다. 바울로는 다소 이해하기 어려운 논리로 이렇게 설명하였다. 유대인들은 이방인들이 하느님의 백성이 된 것을 보고 시기하여 결국 하느님에게 돌아오게 될 것이다.(로마 11,11.) "일부 이스라엘 사람들이 지금은 완고하지만 모든 이방인들이 하느님께 돌아오는 날에는 그 완고한 마음을 버릴 것이고 따라서 온 이스라엘도 구원받게" 될 것이라는 말이다.(로마 11,25-26.) 다시 말해, 바울로는 동족이 그리스도를 믿지 않아 지금은 괴롭지만 곧 하느님이 선하게 인도할 것이라고 믿었다. 시기심 때문에 유대인들은 결국 구원의 문으로 다시 몰려올 것이고 온 세계는 구원을 받을 것이다. 하느님은 악에서 선을 이끌어낸다.

고통이 유익할 수 있다고 말한 바울로

바울로는 고통이 주는 유익을 강조했다. 그는 고통을 통해 예수의 참된 사도가 될 수 있다고 말했다.[4] 그래서 그는 고통을 호소하기보다는 고통 가운데서 즐거워했다. 바울로에게 있어 고통은 한 인간을 단련시키고, 그의 성품과 기개를 만드는 요인이었다.

그뿐만 아니라 우리는 고통을 당하면서도 기뻐합니다. 고통은 인내를 낳고 인내는 시련을 이겨내는 끈기를 낳고 그러한 끈기는 희망을 낳는다는 것을 우리는 알고 있습니다. 이 희망은 우리를 실망시키지 않습니다. 우리가 받은 성령께서 우리의 마음속에 하느님의 사랑을 부어주셨기 때문입니다.(로마 5,3-5.)

또한 바울로는 고난을 받음으로써 다른 고난받는 자들을 위로할 능력이 생겨난다고 말하였다.

우리 주 예수 그리스도의 아버지 하느님을 찬양합시다. 그분은 인자하신 아버지이시며 모든 위로의 근원이 되시는 하느님으로서 우리가 어떤 환난을 당하더라도 위로해 주시는 분이십니다. 따라서 그와 같이 하느님의 위로를 받는 우리는 온갖 환난을 당하는 다른 사람들을 또한 위로해 줄 수가 있습니다. 우리가 그리스도와 함께 당하는 고난이 많은 것처럼 그리스도로 말미암아 받는 위로도 많습니다. 우리가 환난을 당하는 것도 여러분이 위로와 구원을 받게 하려는 것이며 또 우리가 위로를 받는 것도 여러분이 우리가 겪는 것과 똑같은 환난을 당할 때에 그것을 견디어냄으로써 위로를 맛볼 수 있게 하려는 것입니다. 여러분은 그리스도의 고난을 같이 당하고 있으니 그의 위로도 같이 받을 것입니다. 이것을 알기 때문에 여러분을 믿는 우리의 마음이 든든합니다.(2고린 1,3-7.)

바울로가 말한 "환난"이 무엇인지에 대해서는 여러 가지 추측이 있지만, 아무도 확실히 알 수는 없다. 단지 우리가 알 수 있는 것은 바울로가 이러한 고통을 유익한 것으로 생각했다는 사실이다. 그것은 죄에 대한 벌로써 주어진 것도 아니고, 다른 사람이 해를 가해서 생긴 일도 아니었다. 그것은 하느님이(사탄의 작용을 통해서) 내린 고통으로서, 결국 구원을 이루고 하느님만이 영광을 받도록 하려는 것이었다.

바울로는 고난이 궁극적으로 선을 이끌어낸다고 믿었다. 고통은 때로는 긍정적인 부수 효과를 내고, 때로는 사람들을 겸손하게 만드는 도구가 되며, 때로는 구원을 이루는 핵심 요소가 되기도 했다.

고통에 긍정적 측면이 있다고 말할 수 있을까

하느님이 악을 통해 선을 이끌어내고, 고통에 긍정적 측면이 있으며, 구원이 고난을 통해 이루어진다는 관점은 곧 고통에 구원적 의미가 있다고 보는 관점이다. 이러한 관점은 구약성서와 신약성서 모두에서 발견된다. 창세기부터 바울로의 편지, 그리고 복음서에 이르기까지 말이다. 어찌 보면 그것은 성서의 핵심 메시지이기도 하다. 고난을 통해 하느님은 구원의 권능을 드러낸다. 이스라엘 백성이 출애굽할 때도 그랬고, 예수의 고난을 통해 인류를 구원하는 일도 그렇게 이루어졌다.

많은 사람들이 고통에 유익이 있다는 데 동의한다. 우리 모두 당시에는 괴로웠지만 나중에 좋은 결과를 얻은 경험이 있을 것이다. 나 또한 아주 어릴 때부터 그것을 체험했다. 예컨대, 내가 10대 소년이었을 때 경험한 괴로운 사건은 나중에 나의 진로를 정하는 데 결정적인 사건이 되었다.

내가 고등학교 졸업반이 되기 직전 1972년 여름의 일이다. 지역 서머 리그에서 야구선수로 뛰고 있던 나는 오클라호마의 바틀스빌로 경기하러 가던 도중 갑자기 온몸에 힘이 빠지는 이상한 증상을 느꼈다. 병원에 실려간 나는 A형 간염이라는 진단을 받았다. 나는 이 때문에 더 이상 야구를 할 수 없게 되었고, 그로 인해 매우 침울해졌다. 나는 여름 내내 집안에서만 지내면서 몸조리를 해야 했다.

나는 원래 야외활동을 좋아했고, 캔자스의 화창한 날씨를 즐길 수 있는 여름에는 더욱 그러했다. 그런 내가 온종일 집에만 틀어박혀 있게 된 것이었다. 사흘이 지나자 나는 좀이 쑤셔서 어쩔 줄 몰랐다. 온종일 텔레비전을 보는 것에도 진절머리가 난 나는 다음 학기 학교의 토론 팀에서 다룰 주제에 대해 준비하기로 했다. 나는 고등학교 2학년과 3학년 때(미국 고등학교는 보통 4년제―옮긴이) 토론 팀에서 활동했는데, 그다지 잘하는 멤버는 아니었다. 내가 다니던 학교는 캔자스 주에서 손꼽히는 토론 팀을 갖고 있었다. 나는 비록 저학년이라 참여하지 못했지만, 우리 학교 토론 팀은 지난 2년 동안 캔자스 주에서 최고의 팀으로 뽑히기도 했다. 하지만 나는 토론 실력이 그리 뛰어나지 못해서 4학년이 되어도 팀의 리더가 될 가능성은 없는 형편이었다. 매년 토론 주제가 주어지면 토론 팀들은 각각 찬반의 위치로 나뉘어 가을에 있을 토론대회를 준비하고, 토론 팀 리더들은 여름방학 내내 준비 작업을 했다. 나는 토론보다는 야구나 테니스, 골프와 같은 야외활동을 훨씬 더 좋아했는데, 그해 여름에는 병 때문에 꼼짝없이 집에 갇혀있게 된 것이었다.

　나는 도서관에서 책들을 구해서 토론대회를 위해 자료를 탐색하기 시작했다. 그런데 이 일을 시작해보니 점점 더 재미가 생겨서 결국 잠자는 시간을 제외하고는 이 일에만 집중하게 되었다. 그해의 토론 주제는 (주 정부가 아닌) 연방정부가 초등교육과 중등교육 예산을 책임져야 하는가에 대한 것이었는데, 나는 이에 대한 모든 자료들을 뒤졌다. 그것은 야구장 2루만큼이나 흥미롭고 도전적인 작업이었다.

간염이 다 나은 후에도 나는 계속 이 일에 몰두하였다. 결국 고등학교 졸업반 시절의 나는 저학년 시절과는 매우 다른 모습이 되어 있었다. 물론 나는 계속 스포츠 활동을 하고 테니스도 쳤다. 하지만 그 무엇보다도 나는 토론대회 준비를 위해 전력을 다하고 있었다. 나는 점점 팀에서 인정받는 멤버가 되었고 결국 팀 리더로 뽑혔다. 우리 팀은 지역대회뿐 아니라 주 대회에서도 우승하여 캔자스 주의 챔피언이 되는 기염을 토하였다.

이것은 나의 인생에 커다란 분기점이 되었다. 나는 이 일 때문에 학문적 연구에 관심을 갖게 되었다. 나는 대학에 진학한 후 고등학교 시절과는 비교할 수 없을 정도로 공부에 푹 빠져 지내게 되었고, 결국 학자의 길을 걷게 되었다. 내가 고등학교 졸업반이 되기 전까지 아무도 기대하지 못한 일이었다. 고등학교 때 공부를 못하지는 않았지만, 내가 전문적인 학자가 된다는 것은 내가 모스크바 발레단원이 되는 것만큼이나 요원한 일이었다.

그때 간염에 걸리지 않았더라면 나는 지금 학자가 되지 않았을 것이다. 나는 내가 간염에 걸린 게 얼마나 다행스러운지 모른다. 당시에는 고통스러웠지만, 그 고통은 궁극적으로 좋은 결과를 가져왔다.

그럼에도 고통이 항상 좋은 결과만 초래한다는 주장에 나는 결코 동의할 수 없다. 대부분 고통에는 긍정적 측면이 없고 부수적 혜택도 없다. 사실 인간의 육체에도 영혼에도 아무런 도움이 되지 않는 고통이 이 세상에는 너무도 많다. 많은 경우 고통은 괴로움만을 일으키다가 결국 비극적인 결과를 낳는다.

"나를 죽이지만 않는다면 그것은 나를 강하게 만드는 것이다"라는 말을 나는 믿지 않는다. 그것이 사실이라면 얼마나 좋겠냐마는 불행히도 그것은 사실이 아니다. 종종 우리를 죽이지 않는 고난은 우리가 정상적인 생활을 못하게 만들고, 평생의 상처를 남기며, 정신적, 육체적으로 영구적인 장애를 일으킨다. 우리는 절대 고통에 대해 쉽게 말할 수 없다.

때때로 어떤 사람들은 다른 이들의 고통이 자신에게 도움을 준다고 말한다. 나는 이를 용납할 수 없다. 다른 이들의 아픔과 고통이 우리에게 깨달음을 주고 우리가 고결한 인간이 되도록 만든다고 말하는 것은 혐오스러운 일이다. 우리 자신이 겪는 고통이 우리를 더 나은 인간, 더 강한 인간으로 만드는 것은 사실일지 모른다. 하지만 나를 더 나은 인간으로 만들기 위해 나 아닌 다른 사람이 고통을 받는다는 것은 한마디로 언어도단이다. 내가 과거에 불행과 실패를 경험하고 나니 이제 나의 성공에 더 감사하게 되었다고 말할 수는 있다. 과거에는 몇 년 동안이나 형편없는 음식만 먹고 살았는데, 이제는 좋은 음식을 먹게 되어서 감사하다고 말할 수는 있다. 전에는 장 보러 갈 휘발유도 없을 정도로 궁핍했는데, 이제는 휴가를 위해 여행을 갈 수 있을 정도로 형편이 폈다고 감사할 수는 있다. 하지만 다른 사람들이 비참한 생활을 하는 것을 보고 내가 가진 좋은 것들에 대해 감사한다고 말할 수는 없다.

다른 사람들이 질병에 걸린 것을 보고 나는 건강해서 감사하다고 말하는 것은 가증스러운 일이다. 다른 사람들이 굶주려 죽어가는 것을 보며 나는 좋은 음식이 있어 감사하다고 말하는 것은 진정 이기적인 일이다. 죽어가는 사람들을 보며 나는 잘살아 있으니 감사하다는 사람은 유아의 수준을 벗어나지 못한 사람이다. 내가 불행을 경험하며 거기서 깨달음을 얻고 결과적으로 더욱 나은 사람이 될 수는 있지만, 불행한 삶을 사는 사람들을 보며 하느님이 나에게 행복한 삶을 주어서 감사하는 것은 지극히 자기중심적인 사람이나 할 수 있는 일이다.

세상에는 그 누구에게도 아무런 유익함도 없는 고통들이 있다. 80세 할머니가 야만적으로 강간당하고 목 졸려 살해되는 사건, 8주 된 아기가 갑자기 호흡을 못하고 사망하는 사건, 18세 청년이 졸업파티에 가는 길에 음주운전자의 차에 치어 죽는 사건. 이러한 사건에 어떠한 선이 있을 수 있는가? 이러한 사건에서 선을 찾는 일은 고통받은 사람들의 고통을 더욱 가중시킬 뿐이다. 그것은 그들이 마땅히 누렸어야 했을 삶을 존중하지 않는 일이다.

이 세상의 고통에는 다른 해답이 있어야만 한다. 아니면 고통에는 해답이 없는 것일지도 모른다. 성서는 고통에 대해 또 다른 설명을 하고 있다. 그것은 바로 고통에는 해답이 없다는 것이다.

6장

신앙을 시험하다, 욥의 이야기

우리는 모두 과거에 신체적 고통을 겪어본 적이 있고, 또 앞으로도 그러할 것이다. 작게는 손톱이 부러지는 일부터 크게는 뼈가 부러지는 일, 동맥경화와 암, 각종 장기의 기능장애, 치료가 가능하거나 불가능한 질병들을 우리는 경험한다. 우리 아버지는 65세의 젊은 나이에 암으로 사망했다. 그해 8월 우리는 함께 낚시여행을 갔는데, 그때만 해도 그는 별 이상이 없어 보였다. 그로부터 6주 후 아버지는 병원에 입원해 죽음을 기다리고 있었다. 그의 모습은 믿을 수 없을 정도로 달라졌다. 암이 다른 장기로 전이되어 그는 하루가 다르게 쇠약해졌다. 6주 후 아버지는 극심한 통증에 시달렸는데, 의사는 중독될 우려가 있으므로 모르핀 투여량을 늘릴 수 없다고 말했다.(이 무슨 어이없는 소린지.) 6주 후에 아버지는 돌아가셨다.

그로부터 몇 년이 지난 지금 나는 펜실베이니아 주의 한 공항에서 이 장을 쓰고 있다. 나는 뛰어난 언어학자이자 초기 그리스 도교 역사가인 빌 피터슨Bill Petersen의 장례식에 참석하고 집으로 돌아가는 길이다. 그는 학자로서 왕성한 활동을 하던 59세에 암으로 숨졌다. 누구든 이렇게 갑자기 죽을 수 있다. 자리에서 꼼짝 못하고 누워 앓으며 이 세상이 끝날 것처럼 아픈 병, 예컨대 독감에 걸려 죽을 수도 있다.

사실 많은 사람들이 독감으로 생명을 잃었다. 미국 역사상 최악의 전염병은 1918년의 인플루엔자 전염병이었다. 1차 세계대전이라는 대사건에 묻혀 많은 사람들이 기억하지 못하지만, 민간인은 말할 것도 없고 수많은 군인들을 죽게 한 무서운 전염병이었다. 20세기 이후에 발발한 모든 전쟁들보다 더 많은 미국인들이 이 전염병 때문에 죽었다. 처음 이 병이 시작된 것은 1918년 3월 캔자스 포트 라일리의 한 군인 주둔지에서였다. 의사들은 처음에 그것이 폐렴인 줄만 알았다. 병이 돌기 시작한 후 한동안은 다시 잠잠해지는 듯했다. 그러나 또다시 병이 번지면서 군인들과 민간인 다수가 한꺼번에 이 병에 감염되었다. 군인들이 유럽 최전선에 파견되면서 이 전염병은 유럽으로 건너갔고, 유럽에 파견된 각국의 군인들이 감염된 채 고국으로 돌아갔다. 그 결과 온 세계에 전염병이 퍼지면서 전 세계적으로 어마어마한 숫자의 사람들이 이 전염병으로 목숨을 잃었다.

이 병의 증상은 매우 희귀한 것이었다. 어린아이들이나 중장년층보다는 주로 20대의 젊고 건강한 청년들이 이 병에 가장 취약했다. 증상은 예고 없이 나타나서 한 시간, 한 시간 급속히 악화

되었다. 환자는 폐에 물이 차서 숨을 제대로 못 쉬게 되고, 체온이 급격히 올라가 머리카락이 빠지며, 피부가 검푸른 색깔로 변한다. 결국 사람들은 폐에 물이 가득 차서 마치 익사하듯 사망하게 된다. 이 모든 증상이 열두 시간 내에 나타나며, 아침식사를 할 때 건강했던 사람이 저녁식사를 하기 전에 죽는다. 이 전염병에 걸린 사람들의 숫자는 상상을 초월한다.

1918년 9월에만 미국에서 1만 2,000명이 사망했고, 사망자 수는 점점 더 늘어났다. 군대 기지의 80퍼센트가 이 병으로 사망한 곳도 있었다. 윌슨 대통령은 전장에 도착하기도 전에 군인들이 배에서 사망할 것을 우려하여 유럽에 지원부대를 보내야 할지 말아야 할지 고민해야 했다. 당시에는 방역이 불가능했고 백신도 턱없이 부족했다. 뉴욕이나 필라델피아 같은 도시들은 긴급재난을 선포했다. 1918년 10월에 뉴욕에서는 하루에 800명의 사망자를 기록하기도 했고, 필라델피아에서는 한 달 만에 1만 1,000명이 사망했다. 죽은 사람을 넣을 관도 부족했고, 관을 묘지에 묻을 인력도 부족했다.

의학자들은 힘을 다해 노력했지만 백신을 개발해내지 못했다.(실패요인들 중 하나는 이들이 이 병의 원인이 바이러스가 아니라 박테리아인 줄로만 알았던 것이다.) 그러던 어느 날 이 전염병의 광풍이 스스로 꺾이면서 사망자가 점차 줄어들기 시작했다. 하지만 이미 많은 희생자들을 낸 이후였다. 병이 돌기 시작한 후 10개월 동안 이 독감으로 사망한 미국인은 총 55만 명에 달했고 전 세계적으로는 3,000만 명이 목숨을 잃었다.

이와 같은 일을 어떻게 설명할 수 있을까? 성서에서 답을 찾을 수 있을까? 많은 사람들이 이를 시도했다. 혹시 하느님이 세상을 벌하는 것인가? 그렇게 믿는 사람들도 있었다. 이들은 하느님에게 노여움을 풀어달라고 기도했다. 아니면 혹시 이것이 어떤 인간들의 소행이었을까? 독일에서 비밀리에 화학물질을 풀어서 독감을 퍼뜨린 것이라는 루머도 있었다. 이 고통에 구원적 의미가 있었을까? 몇몇 사람들은 이것이 인류의 종말이 도래하기 전에 사람들을 회개시키려는 하느님의 뜻이라고 말하기도 하였다.

아니면 이것은 그때 우연히 발생한 사건일 수 있다. 인간사에 개입하고 원수를 처단하는 신의 뜻과는 무관하게 말이다. 인류 역사를 살펴보면 이와 유사한 대사건들이 여러 번 발생했다. 6세기의 유스티니아누스 역병은 1918년 인플루엔자보다 더욱 심해서, 비잔틴제국의 수도인 콘스탄티노플 거주자의 40퍼센트와 지중해 동쪽 지역의 인구 4분의 1이 목숨을 잃었다. 또한 14세기 중반의 그 악명 높은 흑사병은 유럽 인구 3분의 1의 목숨을 앗아갔다.

지금도 위험은 존재하고 있다. 치료법이 개발되기는 했지만 에이즈는 여전히 수많은 사람들에게 악몽이 되고 있다. 영국에 본부를 둔 HIV/AIDS 퇴치단체 'ALERT'가 발표한 에이즈 희생자의 숫자는 가히 경악할 만하다. 1981년 이후 에이즈로 사망한 사람의 숫자는 2,500만 명이다. 2006년 집계를 보면 4,000만 명(이 중 반이 여성)이 HIV/AIDS를 앓고 있으며, 해당년도에 에이즈로 사망한 사람은 300만 명, 그리고 약 400만 명이 새로 감염되었다. 지금도 전 세계적으로 하루에 약 6,000명의 젊은이들이(25세 미만) HIV에 감염된다. 현재 아프리카에는 1,200만 명의 에이즈 고아들이 있다. 남아프리카 공화국에서만 매일 1,000명 이상의 사람들이 에이즈로 죽는다.

이 병이 성적 지향이나 난잡한 성행위 때문이라고 말하는 것은 호모포비아적이고 악의에 찬 발언이다. 이는 또한 매우 부정확한 말이기도 하다. 안전을 지키지 않아서 병이 퍼진 것은 사실이다. 하지만 애초에 이 병이 왜 발생했을까? 에이즈에 걸려 말할 수 없는 육체적, 정신적 고통을 겪는 사람들은 다른 사람들보다 죄가 많고 벌을 받아 마땅한 사람들이라서 그렇게 된 것인가? 하느님이 에이즈 고아들에게 벌을 내린 것인가? 솔직히 이런 일에 어떻게 성서적 해석을 갖다 대는지 나는 도저히 모르겠다. 이뿐 아니라 1918년의 인플루엔자, 1330년의 페스트도 말이다. 나는 하느님이 이러한 고통과 괴로움을 보냈다고 생각하지 않는다. 인간이 남을 해치기 위해 초래한 일도 아니다. 에이즈에 걸린 어린아이가 악몽과 같은 고통을 겪는 일에 어떠한 구원적 의미가 있는지 또한 모르겠다. 이러한 고통들에 대해 다른 설명은 없는가?

다른 설명이 있다. 성서가 다른 해답을 내놓았다. 성서에서 고통과의 싸움에 대해 가장 잘 알려진 책은 아마도 욥기일 것이다.

욥의 이야기

욥기를 읽는 대부분의 사람들은 아마 욥기의 저자가 두 명 이상이었다는 사실을 잘 모를 것이다. 이 저자들은 고통에 대해 서로 다른 주장을 한다. 욥기의 처음 시작 부분과 마지막 부분은 의로운 욥이 이유 없이 고통받는 이야기와 하느님이 그에게 보상하는 이야기로 구성된다. 이 부분은 산문으로 적혀 있다. 욥기의 대부분을 차지하는 중간 부분에서 욥은 절규하고 반항하며, 하느님은 그에게 으름장을 놓아 꼼짝없이 굴복하게 만든다. 이 부분은 시적인 대화 형식으로 되어 있다. 여기서 고통에 대한 시각은 서로 사뭇 다르다. 욥기를 이해하기 위해서 우리는 이 두 가지 시각을 모두 살펴볼 필요가 있다.[1]

산문 부분과 시적 대화 부분을 합쳐 하나의 책으로 통합된 욥기는 다음과 같은 내용으로 구성된다. 욥기의 첫 부분은 욥에 대한 산문적 묘사로 시작된다. 욥은 동방 지역에서 가장 부유한 사람으로 순수하고 하느님을 경외하는 자였다. 그다음에 이야기의 배경은 천상으로 옮겨가서 하느님과 '사탄'이 대화하는 장면이 나온다. 사탄이란 히브리말로 '상대자/대적자'라는 뜻이다. 하느님이 사탄에게 욥의 의로움을 칭찬하자 사탄은 그가 하느님에게 받은 게 많으니까 그런 것 아니냐고 반박한다. 이에 하느님은 사탄과 내기를 하여 욥이 가진 소유물들, 즉 그의 재산과 종들과 자녀들을 한번 빼앗아보라고 한다. 또한 그다음에는 욥의 몸을 치는 것까지 허락한다. 그러나 욥은 이 모든 일을 겪으면서도 하느님을 원망하지 않는다. 고난을 겪은 욥에게 세 친구들이 찾아온다. 이들은 욥을 위로하지만, 그들이 하는 말은 냉정하기 이루 말할 수 없다. 그들은 욥이 죄를 지어서 벌을 받는 것이라고 일장연설을 한다.(이들은 죄와 벌에 대한 '고전적' 관점을 갖고 있다.) 욥은 자신의 무죄를 주장하며 자기의 억울한 사정을 돌아봐달라고 하느님에게 탄원한다. 욥기의 대부분을 차지하는 친구들과의 대화 마지막에 드디어 하느님이 나타난다. 하느님은 그의 위대한 임재로 욥을 완전히 압도하고, 일개 인간에 불과한 자가 감히 하느님에게 무엇을 설명해달라고 요구하느냐며 무섭게 꾸짖는다. 욥은 하느님에게 무릎을 꿇고 감히 하느님에게 시시비비를 따지려 했던 것에 대해 회개한다. 끝부분에 욥기는 다시 산문 형식으로 돌아간다. 여기서 하느님은 욥의 의로움을 칭찬하고 그를 힐난한 친구들을 꾸짖는다. 그는 욥에게 전보다 더욱 많은 재산과 자녀들을 주고, 욥은 장수를 누리며 풍요로운 삶을 살다가 생을 마친다.

욥기의 처음과 마지막 산문 부분과 중간 부분의 시적 대화 부분의 차이점은 이 짧은 요약에도 여실히 드러난다. 두 개가 짜깁기되어 하나의 책으로 탄생한 원문들은 두 가지의 서로 다른 장르, 즉 산문형 이야기 형식과 시적인 대화 형식으로 쓰였다. 이 두 원문은 서로 많은 차이를 보인다. 우선 하느님을 부르는 이름이 다른데, 산문에서는 야훼, 시에서는 엘El, 엘로아Eloah, 샤다이Shaddai라는 이름을 사용했다. 더욱 흥미로운 것은 욥에 대한 묘사가 사뭇 다르다는 것이다. 산문 부분에서 그는 고통받으며 인내하는 사람으로 그려졌다. 반면에 시적 대화 부분에서 그는 분노하고 반항한다. 산문 부분에서 그는 하느님에게 칭찬받았고, 시적 대화 부분에서는 꾸중을 들었다. 산문 부분에서 하느님은 사람들의 행위에 따라 상벌을 내리는 존재이고, 시적 대화 부분에서 그는 권위로 일관하는 존재였다. 고통에 대한 관점 또한 이 두 부분에서 서로 차이를 나타낸다. 산문 부분에서는 고통이 신앙을 시험하기 위해 주어진다고 말했지만, 시적 대화 부분에서는 고통이 아무도 이해할 수 없는 불가사의한 일이라고 말한다. 이제부터는 욥기의 산문 부분과 시적 대화 부분을 분리하여, 고통에 대한 각각의 해석을 살펴보기로 하자.

시험을 받는 욥의 고난

산문 형식으로 이루어진 이 설화 부분의 배경은 지상과 천상을 자유롭게 오고간다. 이 설화 부분은 욥이 우스 땅에 살고 있었다는 이야기로 시작한다. 우스는 이스라엘의 남쪽, 에돔에 위치한다. 즉 욥은 이스라엘 사람이 아니었다. '지혜서' 중 하나인 욥기는 본래 이스라엘 사람을 위해 쓰인 책이 아니다. 욥기는 세상에서 일어나는 일들에 대한 이해를 돕기 위해 쓰인 책이었다. 어쨌든 욥은 진실하고 정직하며 하느님을 경외하고 악한 일을 거들떠보지도 않는 이였다.(욥기 1,1.) 잠언 같은 다른 지혜서들과 마찬가지로, 의인에게 부와 번영이 주어진다는 시각이 욥기에서도 분명히 드러난다. 욥은 엄청난 부를 소유한 갑부로 7,000마리의 양과 3,000마리의 낙타, 500마리의 소, 500마리의 당나귀, 그리고 많은 하인들을 거느리고 있었다. 그는 하느님에게 헌신하는 자였다. 혹시라도 자녀들이 죄를 지었을까봐 욥은 아침 일찍 자녀들을 위해 명수대로 번제(짐승을 통째로 태워 제물로 바친 제사—옮긴이)를 드리곤 했다.

그다음, 이야기는 천상으로 옮겨진다. 하느님의 아들들이 와서 야훼 앞에 서고 사탄도 그들 가운데 있었다. 여기서 사탄은 천국에서 쫓겨나 하느님의 원수가 된 타락한 천사가 아니다. 그는 땅에서 실력을 행사하고 하느님에게 와서 정기적으로 보고하는 천상회의의 멤버였다. '사탄'이라는 말이 '악마'나 '하느님의 원수'로 의미가 바뀐 것은 이스라엘 종교 후기의 일이었다.(이 책의 7장에서 다룰 것이다.) 욥기에 나타난 사탄이라는 말은 악마라는 뜻이 아니라 문자 그대로의 의미 즉 '대적자 혹은 비난자'를 의미한다. 욥기에서 사탄은 하느님에게 와서 땅의 일을 보고하는 천상의 존재였다.

사탄의 도전 대상은 욥이었다. 하느님이 사탄에게 욥의 순전함과 경건함을 자랑하자 사탄은 이에 도전장을 내민다. 욥이 의로운 것은 그가 복을 많이 받았기 때문이라는 것이었다. 만약 하느님이 욥이 소유한 것들을 빼앗으면 욥은 하느님 면전에 욕을 할 것이라고 그는 호언장담하였다.(욥기 1,11.) 그러나 하느님은 결코 그렇지 않을 것이라며 사탄에게 욥의 소유물을 한번 빼앗아 보라고 말한다. 욥의 믿음을 시험하는 것이다. 이렇게 해서 하느님과 사탄의 내기, 욥의 시험이 시작되었다.

사탄은 욥의 집을 공격한다. 하루는 침략자들이 와서 소떼를 몽땅 약탈하고, 하늘에서 불이 내려와 양떼가 모조리 불살라 죽고, 낙타를 강탈당하고, 종들이 살해됐다. 뿐만 아니라 태풍이 와서 집이 무너지면서 아들과 딸들이 모두 죽었다. 욥의 반응은 어떠했는가? 하느님이 예상한대로 그는 원망 한마디 않고 단지 슬퍼하기만 할 뿐이었다.

그제야 욥은 일어나 겉옷을 찢고 머리를 깎았다. 그리고는 땅에 엎드려 입을 열었다.
"벌거벗고 세상에 태어난 몸,
알몸으로 돌아가리라.
야훼께서 주셨던 것, 야훼께서 도로 가져가시니
다만 야훼의 이름을 찬양할지라."(욥기 1,20-21.)

욥기 저자는 "이렇게 욥은 이 모든 일을 당하여 죄를 짓지 않았고 하느님을 비난하지도 않았다"고 강조하였다.(욥기 1,22.) 만약 강탈하고 파손하며 살인하는 게 잘못이 아니라면, 하느님은 대체 어떻게 해야 잘못하는 것인지 알고 싶다. 어쨌든 욥은 하느님이 어떻게 하든지 그를 계속 신뢰하는 것이 올바른 믿음이라고 생각했다.

이야기의 배경은 다시 천상의 회의장소로 옮겨간다. 사탄이 하느님 앞에 서고, 하느님은 다시 그의 종 욥에 대해 자랑한다. 그러나 사탄은 욥이 하느님을 원망하지 않는 것은 아직 그의 몸이 멀쩡하기 때문이라고 대답한다. 사탄은 "이제 손을 들어 그의 뼈와 살을 쳐보십시오. 제가 보장합니다. 그는 반드시 당신께 면전에서 욕을 할 것"(욥기 2,5)이라고 말하고, 하느님은 사탄에게 그리 해보라며 또다시 내기를 건다. 단 생명은 해치지 않는다는 전제하에서 말이다.(욥이 죽어버리면 그의 반응을 알 수 없으므로.) 이에 사탄은 욥에게로 가서 그의 발바닥에서 정수리까지 온몸에 부스럼이 나게 한다.(욥기 2,7.) 욥은 잿더미에 앉아서 토기 조각을 가져다가 몸을 긁었다. 그의 아내는 "당신은 아직도 요지부동이군요? 하느님을 욕하고 죽으시오"라고 저주한다. 하지만 욥은 "우리가 하느님에게서 좋은 것을 받았는데 나쁜 것이라고 하여 어찌 거절할 수 있단 말이오?"라며 결코 하느님을 원망하지 않는다.(욥기 2,10.)

이때 욥의 세 친구가 욥의 소식을 듣고 찾아온다. 데만 사람 엘리바즈와 수아 사람 빌닷, 그리고 나아마 사람 소바르다. 이들은 좋은 친구들답게 욥의 옆에 앉아 함께 울고 슬퍼하며 아무 말도 못한다. 고통받는 사람이 필요한 것은 조언이 아니라 그냥 슬픔을 함께 나눌 사람이다.

그런데 여기서 이들의 시적 대화가 시작되며 친구들의 태도가 돌연 바뀐다. 친구들은 더 이상 위로자가 아니라 냉혹한 비난자다. 이들은 욥에게 네가 뭔가 잘못했으니까 벌을 받는 것 아니겠냐고 추궁한다. 이 대화 대목의 저자는 산문의 저자와 다르므로 이 부분은 나중에 다시 다루기로 한다. 산문 설화는 이 대목에서 끝났다가 욥기 42장 마지막에 다시 이어진다. 이 산문 설화가 시적 대화와 통합되었을 때 원문의 일부가 사라진 것이 분명하다. 왜냐하면 이야기 후미에 하느님이 나타나서 이 세 친구들이 한 말들에 대해 화를 내는데, 그것이 욥이 한 말들과 앞뒤가 맞지 않기 때문이다. 시적 대화에서 하느님의 편을 든 것은 친구들이고 하느님을 비난한 것은 욥이었다. 친구들이 무슨 말을 했기에 하느님이 분노했는지 알 수 없다. 산문 설화와 시적 대화가 짜깁기 되면서 일부 내용이 사라진 것으로 추정할 수 있는 부분이다.

결국 하느님은 시험을 잘 통과한 욥에게 상을 내렸다. 욥은 끝까지 하느님을 원망하지 않았다. 하느님은 욥에게 친구들을 위하여 번제를 드리고 기도하라 명한다. 욥은 하느님이 시킨 대로 한다. 하느님은 욥이 잃은 모든 것들을 더욱 풍성히 회복시킨다. 욥은 이제 1만 4,000마리의 양과 6,000마리의 낙타, 1,000마리의 소, 그리고 1,000마리의 당나귀를 소유하게 되었다. 그리고 하느님은 욥에게 일곱 명의 아들과 세 명의 딸을 새로 보내주었다. 욥은 자녀와 손자들에 둘러싸여 평화롭고 풍요로운 여생을 보내다가 생을 마쳤다.

이 설화에서 말하는 고통에 대한 해석은 이것이다. 때때로 선한 사람들에게 고통이 닥치기도 한다. 그런데 그것은 하느님이 이들의 믿음이 사심 없고 순전한 것인지 시험하는 것이다. 사람들이 일이 잘 풀릴 때만 하느님을 믿는지, 아니면 어떤 일을 당해도 믿음을 지키는지 시험하기 위해서다. 욥기의 저자에 의하면 어떤 불행이 생겨도 하느님은 여전히 경배와 찬양을 받아 마땅하다.

이러한 시각에 대해서 우리는 의문이 생긴다. 그것은 욥기 설화에서도 제기된 문제다. 많은 사람들이 욥의 고난에 대해 하느님에게 책임이 없다고 말한다. 고통을 야기한 것은 하느님이 아니라 사탄이라는 것이다. 하지만 본문을 잘 읽어보면, 사탄이 욥에게 해를 가하도록 허락한 것은 하느님이다. 사탄은 하느님이 허락하지 않은 것에 대해서는 자기 마음대로 손을 댈 수 없다. 또한 욥기의 여러 구절에서 하느님이 궁극적으로 책임이 있다는 것을 암시하는 내용이 발견된다. 욥이 첫 번째 고난을 겪은 후 하느님은 사탄에게 "너는 내 종 욥을 눈여겨보았느냐? 그만큼 온전하고 진실하며 하느님을 두려워하고 악한 일은 거들떠보지도 않는 사람은 땅 위에 다시 없다. 그는 여전하지 않느냐? 네가 나를 충동하여 그를 없애려고 했지만 다 헛일이었다"(욥기 2,3)고 말하였다. 사탄의 부추김으로 아무런 이유도 없이 욥을 고통받게 한 것은 하느님이라는 것이다. 이것은 욥기의 마지막에 나오는 내용과 일치한다. 욥의 일가친척은 그에게 와서 "야훼께서 욥에게 내린 재난"에 대해 위로하였다.

결국 욥이 경험한 고통과 손실은 하느님에 의한 것이었다. 사탄만을 탓할 수 없다. 또한 여기서 욥이 잃은 것이 무엇이었는지 기억할 필요가 있다. 욥은 단지 재산만 잃은 게 아니었다. 육체적 고통을 받았고, 그의 자녀들이 죽었다. 무엇 때문에? 이유는 없다. 욥이 하느님을 원망할 권리가 있더라도 그렇게 하지 않을 것이라는 점을 사탄에게 입증하려는 것 외에는 말이다. 욥이 하느님을 원망할 권리가 있었을까? 그가 이런 재앙을 당할 만한 죄를 전혀 저지르지 않았다는 사실을 기억하라. 그는 무고했고 하느님도 그 사실을 인정했다. 하느님은 단지 사탄과 내기에서 이기려고 이러한 재앙을 내렸다. 하느님은 분명 인간의 기준을 뛰어넘는 존재인가보다. 만약 어떤 사람이 단지 내기에서 이기기 위해 당신의 집을 파괴하고, 당신의 몸을 해치며, 당신의 아이들을 살해했다면, 그는 당연히 엄중한 법의 심판을 받을 것이다. 하지만 하느님은 법 위에 있는 존재라서, 뭔가 입증하고 싶은 일이 있으면 무슨 일을 하더라도 괜찮은 모양이다.

성서에 등장하는 다른 시험들

인간이 순종하는지 실험하기 위해 하느님이 고난을 준다는 개념은 성서의 다른 곳에서도 발견된다. 창세기 22장 이사악이 제물로 바쳐지는 이야기가 바로 그중 하나다. 이사악의 이야기는 다음과 같다. 유대인의 조상인 아브라함은 하느님으로부터 아들을 약속받았다. 이 아들은 장차 위대한 민족을 이룰 것이다. 하지만 이 약속은 아브라함과 아내 사라가 늙어서야 실현되었다. 이사악이 태어났을 때 아브라함은 100세였다.(창세 21,1-7.) 하지만 하느님의 약속으로 받은 이사악이 어린 소년, 기껏해야 청년이었을 때 하느님은 아브라함에게 끔찍한 명령을 내린다. 외아들인 이사악을 번제물로 바치라는 것이었다. 아들을 약속한 하느님이 이번에는 그 아들을 죽이라고 하는 것이다. 살인하지 말라고 명령한 그 하느님이 유대인의 조상에게 아들을 죽여서 번제물로 바치라고 요구하고 있다.

아브라함은 그의 아들 이사악과 두 명의 종을 데리고 번제에 쓸 나무를 나귀에 싣고서 산으로 올라갔다. 나무에 불을 붙이고 그 위에 그의 아들을 놓아 번제물로 바치려는 것이었다. 그들이 하느님이 지시한 곳으로 가고 있을 때, 이사악은 이상한 생각이 들었다. 불과 나무는 있는데 번제할 양은 어디에 있는가? 이사악이 아브라함에게 묻자 아브라함은 하느님이 친히 준비해줄 것이라고 대답하고 더 이상 말하지 않았다. 마침내 그는 단을 쌓고 나무를 벌여놓고 이사악을 결박하여 단 위에 놓은 후 칼로 찌르려고 하였다. 그때 야훼의 천사가 "그 아이에게 손을 대지 말아라. 머리털 하나라도 상하게 하지 말아라. 나는 네가 얼마나 나를 공경하는지 알았다"고 말하였다.(창세 22,12.) 아브라함이 눈을 들어 살펴보니 뿔이 덤불에 걸려 허우적거리는 숫양 한 마리가 있었다. 그는 그 숫양을 잡아서 이사악 대신 번제물로 바쳤다.(창세 22,13-14.)

그것은 하느님의 시험, 아브라함에 대한 하느님의 무서운 시험이었다. 아브라함이 자신의 외아들을 죽여서 바칠 정도로 하느님에게 순종하는지 알아보기 위한 시험이었다. 이 이야기에서 말하고자 하는 것은 욥의 경우와 마찬가지로, 하느님에게 순종하는 것이 삶에서 가장 중요한 것, 혹은 삶 그 자체보다도 중요하다는 것이다. 하느님이 무엇을 명하든지 사람은 그대로 순종해야 한다. 그것이 아무리 하느님의 속성에 반하는 일이라 할지라도(하느님은 사랑 아닌가?), 아무리 하느님이 내린 율법에 위배되는 일이라 할지라도(하느님은 살인을 금하지 않았던가?), 아무리 인간의 존엄성을 짓밟는 일이라 할지라도 말이다. 아브라함 이후에도 사람들이 하느님의 명령을 받았다고 하면서 무고한 생명을 죽인 사례는 많았다. 우리는 그런 사람들을 어떻게 하는가? 우리는 그들을 감옥에 잡아가두고 법을 집행한다. 하지만 아브라함의 경우는 어떤가? 우리는 그를 선하고 신실한 하느님의 종이라 부른다. 이 얼마나 역설적인 일인지 모르겠다.

몇몇 성서 인물들은 자기 목숨을 잃으면서까지 하느님에게 충성을 다하였다. 신약성서에 나오는 대표적 인물은 물론 예수다. 그는 고난을 앞두고 "이 잔을 나에게서 거두어주소서" 하고 하느님에게 기도했다.(마르 14,36.) 즉 예수는 죽고 싶지 않았던 것이다. 하지만 그것이 하느님의 뜻이라면 아무리 심한 고난이라도, 즉 거부당하고 모욕당하고 채찍질당하고 피투성이가 되도록 얻어맞은 후 십자가에 못 박혀 죽게 되더라도 그렇게 해야 했다. 그것이 하느님의 뜻이기 때문이다. 어쨌든 욥의 경우와 아브라함의 경우 결과는 좋았다. 이들의 이야기는 해피엔딩이다. 또한 예수의 경우, 고난의 끝은 그의 부활과 승천으로 이어졌다. 복음서가 기록되기 전에 쓰인 필립비서에는 이렇게 적혀 있다.

오히려 당신의 것을 다 내어놓고
종의 신분을 취하셔서
우리와 똑같은 인간이 되셨습니다.
이렇게 인간의 모습으로 나타나
당신 자신을 낮추셔서 죽기까지,
아니, 십자가에 달려서 죽기까지 순종하셨습니다. 그러므로 하느님께서도 그분을 높이 올리시고 모든 이름 위에 뛰어난 이름을 주셨습니다.(필립 2,7-9.)

예수의 추종자들 역시 그들의 헌신을 입증하기 위해 고통을 달게 받았다. 베드로전서에는 이렇게 기록되어 있다.

사랑하는 여러분, 시련의 불길이 여러분 가운데 일어나더라도 그것은 여러분을 시험하려는 것이니 무슨 큰일이나 생긴 것처럼 놀라지 마십시오. 여러분은 그리스도의 고난에 참여하는 것이니 오히려 기뻐하십시오. 여러분은 그리스도께서 영광스럽게 나타나실 때에 기뻐서 뛰며 즐거워하게 될 것입니다. …… 그러므로 하느님의 뜻을 따라 고난을 받는 사람들은 착한 일을 행하면서 자기 영혼을 진실하신 창조주께 맡겨야 합니다.(1베드 4,12-13; 4,19.)

그리스도인들이 겪는 고난은 그들이 끝날까지, 혹은 생명이 다할 때까지 하느님을 신뢰하는지 시험하는 수단이다. 그렇다면 괴로움을 겪는다고 불평할 것이 아니라 그리스도처럼 고난을 겪는 것에 기뻐해야 할 것이다. 그 이유는? 그것이 하느님이 원하는 길이기 때문이다. 왜 하느님이 그것을 원하는가? 우리가 결코 알 수 없다. 그것은 최종 시험일 따름이다.

고통이 시험으로 주어진다는 해석에 대해 우리가 말할 수 있는 것은 무엇일까? 하느님을 맹신하는 사람들에게, 고통은 하느님을 향한 자신들의 헌신을 나타내 보일 수 있는 시험이다. 무슨 일이 일어나든지 그것은 하느님이 하는 일이므로 마음을 담대히 하고 믿음을 가지면 된다. 하지만 생각해보자. 진정 사람들이 겪는 고통이 하느님이 주는 시험일까? 하느님이 자신에 대한 인간의 신뢰가 어느 정도인지 알기 위해 그토록 심하게 고문한다는 말인가? 우리가 하느님을 신뢰한다는 것은 대체 무엇을 의미하는가? 하느님이 어떻게 하기를 신뢰한다는 말인가? 사람들이 끝까지 자신을 찬양하는지 알아보기 위해 하느님이 암과 독감과 에이즈를 주었다고 말하는 것은 한마디로 어불성설이다. 무엇을 찬양하란 말인가? 고문과 고통을? 무고한 사람들에게 고통과 괴로움을 주는 그의 위대한 권능을 찬양하란 말인가?

하느님은 욥에게 흠이 없다는 것을 인정했다. 욥이 고난을 겪을 만한 짓을 하지 않았다는 것이다. 하지만 하느님은 그의 소유물과 육체의 건강만을 앗아간 것이 아니었다. 그는 욥의 자녀들을 죽였다. 이유는? 자신의 주장을 입증하고 내기에서 이기기 위해서였다. 도대체 이 하느님은 어떤 하느님이란 말인가? 많은 사람들이 욥이 하느님의 시험을 통과하고 하느님이 그에게 보상했다는 것에 안도한다. 하느님이 아브라함에게 보상했듯이, 그리고 예수와 그 추종자들에게 보상했듯이 말이다. 하지만 욥의 자녀들은 어떠한가? 그들은 왜 어이없이 죽어야만 했는가? 하느님의 말이 옳다는 것을 증명하기 위해서? 그것은 곧 하느님이 나의 반응을 시험하기 위해 내 자식들을 죽일 수도 있다는 말인가? 하느님이 나의 신실함을 확인하기 위해 무고한 다른 생명들을 죽일 만큼 내가 중요하기라도 하다는 말인가? 욥기에서 나의 마음을 가장 괴롭게 하는 부분은 맨 마지막 장에 있다. 하느님은 욥에게서 빼앗아갔던 것들을 그에게 다시 주었다. 자식들을 포함해서 말이다. 하느님은 욥을 시험하면서 아들과 딸들을 죽였고, 후에 욥의 신실함에 대한 상으로 일곱 명의 아들과 세 명의 딸들을 주었다. 욥기의 저자는 대체 무슨 생각을 한 것인가? 한 아이의 죽음이 다른 아이의 탄생으로 보상될 수 있다는 말인가? 자녀가 무슨 컴퓨터나 DVD 플레이어처럼 고장 나면 버리고 새로 사면 되는 물건인가? 무슨 이런 하느님이 있다는 말인가? 홀로코스트에서 죽은 600만 명의 유대인들 대신 새로 600만 명의 유대인 아기들이 태어나면 아무 문제가 없는 것인가?

욥기가 어떤 사람들에게는 위로가 될지 모르겠지만, 나에게는 말할 수 없는 갈등을 가져다준다. 만약 하느님이 사람들의 반응을 보기 위해 고문하고 불구로 만들고 목숨을 빼앗는다면, 혹은 하느님이 원망을 받아야 함에도 불구하고 사람들이 원망하지 않는지 시험하기 위해 그렇게 한다면, 그 하느님은 경배와 찬양을 받을 하느님이 아니다. 두려워할 하느님은 맞다. 하지만 찬양을 받을 하느님은 아니다.

욥기의 시적 대화들, 고통에는 해답이 없다

앞에서 말했듯이 욥기의 시적 대화 부분은 도입부와 종결부의 산문 부분과 비교하여 고통에 대한 관점이 크게 다르다. 시적 대화 부분 역시 왜 무고한 사람들이 고통받는지에 대한 고민을 핵심 내용으로 다룬다. 산문 부분에서는 하느님이 사람들의 믿음을 시험하기 위해서 고통을 준다고 하였다. 하지만 시적 대화에서는 화자에 따라 서로 다른 시각을 나타낸다. 욥의 친구들은 고통이 죄에 대한 벌로써 주어진다고 말하고, 욥은 무고한 자의 고통이 도저히 이해할 수 없는 불가사의한 일이라고 말하고 있다. 시적 대화 마지막에 나타난 하느님은 아무런 해답도 주지 않는다. 이 시적 대화의 저자는 무고한 자가 받는 고통에는 그 이유가 없다고 말하는 듯하다.

시적 대화의 전체 구성

욥기의 시적 대화는 욥과 그의 세 친구들이 주고받는 대화로 구성되어 있다. 욥이 한 마디 하면 친구 중 하나가 대답한다. 욥이 그에 대해 반박하면 또 다른 친구가 대답한다. 욥이 또 다시 반박하면 이번에는 세 번째 친구가 대답한다. 이 일련의 대화는 세 번 계속된다. 즉 세 개의 대화록이 등장하는 것이다. 그런데 세 번째 대화록에 가서는 내용이 다소 뒤죽박죽이 된다. 아마도 오래전 수없이 되풀이된 필사 과정에서 실수가 생기고 누락이 된 듯하다. 세 번째 대화록에서 욥의 친구 중 하나인 빌닷의 대답은 유례없이 짧게 끝나고, 또 다른 친구 소바르의 대답은 아예 빠져 있으며, 욥은 여태껏 고수하던 주장과는 반대 입장이 되어 여태껏 친구들이 하던 말을 자신이 대신하고 있다.(욥기 27.) 학자들은 이 부분에서

필사 오류가 발생한 것으로 보고 있다.[2]

그러나 그 외의 부분에서는 정연한 구성을 나타낸다. 친구들이 자기네 할 말을 다 했을 때 네 번째 인물이 나타난다. 세 친구들이 하는 이야기의 강도가 부족하다고 생각한 엘리후다. 엘리후는 더욱 힘주어 말한다. 욥이 고통받는 이유는 다름 아닌 그의 죄 때문이라는 것이다. 그가 하는 말은 다른 친구들이 말한 것과 동일한 내용이다. 그런데 욥이 그의 말에 반박하기 전에 하느님이 나타난다. 하느님의 등장에 욥은 완전히 압도되어, 하느님 앞에 무릎을 꿇고 온 세상을 창조한 그에게 감히 인간이 도전할 수 없음을 시인한다. 욥은 절대자가 하는 일에 자신이 이러쿵저러쿵 시시비비를 따지려 한 것에 대해 엎드려 회개하고, 시적 대화는 그렇게 끝을 맺는다.

욥과 그의 친구들

욥기의 시적 대화는 욥이 비탄에 빠진 채 자신이 태어난 날을 저주하고 차라리 그때 죽었더라면 하고 절규하는 내용으로 시작한다.

마침내 욥이 먼저 입을 열어 자기의 생일을 저주하며 부르짖었다.
내가 태어난 날이여, 차라리 사라져버려라.

사내아이를 배었다고 하던 그 밤도 사라져버려라.

……

내가 어찌하여 모태에서 죽지 아니하였으며

나오면서 숨지지 아니하였는가?

어찌하여 나를 받을 무릎이 있었고

어찌하여 내가 빨 젖이 있었던가?

……

나는 어찌하여 낙태되어 묻힌 핏덩이가 되지 못하였는가?

빛도 보지 못한 벌거숭이가 되지 못하였는가?(욥기 3,1-3; 3,11-12; 3,16.)

제일 처음 대답한 것은 엘리바즈였다. 그의 대답은 나머지 친구들이 앞으로 할 말들의 물꼬를 튼다. 그의 생각에 욥은 매를 번 것이었다. 하느님은 죄 없는 자를 이유 없이 치지 않으며, 죄를 범한 자를 벌한다는 것이 그의 주장이다.

데만 사람 엘리바즈가 말을 받았다.

누가 자네에게 말을 건네려 한다면,

자네는 귀찮게 여기겠지.

그렇다고 입을 다물고만 있을 수도 없는 일일세.

……

곰곰이 생각해 보게.

죄없이 망한 이가 어디 있으며

마음을 바로 쓰고 비명에 죽은 이가 어디 있는가?

내가 보니, 땅을 갈아 악을 심고

불행의 씨를 뿌리는 자는 모두 그 심은 대로 거두더군.

하느님의 입김에 모두들 사라져가고

그의 콧김에 날려 없어졌네.(욥기 4,1-2; 4,7-9.)

욥기의 여러 장에 걸쳐 세 친구들은 모두 비슷한 말을 한다. 욥이 죄를 지은 것이 분명하니 어서 회개하라고, 회개하면 하느님이 분노를 가라앉히고 다시 복을 내릴 것이라고 말이다. 만약 이를 거절하면 그것은 죄를 벌하는 하느님에게 반항하는 것일 뿐이다.(이 친구들은 이 책의 2장과 3장에서 다룬 이스라엘의 예언자들과 같은 관점을 갖고 있다.) 빌닷은 하느님은 공의롭기 때문에 욥의 회개를 촉구하고 있다고 주장한다.

수아 사람 빌닷이 말을 받았다.

언제까지 그런 투로 말하려는가?

자네 입에서 나오는 말은 마치 바람 같네그려.

하느님께서 바른 것을 틀렸다고 하시겠는가?

전능하신 분께서 옳은 것을 글렀다고 하시겠는가?

자네 아들들이 그분께 죄를 지었으므로

그분께서 그 죗값을 물으신 것이 분명하네.

그러니 이제라도 자네는 하느님을 찾고

전능하신 분께 은총을 빌게나.

자네만 흠이 없고 진실하다면

이제라도 하느님께서는 일어나시어

자네가 떳떳하게 살 곳을 돌려주실 것일세.

처음에는 보잘것없겠지만

나중에는 훌륭하게 될 것일세.(욥기 8,1-7.)

소바르 역시 욥이 무죄를 주장하는 것은 그의 착각이고 하느님 앞에 몰염치한 짓이라고 역설했다. 욥이 고통을 받는 것은 그가 지은 죄에 대해 벌을 받는 것임이 틀림없었다. 그는 욥이 더 큰 벌을 받아도 싸다고 말하였다.(이보다 더 큰 벌이 어찌 가능한지 모르겠지만.)

나아마 사람 소바르가 말을 받았다.

말이 너무 많네,

듣고만 있을 수 없군.

입술을 많이 놀린다고 하여 죄에서 풀릴 줄 아는가?

자네의 지껄이는 소리를 듣고 누가 입을 열지 않으며

그 빈정거리는 소리를 듣고 누가 핀잔을 주지 않겠는가?

자네는 말하기를, "나의 믿음은 순수하여,

주님 보시기에도 흠이 없다" 한다마는

행여나 하느님께서 자네를 깨우치시려고

입을 열어 답변해 주신다면 오죽이나 좋겠는가!

행여나 신비한 지혜를 열어 보여주신다면

얼마나 좋겠는가!

그의 지혜에는 다른 면들이 감추어져 있다네.

자네가 죄를 잊어버린 것도 바로 하느님께서 하신 일이지.(욥기 11,1-6.)

이것이 욥의 이른바 '친구'들이 하는 말이었다. 이들은 욥이 저지르지도 않은 죄악까지 거론하며 무고한 욥을 거침없이 비난하였다. 엘리바즈는 심지어 이런 말까지 하였다.

하느님께서, 당신을 공경하였다고 해서

자네를 꾸짖으시고 재판에 붙이시는 것인가?

자네가 저지른 죄는 너무나도 많아

이루 다 셀 수 없지 않은가?

한 피 받은 동기의 재산을 마구 빼앗고

헐벗은 이의 옷을 벗기며

기진맥진한 사람에게 물 한 모금 주지 아니하고

굶어 죽는 사람에게 먹을 것을 주지 않더니,

……

과부를 알몸으로 쫓아내고

고아들의 팔을 꺾더니,

그러고도 어찌 올가미를 벗어나며

갑자기 덮치는 무서운 일을 피할 수 있겠는가?(욥기 22,4-7; 22,9-10.)

마지막 부분의 "그러고도"라는 말은 매우 중요하다. 그것은 욥이 경건하지 않은 삶을 살고 다른 이들에게 불의한 일을 했기 때문에 고통을 받는다는 의미였다. 고통에는 다른 이유가 있을 수 없다.

욥에게는 이러한 비난이 너무도 부당했다. 그는 이러한 재앙을 겪을 만한 그 어떤 일도 하지 않았다. 욥은 그의 정당함을 입증하기 위해 계속해서 그의 무죄를 주장했다. 다른 말을 하는 것은 그 자신에게, 세상에게, 그리고 하느님에게 거짓말하는 것이었다. 그는 그가 짓지도 않은 죄에 대해 회개할 수도 없었고, 그의 잘못 때문에 벌을 받는다고 말할 수도 없었다. 욥은 친구들에게 재차 말하였다. 그는 죄가 무엇인지 잘 안다고, 죄의 맛이 어떤 것인지 잘 안다고, 자신이 경건한 길에서 벗어나 죄의 길로 갔다면 그 누구보다도 자신이 잘 알 것이라고 말하였다.

좀 가르쳐주게.
내가 무슨 실수라도 했다면 깨우쳐주게.
나 입을 다물겠네.
진심으로 하는 말은 힘이 된다는데
자네들은 어찌하여 나무라기만 하는가?
……
제발 이리로 얼굴을 돌려주게.
자네들의 얼굴을 쳐다보며 속이기야 하겠는가!
……

내 혀에 거짓이라도 묻어 있다는 말인가?

내 입은 이미 쓴 맛도 모르게 되었다는 말인가?(욥기 6,24-25 ; 6,
28 ; 6,30.)

욥은 자신이 아무런 잘못을 저지르지 않았는데도 하느님이 마
치 야만적인 군인처럼 그를 쳐서 그의 몸을 갈가리 찢어놓았다고
절규하였다.

평안을 누리던 나를 박살내시려고

덜미를 잡고 마구 치시는구나.

나를 과녁으로 삼아 세우시고

사방에서 쏘아대시는구나.

눈 하나 깜짝하지 않고, 나의 창자를 터뜨리시고

쓸개를 땅에 마구 쏟으시다니……

갈기갈기 찢고 또 찢으려고

군인처럼 달려드시네.

……

눈물로 범벅이 된 이 얼굴,

절망의 그림자가 아른거리는 이 눈썹,

이 손은 폭행을 모르고

나의 기도는 순수하련만……(욥기 16,12-14 ; 16,16-17.)

누군가 나의 옷을 세차게 잡는구나.

나의 옷깃을 휘어잡아

수렁에 내던져서

마침내 이 몸은 티끌과 재가 되고 말았네.

내가 당신께 부르짖사오나

당신께서는 대답도 없으시고

당신 앞에 섰사오나

보고만 계십니다.

당신은 이다지도 모진 분이십니까?

손을 들어 힘껏 나를 치시다니.(욥기 30,18-21.)

욥은 언제나 하느님의 무서운 임재를 느꼈다. 잠을 잘 때도 거기서 도망칠 수 없었다. 그는 하느님에게 제발 이 고문을 멈추고 침을 삼킬 동안만이라도 편안할 수 있게 해달라고 애원하였다.

침상에라도 누우면 편안하고

잠자리에라도 들면 고통을 잊을까 했더니

어찌하여 무서운 꿈과 몸서리쳐지는 환상으로

나의 단잠을 깨우십니까?

견딜 수 없는 이 고통을 당하느니

차라리 숨통이라도 막혔으면 좋겠습니다.

언제까지나 살 것도 아닌데

제발 좀 내버려두십시오.

나의 나날은 한낱 입김일 따름입니다.

......

끝내 나에게서 눈을 떼시지 않으시렵니까?

침 삼킬 동안도 버려두시지 않으시렵니까?(욥기 7,13-16; 7,19.)

하지만 이에 반해 악한 자들은 하느님을 두려워하지도 않고 편안한 삶을 살 뿐이다.

> 악한 자들이 오래 살며
>
> 늙을수록 점점 더 건강하니 어찌 된 일인가?
>
> 자식들이 든든히 자리를 잡고
>
> 후손들이 잘사는 것을 보며 흐뭇해 하지 않는가?
>
> 그들의 집은 태평무사하여 두려워할 일이 없고
>
> 하느님에게 매를 맞는 일도 없지 않는가?
>
> ......
>
> 소구를 두드리고 거문고를 뜯으며 노래하고
>
> 피리소리를 들으며 흥겨워하지 않는가?
>
> 일생 행복하게 지내다가
>
> 고요히 지하로 내려가더군.(욥기 21,7-9; 21,12-13.)

죽은 후에 의로운 자는 상을 받고 사악한 자는 벌을 받는 사후 세계가 있다면 이러한 불공평함은 그래도 덜 억울할 것이다. 하지만 욥에게(그리고 대부분의 구약성서 저자들에게) 사후의 심판은 존재하지 않았다.

늪에서도 물이 마르고
강줄기라도 말라버릴 수 있듯이
사람은 누우면 일어나지 못합니다.
하늘이 사라지는 한이 있어도 눈을 뜨지 못하고
한번 든 잠은 깨어 일어나지 못합니다.(욥기 14,11-12.)

욥은 자신의 사정을 절대자에게 탄원하더라도 아무것도 달라
질 것이 없다는 것을 알았다. 하느님은 권능의 하느님이다. 그러
나 상황이 달라지지는 않는다. 욥에게 죄가 없더라도 말이다.

하느님이 진노를 풀지 아니하시면
라합의 부하들도 그에게 굴복하는데
나 어찌 한마디인들 대답할 수 있으며
그와 맞서서 과연 무엇을 말하겠는가?
죄가 없다 하여도 대답할 말이 없어
다만 흑백을 가릴 분에게 은총을 빌 뿐인데
내가 불러도 대답조차 아니하시니
나의 부르짖음을 들으신다고 믿을 수도 없네.
그는 한 오라기 머리카락 같은 일로 나를 짓밟으시고
까닭 없이 나를 해치시고 또 해치신다네.
숨 돌릴 틈도 주시지 않고
나의 입에 쓴 맛만 채워주신다네.
힘으로 해보려 하나 그는 장사요,

법으로 해보려 하나 누가 그를 불러내겠는가?

나 비록 죄가 없다고 하여도

그는 나에게 죄가 있다고 하시겠고,

나 비록 흠이 없다고 하여도

그는 나의 마음 바탕이 틀렸다고 하실 것일세.(욥기 9,13-20.)

그런데 시적 대화 끝에 하느님이 정말 욥 앞에 나타났다. 욥은 죄와 흠이 없는 사람이었지만, 권능의 조물주 하느님이 그의 앞에 위풍당당하게 나타나니 그는 완전히 그 권위에 압도되어 그의 앞에 무릎을 꿇는다. 욥은 하느님에게 자신의 의로움과 무고함을 호소한다. "나의 입술은 맹세코 거짓말을 않으리라. 나의 혀는 허풍을 떨지 않으리라."(욥기 27,4.) 그는 하느님이 그의 이야기를 들으면 마음을 돌이킬 것이라고 확신했다.

그가 어디 계신지 알기만 하면,

당장에 찾아가서

나의 정당함을 진술하겠네.

반증할 말도 궁하지는 않으련만.

그가 무슨 말로 답변하실지를 꼭 알아야겠기에

그 하시는 말을 하나도 놓치지 않고 들어야겠네.

그가 온 힘을 기울여 나를 논박하실까?

아니, 나의 말을 듣기만 하시겠지.

그러면 나의 옳았음을 아시게 될 것이고

나는 나대로 승소할 수 있을 것일세.(욥기 23,3-7.)

그렇게 된다면 얼마나 좋을까? 하지만 불행히도 하느님은 욥이 우려했던 반응을 나타낸다. 그는 무고한 이의 호소를 듣지 않고 그의 권능과 권위로 그를 제압한다. 하지만 욥은 용기를 내어 하느님에게 호소한다.

> 오, 하느님께 드린 내 말에 누가 증인으로 서주겠는가!
> 나는 이렇게 속을 모두 털었으니
> 이제는 전능하신 분의 답변을 들어야겠다.
> 나를 고소하는 자여, 고소장이라도 써 내려무나.
> 나는 그것을 목에 걸든가
> 면류관인 양 머리에 두르고는
> 살아온 나의 발걸음을 낱낱이 밝히며
> 귀족처럼 그의 앞에 나서리라.(욥기 31,35-37.)

이 마지막 요구에 하느님은 드디어 대답한다. 하지만 하느님이 대답하기 직전에 또 다른 '친구'가 나타난다. 바라켈의 아들 엘리후다. 그는 느닷없이 이들의 대화에 끼어들어서 욥이 자신의 죄 때문에 벌을 받는 것이라고 신랄하게 비판하고 악인에게는 벌을, 의인에게 상을 주는 선한 하느님을 찬양하기 시작했다.

욥은 이 친구의 비난에 반박할 시간도, 또 그럴 필요도 없었다. 왜냐하면 그가 대답하기 전에 하느님이 직접 나타났기 때문이다. 하느님은 욥 앞에 권능자의 모습으로 나타나 욥을 완전히 압도하여 티끌과 같은 존재처럼 만들어버렸다. 하느님은 하늘로부터 미세한 목소리로 말하거나, 인간의 모습으로 나타나거나, 꿈속에 나타난 것이 아니었다. 그는 폭풍 속에서 나타나 온 땅을 울리는 쩌렁쩌렁한 목소리로 욥에게 호령했다.

> 부질없는 말로 나의 뜻을 가리는 자가 누구냐?
> 대장부답게 허리를 묶고 나서라.
> 나 이제 물을 터이니 알거든 대답해 보아라.
> 내가 땅의 기초를 놓을 때 너는 어디에 있었느냐?
> 그렇게 세상물정을 잘 알거든 말해 보아라.
> 누가 이 땅을 설계했느냐?
> 그 누가 줄을 치고 금을 그었느냐?
> 어디에 땅을 받치는 기둥이 박혀 있느냐?
> 그 누가 세상의 주춧돌을 놓았느냐?
> 그 때 새벽별들이 떨쳐 나와 노래를 부르고
> 모든 하늘의 천사들이 나와서 합창을 불렀는데,(욥기 38,2-7.)

하느님은 욥에게 진노하며, 일개 인간에 불과한 그가 온 세상 만물을 창조한 하느님에게 감히 가타부타 토를 단다고 그를 크게 꾸짖는다. 전지전능한 하느님은 땅 위에 살고 있는 하찮은 존재에게 변명할 필요가 없다는 것이다. 하느님은 그의 권위 앞에 욥을 완전히 굴복시킬 목적으로 다음과 같이 대답할 수 없는 일련의 질문들을 그에게 쏟아낸다.

네가 언제고 동이 틀 것을 명령해 본 일이 있느냐?

새벽의 여신에게

"이것이 네 자리다" 하고 일러준 일이 있느냐?

……

네가 바닷속 깊이 더듬어 내려가

바닷물이 솟는 샘구멍까지 찾아가 보았느냐?

너는 죽음의 문이 환히 드러나는 것과

암흑의 나라 대문이 뚜렷이 나타나는 것을 본 일이 있느냐?

네가 넓은 땅 위를 구석구석 살펴

알아보지 못한 것이 없거든, 어서 말해 보아라.

……

너는 흰 눈을 저장해 둔 곳에 가본 일이 있으며,

우박 창고에 들어가 본 일이 있느냐?

……

네가 천상의 운행 법칙을 결정하고

지상의 자연 법칙을 만들었느냐?

너는 구름에 호령하여

물을 동이로 쏟아 땅을 뒤덮게 할 수 있느냐?

네가 "나가라"고 명령하면

"알았습니다" 하며 번갯불이 번쩍 퉁겨 나가느냐?

……

매가 너의 충고를 받아 날개를 펴고

남쪽으로 날아가는 줄 아느냐?

독수리가 네 명령을 따라 높이 치솟아

아득한 곳에 보금자리를 트는 줄 아느냐?(욥기 38,12; 38,16-18;

　38,22; 38,33-35; 39,26-27.)

　세상의 창조주이자 통치자의 권능으로 하느님은 마지막 결론을 내린다. 하느님은 전지전능하고 욥은 한낱 힘없는 인간일진대 어딜 감히 하느님에게 시시비비를 논하는가?(욥기 40,1-2.) 욥은 하느님 앞에 무릎을 꿇는다.(욥기 40,3-4.) 하지만 하느님은 아직 할 말이 남아 있다. 그는 폭풍 가운데 두 번째 말을 남긴다.

　야훼께서 욥에게 폭풍 속에서 대답하셨다.

　대장부답게 허리를 묶고 나서라.

　나 이제 물을 터이니, 알거든 대답하여라.

　네가 나의 판결을 뒤엎을 셈이냐?

　너의 무죄함을 내세워 나를 죄인으로 몰 작정이냐?

　네 팔이 하느님의 팔만큼 힘이 있단 말이냐?

　너의 목소리가 천둥 소리와 같단 말이냐?(욥기 40,6-9.)

　물론 아니다. 욥은 만약 하느님이 그의 앞에 나타난다면 꼼짝없이 하느님 앞에 무릎 꿇고 머리를 조아리게 될 것을 알고 있었다. 죄가 있든 없든 말이다. 상황은 그가 생각했던 대로 전개되었

다. 하느님의 천둥 같은 목소리가 마침내 잠잠해지자 욥은 자신의
죄를 자백하고 회개한다.

> 알았습니다.
> 당신께서는 못하실 일이 없으십니다.
> 계획하신 일은 무엇이든지 이루십니다.
> ……
> 당신께서 어떤 분이시라는 것을 소문으로 겨우 들었었는데,
> 이제 저는 이 눈으로 당신을 뵈었습니다.
> 그리하여 제 말이 잘못되었음을 깨닫고
> 티끌과 잿더미에 앉아 뉘우칩니다. (욥기 42.2 ; 42.5-6.)

욥의 독자들은 시적 대화의 이 클라이맥스를 다양하게 해석하
였다.[3] 어떤 이들은 욥이 원하던 것을 얻었다고 말한다. 그가 그렇
게도 원하던 대로 결국 하느님을 알현하게 되었다는 것이다. 다른
이들은 욥이 절대자 하느님 앞에서 그의 마음 깊은 곳에 있는 은
밀한 죄를 깨닫게 되었을 것이라고 말한다. 또 다른 이들은 욥이
하느님의 광대함을 깨달은 지금, 좀 더 넓은 시각으로 그의 고난
을 조명할 수 있게 되었을 것이라고 말한다. 또 다른 이들은 하느
님은 온 우주만물을 경영하는 존재이므로 인간의 사사로운 고통
까지 돌아보지는 않는다고 주장한다.

나는 이 모든 설명이 맞지 않다고 생각한다. 욥이 하느님과 대
면하기를 원한 것은 하느님에게 그의 무죄를 호소하기 위해서였

다. 하지만 그는 말 한마디 할 기회도 얻지 못했다. 욥이 하느님 앞에서 죄를 고백하게 되었다는 것도 이치에 맞지 않는다. 그는 회개할 만한 죄를 짓지 않았다. 그가 회개한 것은 단지 절대자에게 호소하려 했다는 그것뿐이었다. 우주의 광활함에 비해 인간의 문제는 극히 사소한 것이라고 말하는 것도 부당하다. 전지전능한 하느님이 다른 큰일 때문에 욥의 고통은 돌볼 수 없었다는 것은 말이 되지 않는다. 게다가 욥기를 읽어보면 하느님은 욥에게 관심을 갖지 못한 게 아니라 관심이 지나칠 정도로 많았다. 잘못이 없는데도 고통을 주면서 그의 믿음을 시험할 정도로 말이다.

욥은 하느님에게 아무 잘못 없는 그가 왜 그토록 심한 고통을 받아야 했느냐고 묻고 싶었다. 하지만 하느님은 그에 대한 대답을 거부했다. 그는 단지 자신이 절대자이며 인간의 질문 따위는 받지 않겠다고 말할 따름이었다. 그는 욥이 부지불식간에 지은 죄가 있다고 말하지 않았다. 또한 고통이 자신에 의해 주어진 것이 아니라 사악한 악마에 의한 것이었다고 말하지도 않았다. 그는 고통 가운데서도 욥이 신실함을 유지하는지 시험하려 했다고 설명하지도 않았다. 하느님은 단지 미물 같은 인간이 하느님에게 도전할 수 없다고 말할 뿐이었다. 대답을 구하거나, 진실을 알고자 하거나, 설명을 듣고 이해하려 하는 것은 모두 그의 권위에 도전하는 일이었다. 하느님이란 인간에게 질문을 받거나 이성적으로 설명해야 할 존재가 아니다. 감히 하느님에게 도전하는 자는 그 자리에서 말라붙거나 그의 압도적인 임재로 말미암아 가루로 부서질 따름이다. 고통에는 해답이 없으니 해답을 구하려 하지도 말

라. 욥은 하느님이 그를 합리적으로 대하고 이해가 가도록 설명해 줄 것을 기대하였다. 그러나 하느님은 그런 일을 하지 않는다. 그는 신 아닌가? 신이 왜 인간에게 해명해야 하는가? 한낱 인간일 따름인 우리가 어찌 감히 신에게 질문을 던지는가?

무서운 광풍으로 존재를 드러낸 하느님의 이와 같은 응답은 욥의 입을 닫아버렸다. 그는 불가침의 자리에 있다. 그는 신이므로 무엇이든 할 수 있다. 절대자는 자신의 행위에 대해 변명할 필요가 없다. 그러나 생각해보자. 과연 그럴까? 하느님은 내키는 대로 사람을 불구로 만들고, 고문하고, 살해해도 아무 책임이 없는 것인가? 사람이 그런 일을 했다가는 벌을 안 받고 달아날 재간이 없다. 그럼 하느님은? 그는 신이니까 무고한 자에게 재앙을 주고 어린아이들을 죽여도 된다는 말인가? 진정 그렇다는 말인가?

우리가 인간의 잣대로 하느님의 잔인한 행동을 판단할 수 없다면(욥은 죄가 없었음을 기억하라) 그것은 무엇을 의미하는가? 성서에 인간은 하느님의 형상에 따라 창조되었다고 나와 있다. 그렇다면 선과 악에 대한 인간의 판단은 하느님에게서 온 것 아닌가? 하느님이 의로움과 공의와 공정의 기준을 우리에게 주지 않았는가? 우리가 하느님이 준 판단 기준으로 하느님을 이해할 수 없다면 대체 우리는 무엇으로 하느님을 알 수 있다는 말인가? 우리는 단지 인간일진데 말이다.

욥은 잠언 같은 지혜서나 예언서를 읽은 모양이다. 죄와 벌이 연관되어 있다고 믿으며, 죄가 없는 자신이 대체 왜 고통받아야 하냐고 절규한 것을 보니 말이다. 그런데 욥은 그 책들보다는 전도서를 읽는 편이 나았을 것이다.[4] 전도서에는 고통에 꼭 이유가 있을 필요가 없다고 적혀 있다. 고통은 무작위로 발생하는 일이며 우리가 할 수 있는 일은 최선을 다해 이를 이겨내는 일밖에 없다는 것이다.

짧은 인생 즐겁게 살지어다

전도서는 오래전부터 내가 성서에서 가장 좋아하는 책이었다. 전도서는 구약성서의 지혜서에 포함되는데, 삶에 대한 전도서의 통찰은 (잠언과는 달리) 하느님과의 관계를 기초로 하는 것이 아니라 세상만사에 대한 깊은 이해를 바탕으로 제시되었다. 전도서에서 말하는 지혜는 잠언과 같은 지혜서와는 달리 여러 명의 현자들이 말하는 지혜가 아니라 삶과 죽음에 대해 깨달음을 얻은 한 인물이 말하는 지혜다. 욥의 시적 대화와 마찬가지로 전도서는 잠언에서 말하는 전통적 관점과는 반대 입장을 나타낸다. 그러한 의미에서 전도서는 '반反지혜Anti-Wisdom적인' 책이다. 전통적 관점은 삶에는 의미가 있으며 악인은 벌을 받고 의인은 복을 받는다고 말한다. 하지만 자신을 선생이라고 칭하는 전도서의 저자는 그렇게 말하지 않는다. 오히려 그와 반대로, 삶은 의미가 없으며 종국에 가서는 지혜로운 자나 미련한 자나, 의로운 자나 사악한 자나, 부유한 자나 가난한 자나 모두 죽는 것은 매한가지라고 말한다. 그 외에 다른 것은 없다.[5]

전도서의 서두를 읽어보면 전도서 전체의 주제를 가늠할 수 있다. 저자는 자신이 다윗의 아들이며 예루살렘의 왕이라고 밝힌다.(전도 1,1.) 즉 그는 세상에서 가장 지혜로운 자라고 알려진 솔로몬이라는 것이다. 하지만 학자들은 전도서의 저자가 솔로몬일 수 없다고 지적한다. 언어학적으로 분석해볼 때, 전도서에 쓰인 히브리어는 그보다 나중에 나온 아람어에 영향을 받은 부분들이 있다. 또한 전도서에는 페르시아에서 따온 단어들이 등장하는데, 이는 곧 전도서가 훗날 페르시아 사상가들의 영향을 받았다는 것을 증명한다.(바빌론 유수 이후의 사건.) 따라서 전도서는 기원전 3세기경(솔로몬 시대보다 약 700년 이후)에 쓰인 것으로 추정된다. 전도서는 다음과 같은 말로 시작한다.

> 다윗의 아들로서 예루살렘의 왕이었던 설교자의 말이다.
> 헛되고 헛되다, 설교자는 말한다,
> 헛되고 헛되다. 세상만사 헛되다.
> 사람이 하늘 아래서 아무리 수고한들 무슨 보람이 있으랴!
> 한 세대가 가면 또 한 세대가 오지만
> 이 땅은 영원히 그대로이다.
> 떴다 지는 해는 다시 떴던 곳으로 숨가빠 가고
> 남쪽으로 불어갔다 북쪽으로 돌아오는 바람은
> 돌고 돌아 제자리로 돌아온다.
> ……
> 세상만사 속절없어 무엇이라 말할 길 없구나.

아무리 보아도 보고 싶은 대로 보는 수가 없고

아무리 들어도 듣고 싶은 대로 듣는 수가 없다.

지금 있는 것은 언젠가 있었던 것이요,

지금 생긴 일은 언젠가 있었던 일이라.

하늘 아래 새 것이 있을 리 없다.

"보아라, 여기 새로운 것이 있구나!" 하더라도 믿지 마라.

그런 일은 우리가 나기 오래 전에 이미 있었던 일이다.

지난간 나날이 기억에서 사라지듯

오는 세월도 기억에서 사라지고 말 것을.(전도 1,1-6; 1,8-11.)

　여기 핵심용어는 "헛되다"는 것이다. 모든 삶은 헛되다. 삶은 화살 같이 빨리 지나가고 결국 사라져버린다. '헤벨hevel'이라는 히브리어 단어는 '공허함', '어리석음', '무익함'으로 번역할 수 있다. 원래 '헤벨'이라는 단어의 문자 그대로의 의미는 증발해서 사라지는 안개라는 뜻으로, '한순간의'나 '덧없는'이라는 의미를 담고 있다. 이 단어는 짧은 전도서 안에 약 30번 정도 나온다. 전도서 저자에게 이 세상의 모든 것들은 덧없고 한순간에 지나가버리는 것이며 우리의 인생 또한 그렇다. 모든 것은 잠시 있다가 그다음에 없어지는 것이므로 그 어떤 것에도 영원한 의미나 중요성을 둘 필요가 없다.

　전도서 저자는 솔로몬인 척하면서, 자신이 삶의 의미를 찾기 위해 여러 가지 일들을 해보았노라고 말한다. 그는 지혜를 찾기도 하고, 향락을 즐기기도 했으며, 큰 사업을 벌이기도 하고, 많은 것들을 소유하기도 하였다.(전도 1,16-2,23.) 하지만 그는 "내가 이 손으로 한 모든 일을 돌이켜보니, 모든 것은 결국 바람을 잡듯 헛된 일이었다"고 고백하였다.(전도 2,11.) 부유하고 지혜롭고 유명해졌지만, 그는 삶이 싫었으며(전도 2,17) 삶에서 절망감을 느꼈다.(전도 2,20.) 결국 그는 다음과 같은 결론을 내렸다. "수고한 보람으로 먹고 마시며 즐기는 일만큼 사람에게 좋은 일은 없다."(전도 2,24.) 그는 하느님을 등지거나 삶을 포기한 것이 아니었다. 그와는 반대로 그는 삶에서 누리는 단순한 기쁨들이(예: 먹을 것, 마실 것, 일, 배우자) "하느님께서 손수 내리시는 것"이라고 말하였다.(전도서 2,24.) 하지만 이러한 것들 역시 모두 바람을 잡듯 헛된 일이라는 것이다.(전도 2,26.)

나는 이 전도자와 마음이 통하는 것 같다. 눈을 들어 주변사람들을 살펴보라. 우리가 그토록 열심히 일하며 얻으려 하는 것이 무엇인가? 돈을 벌기 위해 열심히 일하다가 결국 큰 부자가 되었다고 치자. 당신이 축적한 그 부는 당신이 죽을 때 다른 사람의 차지가 된다.(전도 6,1-2.) 당신의 재산을 자녀들에게 유산으로 남겨주었다고 하자. 하지만 그들 역시 언젠가 죽을 것이고 그들의 자녀와 또 그들의 자녀 모두 죽을 것이다. 열심히 모아봤자 그게 무슨 소용인가? 또한 공부를 열심히 하여 머리에 많은 지식을 쌓았다고 하자. 언젠가 당신이 죽으면 당신의 뇌 또한 죽을 것이고, 당신의 머릿속에 있는 지식과 지혜 또한 사라질 것이다. 살면서 쾌락을 누리는 게 최고라는 사람도 있다. 하지만 이 역시 덧없기는 마찬가지다. 쾌락은 아무리 누려도 부족하기만 하다. 또한 나이가 들면서 육체는 쇠하고 병들며 결국에는 죽어서 썩어버린다. 대체 무슨 의미가 있는가?

전도자는 사람들이 일반적으로 말하는 '전통적' 지혜에 문제가 있다고 생각했다. 나는 그의 말에 전적으로 공감한다. 그는 의로운 자는 상을 받고 악한 자는 벌을 받는 게 아니라고 말한다. "나는 덧없는 세월을 보내면서 세상만사를 다 겪어보았다. 착한 사람은 착하게 살다가 망하는데 나쁜 사람은 못되게 살면서도 고이 늙어가더구나."(전도 7,15.) "땅 위에서 되어가는 꼴을 보면 모두가 헛된 일이다. 나쁜 사람이 받아야 할 벌을 착한 사람이 받는가 하면 착한 사람이 받아야 할 보상을 나쁜 사람이 받는다. 그래서 나는 이 또한 헛되다고 한 것이다."(전도 8,14.) 모든 것이 헛된 이유는 사람은 모두 죽으며, 사람이 죽으면 모든 것이 그대로 끝나기 때문이다. "나는 이 모든 것을 알려고 애를 썼다. 착한 일을 하며 사는 슬기로운 사람은 하느님의 손 안에 있다는 것을 알지만, 사랑해 주실지 미워해 주실지는 알 길이 없다. 그러므로 사람을 기다리고 있는 것은 모두 헛된 것일 따름이다. 너나 나나 할 것 없이 꼭 같은 운명이 기다리고 있다. 죄없는 사람이나 죄있는 사람이나, 선한 사람이나 악한 사람이나, 깨끗한 사람이나 더러운 사람이나, 제사를 드리는 사람이나 제사를 드리지 않는 사람이나 마찬가지다. 선한 사람이라고 해서 죄인과 다를 바 없고 하느님 앞에서 맹세를 하는 사람이라고 해서 맹세를 꺼려하는 사람과 다를 바 없다."(전도서 9,1-2.) 현세의 삶에서도 상과 벌은 행위에 따라 주어지는 것이 아니라 우연에 의해 배분된다.

내가 또다시 하늘 아래서 벌어지는 일을 살펴보았더니 발이 빠르다고 달음박질에 우승하는 것도 아니고 힘이 세다고 싸움에서 이기는 것도 아니며 지혜가 있다고 먹을 것이 생기는 것도 아니고 슬기롭다고 돈을 모으는 것도 아니며 아는 것이 많다고 총애를 받는 것도 아니더라. 누구든 때가 되어 불행이 덮쳐오면 당하고 만다. 사람은 아무도 자기가 죽을 날을 모른다. 모두들 그물에 든 물고기 같고 덫에 치인 새와 같은 신세라, 갑자기 액운이 닥치면 벗어날 길이 없다.(전도 9,11-12.)

전도자는 또한 선하고 지혜로우며 신실하고 의로운 자는 사후에 상을 받고 죄를 지은 자는 벌을 받는 것이 아니라고 말하였다. 사후 상벌이라는 것은 없으며 삶은 살아있는 동안 의미 있는 것이다. "죽은 사자보다 살아있는 강아지가 낫다."(전도 9,4.) 전도서 저자는 다음과 같이 부연 설명한다. "산 사람은 제가 죽는다는 것이라도 알지만 죽고 나면 아무것도 모른다. 다 잊혀진 사람에게 무슨 좋은 것이 돌아오겠는가? 사랑도 미움도 경쟁심도 이미 사라져버려 하늘 아래서 벌어지는 어떤 일에도 간섭할 길은 영원히 없어진 것이다."(전도 9,5-6.)

이처럼 삶이 헛되다고 생각하는 사람은 우울증에 걸리거나 자살충동을 느끼는 게 아닐까 생각할지 모른다. 하지만 전도자는 전혀 그렇지 않았다. 그가 삶에 대해 비관적인 태도를 갖고 있는 것은 사실이다. 그는 삶에서 심오하고 영원한 의미를 찾는 것을 포기했다. 하지만 삶을 끊어버리는 것은 결코 해답이 될 수 없다. 왜냐하면 그렇게 하는 것은 우리가 갖고 있는 유일하게 좋은 것, 즉 삶을 잃어버리는 것이기 때문이다. 전도서 저자는 이렇게 말하였다. 이 세상에서 일어나는 일들은 도저히 이해할 수 없지만, 우리가 살아있는 동안 해야 할 일은 인생을 최대한 즐겁게 사는 것이라고 말이다. "먹고 마시며 즐거워하라"는 말은 전도서에 총 일곱 번 나온다.

> 먹고 살 돈과 재산을 하느님께 몫으로 받은 사람은 누구나 그것을 하느님의 선물로 알아 수고한 보람으로 즐길 일이다. 하느님께서는 사람들이 행복하게 살기만 바라시니, 인생을 너무 심각하게 생각하지 마라.(전도 5,18-19.)

> 그러므로 즐겁게 사는 것이 좋은 것이다. 하늘 아래서 먹고 마시며 즐기는 일밖에 사람에게 무슨 좋은 일이 있겠는가? 그것이 없다면 하늘 아래서 하느님께 허락받은 짧은 인생을 무슨 맛으로 수고하며 살 것인가?(전도 8,15.)

고문서에 나오는 조언들 중 과연 최고의 조언이다. 사후에 이런저런 일이 일어난다고 주장하는 사람들은 많지만, 사실 우리가 죽은 후 어떻게 될지 아는 사람은 아무도 없다. 나는 전도서 저자가 옳다고 생각한다. 사후세계란 존재하지 않으며 우리에게 가장 중요한 것은 지금 이 땅에서의 삶이다. 우리는 이 세상에서 우리의 인생을 살아가는 동안 최대한 즐겁게 지내며 우리 삶의 매순간을 충만히 살아가야 한다. 가까운 인간관계, 사랑하는 가족, 좋은 친구들, 맛있는 음식들, 그리고 우리의 일과 놀이에서 즐거움을 찾으면서 말이다.

세상에 존재하는 고통은 어떻게 할 것인가? 전도자는 고통 또한 즐거움과 마찬가지로 잠시 있다가 지나가는 것이라고 말한다. 그는 욥기에서처럼 극한의 괴로움에 대해 다루지는 않는다. 그가 말하는 고통은 존재 자체의 고통이며 우리가 인간으로서 갖는 보편적 고통이다. 그러나 그가 극도로 고통스러운 상황에 처한다 해도 그는 똑같은 말을 할 것이다. 고통 역시 '헤벨'이라고 말이다. 우리는 우리 자신과 우리 주변의 사람들이 고통을 견뎌낼 수 있도록 도와야 한다. 빠르게 지나가는 우리의 삶에서 우리의 인생 목표는 종종 고통에서 해방되는 것이 되곤 한다. 하지만 인생은 고통을 피하는 것이 다가 아니다. 우리는 이 세상에 사는 동안 최대한 즐거움을 누리도록 노력해야 한다.

고통에 대한 전도자의 관점은 욥기의 시적 대화에서 발견되는 관점과 유사하다. 하지만 욥기의 도입부와 종결부 설화의 관점과는 완전히 다르다. 전도서의 저자는 하느님이 의로운 자들에게 부와 번영을 가져다준다고 생각하지 않았다. 그렇다면 고통은 왜 있는가? 그는 알 수 없다고 말한다. 그는 "세상에서 가장 지혜로운 자"였다. 이것은 우리가 기억해야 할 점이다. 때때로 고통은 우리가 아무리 이해하려고 노력해도 도저히 알 수 없는 이해 불가능한 일일 따름이다.

욥기의 시적 대화에서 하느님은 욥이 왜 그러한 고통을 받아야 했는지 대답하지 않았다. 전도서는 욥기와 다르게 하느님과 고통이 아무 상관이 없다고 본다. 욥기에서는 하느님이 인간에게 고통과 괴로움을 주고는 설명을 안 해주는 것으로 나와 있지만, 전도서는 고통이 하느님으로부터 온다는 관념이 아예 없다. 하느님이 사람들에게 상처를 입히고 불구로 만들며, 고문하고 죽인 후에 이에 대해 한마디 설명도 하지 않고 권위로 일관하면서 아무 소리 못하게 한다는 것은 끔찍하고 혐오스러운 해석이다. 나는 고통이 하느님에 의해 주어진 것이 아니라고 보는 전도자의 해석에 동의한다. 고통의 이유는 알 수 없지만, 적어도 하느님이 고통을 내리지는 않는다는 것이다. 고통은 우리 삶에 불가피하게 존재하는 것으로, 우리가 통제할 수 없는 상황에 의해 우리가 이해할 수 없는 이유로 발생한다. 그렇다면 우리는 고통의 문제에 대해 어떻게 해야 할 것인가? 우리가 할 수 있는 일은 가능한 한 고통을 최소화하고 다른 사람들의 고통을 덜어주기 위해 최선을 다하는 일이다. 그리고 우리의 삶이 다할 때까지 최대한 즐겁게 살기 위해 노력하는 것이다.

7장

신은 악을 없애고 싶어 하지만
왜 그러지 못하는가

내가 고통에 대한 책을 쓴다고 말하면 사람들은 크게 두 가지 반응을 보인다. 어떤 사람들은 왜 고통과 불행이 존재하는지 '정답'을 알려주려고 한다. 이들의 설명은 거의 똑같다. 우리에게는 자유의지가 있으며, 만약 자유의지가 없다면 우리는 완벽한 지구에서 돌아다니는 로봇에 불과할 것이다. 우리에게 자유의지가 있기 때문에 고통도 있는 것이다. 내가 자유의지로 모든 고통을 설명할 수 없다며, 뉴올리언스의 허리케인이나 인도네시아의 쓰나미, 파키스탄의 지진 등을 예로 들면, 이들은 어리둥절한 표정으로 입을 다물거나 이야기 주제를 바꿔버린다. 또 다른 반응은 좀 더 빈번하게 나타난다. 내가 고통에 대한 책을 쓰고 있다는 말을 들으면 이를 못들은 척 하고 넘어가서 아예 다른 이야기를 꺼내는 것이다.

칵테일파티에서 사람들의 대화를 끊어버리는 것은 아주 간단하다. 그냥 내가 무슨 일을 하는지 말하기만 하면 된다. 누군가 손에 포도주 잔을 들고 내게 와서 가벼운 인사를 나눈 후 내가 무슨 일을 하는지 물으면 나는 대학에서 강의를 한다고 말한다. "오, 그래요? 무슨 과목을 가르치시나요?" "신약성서와 초기 그리스도교를 강의합니다." 이렇게 대답하고 나면 잠시 적막이 흐른다. 그는 "아~ 재미있겠네요" 하고는 더 이상 무슨 말을 할지 몰라 다른 곳으로 가버린다. 내가 이 책을 쓰게 되면서 상황은 더욱 나빠졌다. "요즘 무슨 일을 하시나요?" "고통에 대한 책을 쓰고 있습니다." 침묵. "아 네, 그렇군요···." 또 침묵. "그다음에는 뭘 하실 건가요?" 이런 식이다.

사실 사람들은 고통에 대해 이야기하고 싶어 하지 않는다. 이 세상의 모든 고통과 불행에 대해 15초 안에 간단히 이야기하려는 이들 외에는 말이다. 물론 그것은 자연스러운 현상이다. 우리는 고통에 대해 생각하고 싶지 않으며 단지 즐거운 시간을 갖기를 원할 따름이다. 특히나 미국에서 편안한 삶을 사는 사람들은 세상에 존재하는 고통에 관여하지 않고 그냥 그 문제에서 멀리 떠나있고 싶어 한다. 게다가 우리는 죽음의 문제를 직접 다룰 필요가 없다. 누가 죽더라도 장의사가 모든 일을 다 처리해준다. 또한 고기를 먹더라도 우리 조상들처럼 직접 동물을 죽일 필요도 없고, 동물이 죽는 모습이나 정육업자가 고기를 자르는 모습을 볼 필요도 없다.

우리는 고통의 문제에 둔감해진 채 멀리 떨어져 편히 살아간다. 뉴스에 나오지만 않는다면 그러한 문제가 있다는 사실도 모른다. 하지만 세계 곳곳에는 매일같이 고통 속에서 살아가는 사람들이 있다. 우리 대부분은 2005년 10월까지 말라리아에 대해 별 관심을 갖지 않았다. 빌&멀린다 게이츠 재단이 모기로 전염되는 이 전염병의 확산을 막는 백신을 개발하는 데 2억 5,000만 달러를 기부하기 전까지는 말이다. 이들의 기부 소식이 발표되자 사람들은 그제야 그런 문제가 있었는지 겨우 관심을 갖게 되었다.

말라리아는 끔찍한 전염병이다. 이 병은 한번 발생하면 급속도로 확산되지만 충분히 예방할 수 있다. 말라리아 때문에 생기는 불행은 우리의 상상을 초월한다. 국립 알러지 · 감염성질환 연구소의 통계에 따르면, 아프리카 사하라 남부 지역에 사는 4억~9억 명의 어린이들이 매년 급성 말라리아에 감염되며 평균 270만 명이 사망한다. 즉 하루에 7천 명, 1시간에 300명, 1분에 다섯 명씩 말라리아로 죽는다. 대부분 사람들이 1초도 관심을 갖지 않는 이 질환으로 말이다. 사망자들 중 대부분은 어린이다. 대부분 사람들은 아프리카의 많은 어린이들이 죽는 것에 대해 별 관심을 기울이지 않는다. 만약 우리가 사는 곳에서 매 1분마다 다섯 명의 어린이들이 전염병으로 죽는다면 어떻게 될까? 아마도 우리는 대대적으로 대책을 마련하기 위해 부심하고 있을 것이다.

게이츠 재단 같은 단체들의 적극적인 기부로 말라리아 문제는 궁극적으로 해결될지 모른다.(2억 5,000만 달러를 선뜻 기부할 수 있는 사람이 얼마나 있겠는가? 하지만 250달러씩 기부하는 사람이 100만 명만 모이면 같은 효과를 낼 수 있다.) 하지만 세상의 고통과 괴로움은 마치 헤라클레스가 힘겹게 싸워야 했던 히드라의 머리와도 같다. 하나를 잘라내면 그 자리에 두 개가 더 생기는 히드라의 머리 말이다. 하나의 문제가 해결되면, 우리는 그만큼 어려운 문제가 두 가지 더 있다는 사실을 알게 된다. 말라리아 문제가 해결되면 에이즈 문제가 있고, 에이즈 문제가 해결되면 식수 문제가 있고, 이런 식이다.

사실 식수 문제 또한 많은 세계인들에게 큰 문제 중 하나다. 대부분 사람들에게 이 문제는 생소하게 느껴질지도 모른다. 우리 는 수돗물을 먹을지 생수를 사먹을지를 놓고 고민한다. 많은 사람 들은 수돗물에는 입도 대지 않고 매주 생수를 배달시켜 먹는다. 하지만 우리가 먹지도 않는 깨끗한 수돗물을 얻기 위해서라면 어 떠한 희생도 마다하지 않을 사람들이 세상에는 수없이 많다. 수많 은 사람들이 깨끗한 물이 없어 생명을 잃는다.

1982년에 전 미국대사 존 맥도날드와 전 UN 서기관보 피터 본 박사가 설립한 국제기구 '글로벌워터Global Water'의 보고에 의하 면, 세계 총인구의 5분의 1에 해당하는 10억 명 이상의 사람들이 식수 문제를 겪는다고 한다. 이 사람들이 당면한 문제는 매우 심 각하다. 식수 문제를 겪는 많은 사람들이 영양실조 상태이고, 이 들이 마시는 오염된 물에는 기생충이 있어 가뜩이나 약한 이들의 몸에서 영양분을 빼앗아간다. '글로벌워터'는 치명적인 아동질병 들이 음식과 약이 부족해서가 아니라 오염된 물 때문에 발생한다 고 밝혔다. 매일 4만 명에 이르는 남성, 여성, 그리고 어린이들이 깨끗한 식수가 없어 발생하는 질병 때문에 사망한다. 1분에 25명 씩 사망하는 것이다. 매 1분마다 말이다.

이 문제에는 분명 해결책이 있을 것이다. 우리가 매주 집으로 생수를 배달시키고 프랑스 와인과 맥주, 다이어트 콜라를 먹을 수 있다면, 그 사람들은 적어도 기생충 없는 물은 먹을 수 있어야 한다. 나도 인정한다. 내가 오늘밤 NCAA 농구 경기를 보기 위해 텔레비전을 켜고 진저에일을 잔에 따를 때, 경기가 진행되는 동안 3,000명의 사람들이 오염된 물 때문에 죽을 것이라는 생각은 하지 않을 것이다. 하지만 그것은 분명 잘못이다. 나는 생각을 해야만 한다. 그리고 행동을 취해야만 한다.

이 책은 우리가 취해야 할 행동에 관한 책은 아니다. 그것은 좀 더 좋은 해결책을 알고 있는 전문가들에게 맡기겠다. 이 책에서는 단지 이러한 문제에 대해 우리가 진지하게 생각해봐야 한다는 사실을 일깨우고자 한다. 이 세상에 왜 이러한 고통과 괴로움이 존재하느냐에 대해 생각해보자는 것이다. 왜 모기와 기생충이 인간의 몸을 공격하여 질병에 걸리게 하는지에 대한 과학적 질문이 아니라, 선한 하느님이 모든 것을 책임진다는 성서의 말이 옳다면 왜 이 세상에 이토록 고통이 많은지 신학적 질문을 해보자는 것이다.

우리가 지금까지 살펴본 것처럼 성서 저자들은 고통의 문제를 다양하게 해석하였다. 고통이 죄에 대한 하느님의 벌로써 주어졌다는 해석(예언자), 다른 사람들을 학대하고 압제하는 악인들에 의해 고통이 발생한다는 해석(역시 예언자), 하느님이 고통을 통해 구원을 이룬다는 해석(요셉과 예수의 이야기), 하느님이 믿음을 시험하기 위해 고통을 내린다는 해석(욥의 산문 부분), 하느님이 고통을 내리지만 우리 같은 미물에게는 설명해주지 않으므로 도저히 그 이유를 알 수 없다는 해석(욥의 시적대화 부분), 고통이란 인간의 이해를 벗어난 불가사의한 문제라는 해석(전도서) 등이 있다. 말라리아와 같은 전염병이나 오염된 물을 통해 인체에 들어와 해를 끼치는 기생충 문제, 그리고 그 외의 수많은 고통과 아픔과 죽음에 대해 생각해볼 때, 나는 다른 어떤 해석보다 전도서의 해석에 공감한다. 하느님이 사하라 남부 지역 사람들이 죄를 지어 벌을 내렸다고 생각하는 것은 터무니없다. 그렇다고 이들이 다른 인간 때문에 말라리아에 걸린 것도 아니다. 또한 이들의 죽음을 통해 구원의 역사가 이루어지는 것도 아니며, 하느님이 이들이 고통 속에 죽어가면서도 그를 찬양하는지 확인하려고 시험하는 것은 더더욱 아니다. 이들의 고통은 우리가 도저히 이해할 수 없는 수수께끼일 뿐이다.

지금까지 우리가 살펴본 해답들 외에 성서는 또 하나의 답을 제시한다. 구약성서 마지막 부분과 신약성서 전반에 걸쳐 발견되는 이 해답은 그리스도교의 발생과 성장에(그리고 한때 유대교에도) 지대한 영향을 미쳤다. 오늘날 학자들은 이 시각을 종말론 혹은 묵시론apocalypticism이라고 일컫는다. 나는 이 장의 마지막 부분에서 종말론적 관점에 대해 설명할 것이다. 우선은 종말론적 관점이 어디에서 유래했는지 알아보자. 종말론적 관점은 예언자들이 제시하는 고통에 대한 해답, 즉 하느님이 백성의 죄를 응징하기 위해 고통을 내렸다는 전통적 해답에 도저히 동의할 수 없었던 유대인 사상가들에 의해 생겨났다. 종말론자들은 하느님의 뜻에 따르고자 하는 사람들이 더욱 심한 고통을 받는다는 사실에 주목했다. 그들에게는 이러한 현실에 대한 해석이 필요했다.

종말론적 시각이 나타나게 된 배경

히브리 예언자들의 신학은 하느님이 그의 백성이 하는 일에 깊이 관여한다는 믿음을 기초로 한다. 하느님이 인간의 일에 개입한다는 것은 모세5경과 신명기적 역사서들의 가장 핵심적인 시각이다. 하느님은 이 세상을 창조하였고, 인간을 만들었으며, 이들에게 율법을 주었고, 이 율법을 지키지 않으면 벌을 주었다. 그는 인류가 악행을 일삼자 홍수로 세상을 멸하였다. 또한 그는 아브라함을 선택해 위대한 국가의 선조가 되게 하고, 이스라엘 민족을 자신의 백성으로 삼았다. 하느님은 아브라함, 이사악, 야곱, 그리고 유대민족 족장들과 계속 관계를 가지며 자신의 계약을 이루었다. 이들이 살던 땅에 기근이 닥쳤을 때는 이집트로 인도하고, 400년 후에는 이들을 이집트땅의 노예살이에서 구원해냈다. 하느님은 모세를 보내 놀라운 기적들을 행하고 이집트인들에게 각종 재앙을 내려 이스라엘 민족을 해방시켰다. 그는 이집트 군대를 무찌르고 이스라엘 민족이 홍해(혹은 갈대바다)를 건너도록 인도했으며, 모세를 통해 율법을 주고 약속의 땅을 주었다.

하느님이 그의 백성의 일에 끊임없이 개입하며 온갖 혜택을 주었다는 믿음은 후대 이스라엘 사상가들을 심각한 고민에 빠뜨렸다. 과거에는 하느님이 이스라엘과 함께하며 이들의 길을 인도했다는데, 현재는 전혀 그런 것 같지 않았기 때문이다. 이스라엘 백성은 시시때때로 극심한 시련을 겪었다. 이들은 가뭄, 기근, 전염병, 흉년을 겪었으며 각종 정치적 소용돌이에 휩싸이고 군사적으로 패배했다. 급기야 북이스라엘 왕국은 기원전 722년 아시리아에 멸망하고, 남유다 왕국은 기원전 586년에 바빌론에 멸망하였다.

예언자들은 즉각 해답을 내놓았다. 이스라엘 백성이 고난을 겪는 이유는 하느님이 힘이 없어서가 아니라 하느님이 권능자이기 때문이다. 그들이 하느님에게 순종하지 않았으므로 하느님이 벌을 내린 것이다. 따라서 회개하고 돌아오기만 하면 다시 하느님으로부터 복을 받을 수 있다. 이스라엘 백성이 회개하면 하느님은 마음을 돌이켜서 고통을 거두고 다시 평화와 번영을 내려줄 것이다. 기원전 8세기의 아모스, 호세아, 이사야 선지자, 그리고 6세기의 예레미야와 에제키엘 선지자, 그리고 그 외의 다른 예언자들은 모두 그렇게 말했다. 이것이 예언자적 관점이다.

그런데 이러한 예언이 맞지 않는다면 도대체 어떻게 되는 것인가? 이스라엘 백성이 예언자들이 말하는 대로 하느님에게 돌아와 다른 신들을 버리고 모세의 율법을 지키며 악행을 회개하고 의로운 길을 간다면 어떻게 되어야 하는가? 예언자들의 말이 옳다면 이스라엘 백성은 상황이 좋아져서 다시금 편안한 삶을 누려야 한다.

그런데 문제는 백성이 하느님에게 회개하고 돌아와도 상황이 나아지지 않고 고통이 계속되었다는 것이다. 때로는 사람들이 하느님의 뜻을 행하기 때문에 고통이 더욱 심해지기도 하였다. 이스라엘 백성이 하느님을 섬긴다는 이유로 이방민족들이 더욱 고난을 준 것이다. 이제 고통의 문제를 어떻게 설명해야 할까? 그들의 죄 때문이 아닌, 의로움 때문에 받는 고통 말이다. 예언자적 해석은 더 이상 답이 될 수 없었다. 그리하여 종말론적 해답이 생겨나기 시작했다.

내가 앞에서 이스라엘이 죄를 회개하고 하느님에게로 돌아왔다고 말한 것에 대해 반박하는 독자들이 있었을 것이다. 특히 그리스도교 배경을 갖고 있는 독자들은 이스라엘 백성이 하느님 앞에 의롭게 행했기 때문에 고난을 겪었다는 말에 분명 동의하지 않았을 것이다. 그리스도인들이 볼 때 유대인들이 하느님의 율법을 모두 지키며 의로운 삶을 살았다는 것은 불가능하다. 유대인들이 하느님의 율법을 지키지 않았으므로 이들이 고통을 받은 것은 당연하다. 이러한 그리스도인들의 견해는 다분히 반유대주의적이라고 말할 수 있다. 그것은 유대인이 '목이 곧고 패역한 백성'이라고 보는 관점이다. 그리스도교적 관점에서, 사람은 아무리 노력해도 하느님이 원하는 바를 모두 다 실천할 수 없다. 이러한 관점에 의하면 의로운 자의 고통이란 있을 수 없다. 아무도 하느님 앞에서 의로울 수 없는데 어떻게 의인의 고통이라는 게 있을 수 있는가?

그러나 이것은 그리스도교적 관점이다. 고대 이스라엘의 성서 저자들은 이러한 관점을 갖고 있지 않았다. 예를 들어 욥기에는 욥이 하느님 앞에 의로운 사람이었으며 죄가 없는데도 고난을 겪었다고 나와 있다. 욥이 자신이 지은 죄의 대가로 고통을 받았다면 욥기가 전달하고자 하는 핵심은 실종될 것이다.(이 경우 욥의 친구들이 하는 말이 오히려 진리가 된다.) 욥은 고통을 받을 합당한 이유가 없었음에도 고통받았고, 욥기는 이에 대해 두 가지의 해석을 내놓는 것이다.

고대의 유대 종말론자들 역시 마찬가지였다. 이들은 유대인들이 특별히 죄를 저지르지 않을 때도 고통이 주어졌다는 사실에 주목했다. 그러나 이들은 욥기의 관점을 따르지 않았다. 그것은 하느님의 시험도 아니었고 권능의 하느님이 인간에게 대답을 거부하는 것도 아니었다. 이들은 하느님이 설명해주었다고 믿었다. 그래서 이들에게 종말론자/묵시론자apocalypticist라는 이름이 붙은 것이다. 이 단어는 '계시'나 '덮개를 벗김'이라는 뜻의 그리스어 아포칼립시스apocalypsis에서 유래한다. 유대인 종말론자들은 하느님이 지상에서 일어나는 일들에 대한 천국의 비밀을 그들에게 알려주었다고 말했다. 사람들이 겪는 고통은 하느님이 그들을 벌하기 때문이 아니다. 그것은 바로 하느님의 원수들이 주는 고통이다. 이들은 공중에 권세 잡은 하느님의 대적자들이다. 이들은 사람들이 하느님의 규례를 지키지 않아서 고통을 주는 것이 아니라, 그와는 반대로 사람들이 하느님을 따르기 때문에 고통을 주는 것이다.

종말론자들은 하늘에 권세 잡은 악의 세력이 하느님의 의로운 백성들에게 고통과 괴로움을 가져다주었다고 생각했다. 왜냐하면 이 백성이 하느님의 편이기 때문이다. 하지만 이러한 상황이 영원히 지속되지는 않을 것이다. 하느님은 머지않아 이 사악한 세력을 쫓아내고 악의 왕국을 무너뜨린 후, 하느님이 친히 다스리는 왕국, 곧 아픔과 고통이 없는 하느님의 왕국을 건설할 것이다. 그렇다면 언제 이 하느님의 왕국이 도래할까? 우리에게 가장 잘 알려진 한 유대인 종말론자는 이렇게 말했다. "나는 분명히 말한다. 여기 서 있는 사람들 중에는 죽기 전에 하느님 나라가 권능을 떨치며 오는 것을 볼 사람들도 있다."(마르 9,1.) 그는 또한 이렇게 말하였다. "나는 분명히 말한다. 이 세대가 지나기 전에 이 모든 일들이 일어나고야 말 것이다."(마르 13,30.) 이것은 예수의 말이다. 당시의 다른 종말론자들과 마찬가지로 예수는 하느님의 백성에게 고난을 주는 것이 악의 세력이라고 믿었다. 그리고 그는 머지않아, 즉 그 세대가 살아있는 동안 하느님의 왕국이 도래할 것으로 믿었다.

복음서에 나타난 예수의 견해를 알아보기 전에, 우선 종말론적 관점이 어디에서 비롯되었는지 그 역사적 배경을 살펴보기로 하자. 유대인 종말론자들은 선하고 전지전능한 하느님이 다스리는 세상에 어찌하여 이토록 고통이 많은지 이해하기 위해 고대 신정론을 만들어냈다.[1]

종말론적 시각의 근원

예수가 생존했던 시대에 팔레스타인 지방의 유대인들에게 널리 퍼져 있던 종말론은 이들의 삶과 생각에 지대한 영향을 미쳤다. 종말론적 시각이 처음 생겨난 것은 예수가 태어나기 150~170년 전에 발생한 마카베오 항전 무렵이다. 당시는 팔레스타인에 살던 유대인들이 시리아의 비유대인 통치자에 의해 박해를 받았던 시대였다. 이스라엘의 '약속의 땅'은 시리아 왕의 통치 하에 있었다. 그 당시 유대인들이 박해를 받던 가운데 종말론적 세계관이 등장한 과정을 이해하기 위해, 그 시대의 배경을 간략히 소개해야겠다.[2]

작은 나라 이스라엘은 지중해 동쪽지방에 대한 강국들의 패권 싸움의 중심에 있었다. 이스라엘은 이웃 강국들에게 끊임없이 침략당하고 군사적으로 패배했다. 기원전 722년에는 아시리아, 기원전 586년에는 바빌론, 기원전 539년에는 페르시아에 멸망당했으며, 그 후에는 그리스의 침략이 있었다. 알렉산더 대왕(기원전 356~323)이 이끌던 그리스 군대가 페르시아 제국을 정복하면서, 그리스의 헬레니즘 문화는 지중해 동쪽 지역에 전파되기 시작했다. 알렉산더 대왕이 기원전 323년에 사망하자, 그리스부터 극동 지방의 인더스 강에 이르기까지 광활한 땅을 차지했던 그의 왕국은 몇 개로 쪼개져 부하장군들의 차지가 되었다. 우리가 지금 이스라엘이라고 부르는 팔레스타인 지방은 이집트 장군이 통치하다가 기원전 198년에 시리아에 넘어갔다.

500년이 넘는 기간 동안 '약속의 땅'이 하느님의 선민이 아닌 이방인들에 의해 통치되는 것을 본 유대인들은 어떤 느낌이었을까? 말할 것도 없이 그들은 통분을 느꼈을 것이다. 그러나 이 시대의 문서는 남겨진 것이 거의 없어서 우리는 단지 짐작만 할 뿐이다. 시리아의 통치가 시작되면서 이스라엘의 상황은 더욱 나빠졌다. 특히 안티오쿠스 에피파네스라고도 알려진 안티오쿠스 4세가 왕위에 오르면서 이스라엘 백성의 삶은 한층 더 악화되었는데, 이는 안티오쿠스가 그들의 전통문화를 인정하지 않았기 때문이었다. 그는 자신이 통치하는 땅에서 문화적 주도권을 차지하려 했다. 그는 당시 가장 선진 문화라고 여겨졌던 헬라문화를 자신이 통치하던 모든 민족에게 강요했다. 헬라문화와 맞지 않는 모세의 율법을 따르던 유대인들은 당연히 강하게 반발했다. 유대인 남자들이 행하던 할례가 헬라문화에서는 기괴한 관습 취급이나 받고, 음식에 대한 법과 안식일, 각종 절기들 또한 마찬가지였기 때문이다. 게다가 유대인들은 지중해 일대의 다른 이들처럼 그리스 신을 섬기지 않고 이스라엘의 유일신만을 고집했다.

안티오쿠스는 그의 통치지역을 종교적, 문화적으로 일원화하려 했고, 이스라엘의 이러한 생활양식을 뜯어고치려 하였다. 안티오쿠스와 이스라엘 간의 갈등은 유대 고문서 중 하나인 마카베오상에 기록되어 있다. 마카베오상에는 기원전 167년 팔레스타인의 유대인들이 안티오쿠스의 통치에 반기를 들었던 사건이 자세히 실려 있다. 이 책의 이름은 안티오쿠스에 대항해 반군을 일으킨 유대인 마카베오에서 따온 것이다. 반군 지도자인 유다의 별명은 망치라는 뜻의 마카베오였는데, 그것은 그가 거칠고 억센 사람이었기 때문인 듯하다. 아무튼 이들의 항전은 성공해 유대인들은 수세기 동안 이방국가에게 빼앗겼던 약속의 땅을 되찾았다.(이스라엘은 그로부터 약 1세기 후 기원전 63년에 폼페이 장군이 이끄는 로마 군대에게 정복될 때까지 독립국가 상태를 유지하였다.) 여기서 우리가 주목해야 할 부분은 유대민족의 항전을 불러온 역사적 배경, 즉 안티오쿠스의 이스라엘 문화 말살정책이다.

마카베오상은 안티오쿠스 4세가 기원전 175년에 왕권을 쟁취하자 일부 유대인들이 헬라문화를 지지하기 시작했다고 기록하였다. 이 사람들은 다른 유대인들에게 헬라문화를 권유하고 예루살렘에 그리스식 연무장(일종의 문화센터)을 지었으며 각종 스포츠에 참여할 때 할례의 흔적이 보이지 않도록 수술을 받기도 하였다.(1마카 1,11-15.) 많은 유대인들은 이에 분개하였다. 급기야 안티오쿠스는 예루살렘을 침략해 성전을 더럽히고 제사장이 하느님에게 제사를 드릴 때 사용하던 도구와 가구들을 가져갔다.(1마카 1,20-23.) 마카베오상은 안티오쿠스가 "많은 사람을 죽인 다음, 오만 불손한 욕설을 남기고 자기 나라로 돌아갔다"고 기록하였다.(1마카 1,24.)

2년 후 안티오쿠스는 다시 예루살렘을 공격해 성읍의 일부를 불태우고 집들을 부순 후 여자와 아이들을 포로로 끌고 갔다.(1마카 1,29-32.) 그는 왕국 전체에 문화적 통일을 이루기 위해 백성들에게 조서를 내려 모든 민족이 그들의 고유한 관습을 버려야 한다는 명을 내렸다.(1마카 1,41.) 유대인 성전의 제사의식이 금지되고, 성전이 더럽혀졌다. 유대인 부모들은 사내아이에게 할례를 행할 수 없었으며 모세의 율법을 따르는 것이 금지되었다.(1마카 1,44-50.) 이스라엘 백성에 대한 끔찍한 박해가 시작된 것이다. 성전에서는 이방신들에게 제사를 지내고, 유다 전역에 걸쳐 이방신의 제단이 지어졌다. 율법책은 불태워 없어지고 율법책을 갖고 있는 사람들은 처형되었다. 자식에게 할례를 하는 사람과 그 가족은 사형당하고 갓난아기들도 목을 매달아 죽였다.(1마카 1,49-61.)

이런 끔찍한 상황을 이스라엘 사람들은 어떻게 이해했을까? 유대인들은 하느님에게 죄를 지어서가 아니라 하느님의 율법을 지키려 하다가 원수들에게 핍박받았다. 오랜 예언자적 관점은 이 상황에 적용되지 않았다. 따라서 새로운 관점이 생겨나기 시작했다. 현대 학자들이 종말론이라고 부르는 관점이다. 이 종말론적 관점은 다니엘서에 처음 등장했는데, 이 다니엘서는 마카베오 항전 초기에 쓰인 것으로, 구약성서에서 가장 나중에 쓰인 책이다.

다니엘이 본 밤의 환상

다양한 형식을 띠는 다니엘서는 기원전 6세기에 바빌론 유수와 페르시아 시대에 살았다고 전해지는 선지자 다니엘의 이야기를 기록하고 있다. 학자들은 다니엘서가 다니엘이 살던 시대에 기록된 것이 아니라는 데 모두 동의한다. 그 이유 중 하나는 다니엘서의 많은 부분이 훨씬 나중에 생겨난 히브리어의 후기 형태인 아람어로 쓰였다는 것이다. 그러나 더욱 중요한 것은 이 책의 상징적 표현들이 안티오쿠스 에피파네스와 그의 유대인 탄압에 초점이 맞추어져 있다는 사실이다. 따라서 다니엘서가 기록된 시점은 기원전 2세기 중반이라고 추정된다.

다니엘서 1장부터 6장까지는 바빌론에 포로로 끌려간 다니엘과 그의 유대인 친구들의 이야기가 나온다. 이들은 이방나라로 끌려간 후 온갖 위험에 처했다가 하느님의 기적적인 보호를 받는다. 다니엘서의 두 번째 부분은 다니엘이 본 환상을 기록하였다. 바로 이 부분에서 고대 이스라엘에서 생겨나기 시작한 종말론적 관점이 나타난다.

이러한 맥락에서 다니엘서 7장은 특히 중요하다. 다니엘은 밤에 환상을 보았는데, 하늘의 사방에서 바람이 불어 큰 바다가 출렁거렸고(다니엘 7.2) 그 후에 네 마리의 짐승이 차례로 바다에서 나왔다. "첫째 것은 몸이 사자같이 생겼고 독수리 날개를 달고 있었"으며 그것은 곧 사람의 형상으로 바뀌었다.(다니엘 7.4.) 두 번째 짐승은 곰과 같은데 그 입에는 세 개의 갈빗대 같은 것이 나와 있었다. 이 짐승은 "일어나 고기를 실컷 먹어라"는 말을 들었다.(다니엘 7.5.) 세 번째 짐승은 새의 날개와 네 개의 머리가 달린 표범이었다. 다니엘서는 그가 권력을 받았다고 기록하였다.(다니엘 7.6.) 그다음에 다니엘이 본 네 번째 짐승은 "무시무시하고 끔찍하게 생겼으며 힘도 무척 세었다." 이 짐승은 "쇠로 된 이빨로 무엇이나 부서뜨려 먹으며 남은 것은 발로 짓밟았다."(다니엘 7.7.) 이 짐승은 열 개의 뿔이 있었는데 또 다른 작은 뿔이 그 사이에서 나더니, 먼저 나온 뿔 중에 셋이 송두리째 뿌리 뽑혔다. 이 새로운 뿔에는 눈이 있었고 그의 입은 "큰소리를 치고 있었다." (다니엘 7.8.)

그다음에 다니엘서의 저자는 "태곳적부터 계신 이"(즉 하느님)(다니엘 7,9)가 나타나 옥좌에 앉아 있고 천만 신하들이 떠받들어 모시는 천상의 장면을 목격한다. 하느님이 심판을 하는데, "그는 법정을 열고 조서를 펼치셨다."(다니엘 7,10.) 오만하게 말하던 마지막 짐승은 죽임을 당하고 그 시체는 불에 던져진다. 또한 나머지 짐승들은 권세를 빼앗긴다. 그러고 나서 다니엘은 사람 모습을 한 이가 하늘에서 구름을 타고 오는 것을 본다. 그는 태곳적부터 계신 이에게 나아와서 지상의 영원한 권세를 건네받는다.

주권과 영화와 나라가 그에게 맡겨지고 인종과 말이 다른 뭇 백성들의 섬김을 받게 되었다. 그의 주권은 스러지지 아니하고 영원히 갈 것이며 그의 나라는 멸망하지 아니하리라.(다니엘 7,14.)

이것이 그가 본 환상의 마지막이었다. 이 환상의 기록자는 공포에 떨며 깨어나 이 모든 것이 무엇을 의미하는 것인지 번민했다. 그는 "거기 서 있는 한 분"에게 가서 이 환상을 해석해달라고 하였다. 해석은 짧고도 달콤했다. "이 큰 짐승 네 마리는 세상 나라의 네 임금을 가리키는데 마침내는 지극히 높으신 하느님을 섬기는 거룩한 백성이 그 나라를 물려받아 길이 그 나라를 차지하고 영원토록 이어 나가리라는 뜻이다."(다니엘 7,17-18.) 다니엘은 네 번째 짐승에 대해 특히 궁금해했다. 천상의 해석자는 "넷째 짐승은 네 번째로 일어날 세상 나라인데 그 어느 나라와도 달라, 온 천하를 집어삼키고 짓밟으며 부술 것이다"라고 말하였다.(다니엘 7,23.) 그는 이 짐승이 가진 열 개의 뿔이 이 나라를 다스릴 열 명의 왕을 의미하고, 그다음에 작은 뿔이 나타나서 "지극히 높으신 하느님에게 욕을 퍼부으며 지극히 높으신 하느님을 섬기는 거룩한 백성을 못살게 굴 것이다. 축제일과 법마저 바꿀 셈으로 한 해하고 두 해에다 반 년 동안이나 그들을 한 손에 넣고 휘두를 것"이라고 말하였다.(다니엘 7.25.) 다시 말해, 이 작은 뿔은 이방의 통치자로서 하느님에게 예배를 드리지 못하게 방해하고, 하느님의 백성이 지키는 율법을 바꾸며, 이들을 죽일 것이라는 것이다. 즉 이것은 안티오쿠스 에피파네스를 가리키는 말이었다.

천사는 이 통치자가 하느님의 심판을 받아 권세를 빼앗기고 끝내 멸망할 것이라고 예언한다. 그리고 이스라엘인들이 지상의 왕국을 유업으로 받을 것이라고 말한다.

> 천하 만국을 다스리는 권세와 영광이
> 지극히 높으신 하느님을 섬기는 거룩한 백성에게
> 모두 돌아올 것이다.
> 그 나라는 영원히 끝나지 않아
> 모든 나라가 그 나라를 섬기고,
> 그 명을 따를 것이다.(다니엘 7.27.)

천사는 이 말을 마지막으로 하고 떠나간다.

환상의 해석

이 환상과 그에 대한 천사의 해석을 우리는 어떻게 이해해야 할까? 학자들은 다니엘서 7장이 유대인 종말론의 기점이라고 말한다. 종말론은 문학 장르의 한 형태다. 그것은 마카베오 시대에 처음 등장했다가 1세기 후 유대인과 그리스도인들의 시대까지 계속 유행하였다. 오늘날의 사람들은 적어도 종말론적 문학 하나는 알고 있다. 그것은 신약성서의 맨 마지막 책인 요한묵시록(혹은 요한계시록)이다. 다니엘 7장과 마찬가지로 요한묵시록 역시 현대 사람들에게는 기이하기만 하다. 하지만 당시 사람들에게는 그렇지 않았다. 그것은 당시에 유행하던 문학 형식이기 때문이다. 이 문학 장르는 익숙지 않은 사람에게는 생소하게 느껴질 수 있지만, 실은 성서 외의 많은 고문서에서 발견되는 형식이다. 아담묵시록, 모세묵시록, 그 외에 엘리야, 에녹, 바룩, 이사야, 베드로, 요한, 바울로 등 많은 저자의 이름으로 쓰인 묵시록들이 있다. 다른 형태의 문학과 마찬가지로 묵시록 또한 하나의 독특한 장르로 분류된다.

묵시록은 예언자가 자신이 본 환상을 묘사하는 방식으로 전개된다. 이 환상에는 거의 항상 기괴한 상징물(예: 무서운 짐승)이 등장하는데 그 의미를 해석하기가 쉽지 않다. 그런데 환상을 본 사람의 주위에는 해석의 실마리를 던져주는 천사가 있다. 어떤 묵시록에서는 예언자의 몸이 하늘로 들려 올라가 저 아래 지상에서 벌어지는 일들을 목격한다.(요한묵시록에도 이러한 내용이 있다.) 또 다른 묵시록에서는 예언자가 미래에 일어날 역사적 사건들을 상징하는 일련의 환상을 보기도 한다.(다니엘서.) 종말론적 예언자들은 히브리의 다른 예언자들처럼 당시에 일어나고 있던 일들에 대해 기록하였다. 이들은 수정구슬을 들여다보면서 몇천 년 후의 일을 점치지는 않았다. 대부분의 경우 종말론적 예언자들은 주로 과거에 명성 높았던 종교적 지도자의 이름으로 글을 썼다. 그렇게 함으로써 자신의 글에 권위를 더할 수 있었기 때문이다. 하느님은 과거에 살았던 뛰어난 인물들에게 하늘의 비밀을 알려주지 않겠는가? 바로 그래서 모세와 엘리야, 심지어 아담의 이름으로 묵시록들이 쓰인 것이다. 후기에 가서는 이사야, 베드로, 바울로의 이름으로 묵시록들이 나왔다.

과거의 유명 인물의 이름으로 묵시록을 쓰는 또 하나의 중요한 이유는 필자가 현재 목격하는 일을 과거에 예언된 일처럼 쓸 수 있기 때문이다. 오래전에 살았던 가명의 필자가 '예견한' 일은 반드시 이루어지게 되어 있다. 왜냐하면 그것은 이미 발생한 일이기 때문이다.

다니엘서는 바로 그러한 묵시록이다. 그것은 안티오쿠스 에피파네스가 성전을 더럽히고 유대인들로 하여금 율법을 따르지 못하게 하면서 반항하는 자는 가차 없이 처형하던 마카베오 항전의 시대에 쓰인 묵시록이었다. 가명으로 쓰인 묵시록 말이다. 기이한 상징들이 나타나고 천사가 해석하는 이 환상은 기원전 6세기의 예언자가 본 환상처럼 기록되었다. 그러나 마치 미래에 일어날 사건들처럼 묘사된 이 사건은 사실 기원전 2세기에 살았던 진짜 필자에게는 사실 이미 일어난 사건이었다. 이와 같은 허구의 예언을 통해 묵시록 필자는 이득을 얻는다. 그는 이미 일어난 일을 묵시록 형태로 적고 연이어 앞으로 일어날 일들을 예언한다. 그러면 그 묵시록을 읽는 사람은 모든 것이 과거의 한 시점에 예언된 것인 줄 알고 읽어나간다. 그리고 앞부분의 예언이 그대로 이루어졌으므로 나머지 부분 또한 반드시 실현될 것이라고 믿어 의심치 않게 되는 것이다.

다니엘서에서 천사는 환상에 나타난 짐승들이 지상에 나타나 많은 사람들에게 해를 끼칠 왕 혹은 왕국을 의미한다고 해석해준다. 이 묵시록의 배경은 바빌론 시대였으므로 학자들은 이 네 왕국이 바빌론, 메디아, 페르시아, 그리고 그리스를 의미한다는 사실을 알 수 있었다. 네 번째 짐승은 열 개의 뿔을 갖고 있는데, 이는 알렉산더 대왕의 타개 이후 그의 뒤를 이은 후계자들을 의미한다. 가장 마지막에 나타난 뿔은 "큰소리를 치고 있었"고 성스러운 율법을 뜯어고치려 했으며 거룩한 백성들을 핍박하였다고(다니엘 7.25) 나오는데, 이는 다름 아닌 안티오쿠스 에피파네스다. 마카베오 상권에는 안티오쿠스 에피파네스가 "오만하게 말했으며 유대인들로 하여금 율법을 따르지 못하게 막았고 그에게 복종하지 않는 자들은 처형했다"고 기록되어 있다.

그렇다면 영원한 왕국을 물려받은 "사람 모습을 한 이" 혹은 "사람의 아들"은 누구일까? 그리스도인들에게 그는 물론 예수다. 재림하여 하느님의 왕국을 이어받고 미래의 메시아로서 세상을 다스릴 예수 말이다. 하지만 다니엘서를 읽을 때는 글이 쓰인 당시의 맥락이 무엇이었는지 파악하는 것이 중요하다. 천사는 이 "사람 모습을 한 이"가 누구인지 친절하게 해석해주었다. 사람 모습을 한 이는 무서운 짐승들과는 대조되는 인물이다. 그들은 동물이고, 사람 모습을 한 이는 사람이다. 짐승들은 파도치는 바다(혼돈의 영역)에서 왔지만, 사람 모습을 한 이는 하늘에서 내려왔다. 짐승들이 왕국을 뜻한 것과 같이 사람 모습을 한 이 또한 왕국을 의미하는데, 천사는 영원한 왕국을 이어받을 그가 누구인지 말해준다. 그는 "지극히 높으신 하느님을 섬기는 거룩한 백성"(다니엘 7:27; 7:18)이다. 즉 그는 이스라엘의 거룩한 백성을 말하며, 전에는 짐승들에게 핍박받고 잡아먹히다가 이제는 높이 들어 올려져 이 땅을 다스리게 된 백성들인 것이다.[4]

고통에 대한 아모스와 다니엘의 관점 차이

다니엘의 환상에서 발견할 수 있는 고통에 대한 이해와 아모스나 호세아, 이사야 같은 선지자들의 예언서에 나타난 고통에 대한 전통적 이해를 비교해보는 것은 상당히 흥미롭다. 고통에 대한 일련의 질문들을 통해 이 두 관점을 비교해보기로 하자.

하느님의 백성이 왜 고통받는가? 아모스 3-5장을 예로 들 것 같으면, 하느님의 백성은 불의를 행하여 하느님에게 벌을 받는다. 하지만 다니엘 7장은 이 세상의 악한 세력들(짐승들), 즉 하느님에게 대적하는 세력에 의해 고난이 생겼다고 말하였다.

누가 고통을 주는 것인가? 아모스는 하느님이 고통을 준다고 말한다. 반면에 다니엘서는 하느님의 대적이 고통을 주는 것이라고 해석한다.

그렇다면 누구의 잘못으로 고통이 생기는 것인가? 아모스에게 그것은 사람들의 잘못 때문이다. 그들이 죄를 저질러서 하느님이 벌을 내리는 것이다. 하지만 다니엘서는 그것이 하느님의 대적들 때문이라고 말하고 있다. 이들이 하느님의 뜻을 따르려는 사람들을 핍박하는 것이다.

무엇이 고통을 초래하는가? 아모스는 사람들의 악한 행동이 고통을 초래한다고 말한다. 그러나 다니엘은 하느님의 편에 서 있는 사람들이 그들의 의로운 행동 때문에 고통을 받는다고 해석하였다.

어떻게 해야 고통이 끝날까? 아모스는 백성들이 죄를 회개하고 하느님의 길로 돌아오면 고통이 멈출 것이라고 말하였다. 반면에 다니엘은 하느님이 이 세상의 악한 세력을 모두 무찌르고 신도들을 위한 왕국을 설립할 때 고통이 사라질 것으로 보았다.

언제 고통이 끝날 것인가? 아모스에서는 그 시기가 언제일지 모르지만 하느님의 백성이 잘못을 깨닫고 회개할 때 고통이 끝날 것이라고 말하였다. 다니엘서에서는 하느님이 개입하여 악의 세력을 내쫓을 때 고통이 끝날 것이며, 그 시기는 곧 도래할 것이라고 말하였다.

종말론에는 어떠한 특성이 있는가

다니엘서가 기록된 시대에 살았던 유대인 사상가들은 창조주 하느님이 다스리는 이 세상에 왜 이렇게 많은 고통과 괴로움이 존재하는지 나름대로 해석하였다. 우리는 '묵시록'이라는 문학 장르를 이해함과 동시에 그 저변에 흐르는 세계관을 이해할 필요가 있다. 여기서 나는 이들의 세계관을 '종말론적 세계관apocalypticism'이라고 부르겠다. 묵시록을 쓴 유대인과 그리스도인들은 모두 종말론자들이었지만, 종말론자라고 모두 묵시록을 쓴 것은 아니다.(마르크스주의자라고 모두 공산당 선언문을 쓴 것은 아닌 것처럼 말이다.) 가장 유명한 종말론자인 예수와 사도 바울로는 묵시록을 쓰지 않았다. 하지만 그들은 확고한 종말론적 시각을 갖고 있었다. 성서와 그 외의 고문서들에 나타나는 종말론적 견해에는 어떠한 특징이 있을까?

유대 종말론에서 다음과 같은 네 가지 교리적 특성을 발견할 수 있다.

(1) 이원론. 유대의 종말론자들은 이 세상에 두 영역, 즉 선한 세력과 악한 세력이 있다고 보았다. 선한 세력을 관장하는 것은 하느님이다. 그런데 이 하느님에게는 원수가 있었으니 그것은 악의 세력을 통치하는 사탄, 즉 악마다. 우리가 앞에서 보았듯이, 욥기에 등장한 '사탄'은 하느님의 대적이 아니라 다른 '하느님의 아들들'과 천상의 위원회에서 하느님에게 보고하는 위원이었다. 그

런데 종말론의 시대에 와서 사탄은 성격이 변하여 하느님의 대원수로 바뀌었다. 천국에서 쫓겨나 지상에서 하느님의 일을 방해하며 온갖 혼란을 일으키는 원수 말이다. 이 유대-그리스도교의 악마의 개념을 만들어낸 것은 고대 유대의 종말론자들이었다.

종말론자들은 이 세상의 모든 것을 선과 악의 대립으로 보았다. 선한 천사들은 하느님의 편이고 악령들은 악마의 편이다. 하느님은 의로움과 생명을 불어넣는 존재이고, 악마는 죄와 죽음을 가져오는 존재다. 종말론적 관점에서 '죄'란 단순히 인간이 순종하지 않는 것이 아니다. 죄란 일종의 권세이고 악마의 세력이며, 사람들을 종노릇하게 만드는 힘이다. 사람이 마음으로는 원치 않는 악한 행동을 함으로써 하느님에게 대적하게 하는 거대한 힘 말이다. 사람들이 잘못인 줄 알면서 여전히 죄를 짓는 이유가 무엇인가? 유대인 종말론자들에 의하면, 그것은 죄의 세력이 그들을 옭아매어 꼼짝없이 그렇게 하도록 만들었기 때문이다. '죽음' 또한 우리의 육체가 더 이상 기능하지 못하는 현상이 아니다. 그것은 우리를 삼키려는 악마의 권세다. 죽음이 권세를 잡으면 우리는 생명을 잃고 산 자의 땅과 하느님의 임재에서 멀어지는 것이다.

이 세상은 악의 권세로 가득 차 있다. 지금은 선과 악이 충돌하는 시대다. 이 천상의 싸움이 계속되는 동안 하느님의 백성은 고통받을 수밖에 없다. 공중에 권세 잡은 악의 세력이 연약한 인간들을 손아귀에 잡고 있으므로 인간은 꼼짝없이 고통을 겪는 것이다. 어떤 이유인지는 모르겠지만, 하느님은 악의 세력이 세상을 주도하도록 당분간 내버려두고 있다. 따라서 인간은 고통과 괴로움, 그리고 죽음에서 벗어나지 못하고 있다.

이와 같은 선과 악의 이분법은 시간에도 적용된다. 종말론자들은 역사적 시간의 흐름을 지금 현재와 앞으로 다가올 미래로 양분하였다. 현재는 우리가 알 수 없는 이유로 악의 세력이 지배하는 시기다. 지금 세대는 죄와 고통, 그리고 죽음의 올가미 속에 갇혀 있다. 이 세상에 왜 이렇게 많은 재앙들—지진, 기근, 전염병, 전쟁, 죽음이 있는가? 그것은 어둠의 권세가 세상을 장악하고 있기 때문이다. 그러나 그것은 영원히 지속되지 않는다. 왜냐하면 하느님이 조만간 개입해 악의 세력을 몰아내고 지상에 새로운 나라를 건설할 것이기 때문이다. 그때에 하느님을 대적하는 자들은 모두 소멸되고, 하느님의 백성은 고통과 아픔이 없는 나라에서 생명의 삶을 살게 될 것이다.

(2) 비관적 관점. 종말론자들은 인간이 그들의 노력으로 하느님의 왕국을 앞당길 수는 없다고 생각했다. 악과 고통의 시대에 사는 우리는 단지 기다리는 수밖에 없다는 것이다. 하느님은 이 세상을 악의 권세에 맡겼다. 종말이 올 때까지, 악이 차서 지옥이 터질 지경이 될 때까지 상황은 점점 더 나빠지기만 할 것이다. 삶의 질을 향상시키는 기술을 개발하고 세계평화를 위해 정책을 세우며 말라리아, 암, 에이즈 같은 질병을 퇴치하기 위해 자원을 쏟아 붓는다 하더라도 크게 달라질 것은 없다. 물론 이런 일을 할 수는 있겠으나 대세에는 영향을 미치지 못한다는 것이다. 악의 세력이 이 세상을 장악하여 우리는 도저히 이것을 이길 수 없다. 모든 문제는 하느님이 와야만 해결이 될 것이다.

(3) 심판. 하느님은 반드시 올 것이다. 그리고 이 세상을 심판할 것이다. 하느님은 이 세상을 창조했으며 이 세상을 구원할 것이다. 그는 온 세계에 충만한 권능으로 임하여 그의 거룩한 이름을 부르는 백성을 구해낼 것이다. 그는 메시아 또는 사람의 아들이라고 부르는 구원자를 보내어 지상에서 살고 있는 모든 이들을 심판할 것이다. 하느님 편에서 선한 일을 행한 사람들은 심판의 날에 상을 받고 아픔과 고통과 괴로움이 없는 영원한 왕국으로 인도받을 것이다. 그러나 악한 세력과 함께하던 사람들은 악마들과 함께 형벌을 받고 하느님의 거룩한 백성을 괴롭힌 죄로 영원한 지옥불에 던져질 것이다.

이 심판은 살아있는 사람에게만 적용되지 않는다. 산 사람이든 죽은 사람이든 모든 이들이 심판을 받을 것이다. 유대 종말론자들은 심판의 날에 모든 죽은 자들이 부활할 것이라고 주장한다. 이미 죽은 사람들은 다시 살아나서 심판을 받을 것이며, 의로운 자는 영원한 상을, 불의한 자는 영원한 형벌을 받을 것이다.

구약성서에는 미래의 부활에 대한 언급이 없었다. 구약의 저자들은 사람이 죽으면 죽은 사람들이 가는 처소인 스올에 내려가서 그림자 같은 존재가 된다고 생각했다. 죽음이란 모든 것의 마지막이라고 생각한 저자들도 있었다. 그러나 종말론자들은 달랐다. 이들은 사람에게 영생이 있다고 생각했다. 사람은 죽어서 하느님의 왕국에 거하게 되거나 지옥불에서 영벌을 받는다. 이와 같은 관점은 다니엘서(12장)에 처음 등장한다. 이 관점의 핵심은 다음과 같다. 이 세상에 사는 동안 공중에 권세 잡은 악마의 덕으로

부자가 되거나 권력을 얻거나 이름을 날린 자들은 죽어서도 편안하리라고 기대하지 말라. 죽으면 반드시 그에 대한 대가를 치르게된다. 세상의 끝날에 하느님이 당신을 죽은 자 가운데서 불러 일으켜 심판할 것이다. 그때는 어떻게 해도 하느님의 진노를 피할수 없다.

(4) 종말의 임박. 세상의 종말은 언제 올 것인가? 언제 하느님이 그의 거룩한 이름을 다시 찾을 것인가? 심판의 날은 언제 도래하는가? 언제 죽은 자들이 일으켜질 것인가? 종말론자들에게 그답은 확실했다. 이 모든 일들이 곧 일어날 것이다. 시간이 얼마 남지 않았다. 이제 곧 닥칠 일들이다.

그들이 종말이 곧 올 것이라고 강조한 이유는 다음과 같다. 종말론자들은 고난의 시대에 살고 있었다. 그들은 사람들에게 조금만 더 참으면 고통의 시대가 끝날 것이라고 용기를 북돋아주고 싶었다. 믿음을 잃지 말라. 희망을 잃지 말라. 하느님이 곧 거룩한백성들에게 고통을 주는 악의 세력을 몰아내고 가뭄과 기근, 전염병, 전쟁, 혐오와 박해를 종식시킬 것이다. 하느님을 믿는 백성들은 잠시만 더 기다리면 된다. 언제까지 기다리면 되느냐고? "나는분명히 말한다. 여기 서 있는 사람들 중에는 죽기 전에 하느님 나라가 권능을 떨치며 오는 것을 볼 사람들도 있다. …… 나는 분명히 말한다. 이 세대가 지나기 전에 이 모든 일들이 일어나고야 말것이다."(마르 9,1; 13,30.)

하느님의 왕국이 곧 도래할 것이라고 선포한 것은 나사렛 예수만이 아니었다. 예수는 "때가 다 되어 하느님의 나라가 다가왔다"(마르 1,15)며 그 세대의 사람들이 하느님의 나라가 권능으로 임할 것을 직접 눈으로 볼 것이라고 말하였다. 예수는 세상에서 고통받는 자들에게 종말론적인 희망의 메시지를 전하였다. 오래 기다리지 않아도 된다. 하느님이 곧 세상을 평정할 것이다. 예수 시대 전후의 종말론자들은 모두 이 메시지를 전파하고 있었다.

종말론자 예수

오늘날 대부분 그리스도인들은 예수를 유대 종말론자로 생각하지 않는다. 교회와 주일학교에서 그렇게 배우지 않았기 때문이다. 하지만 영어권과 독어권 국가의 비판적 신학자들은 예수를 종말론자로 분석하고 있다. 알베르 슈바이처Albert Schwitzer의 논문 「역사적 예수의 탐구The Quest of the Historical Jesus」가 1906년에 발표된 이후 줄곧 그래왔다. 학자들이 그렇게 분석하게 된 증거들에 대해서는 이 책에서 논하지 않겠다. 그것을 자세히 논하려면 몇 권의 책이 필요할 것이다.[5] 일단 여기서는 예수가 종말론자인지 아닌지가 중요하지 않다. 다만 내가 지적하고자 하는 것은 성서가 종말론적 메시지를 전했다는 사실이다. 예수의 일생을 기록한 마태오복음, 마르코복음, 루가복음을 보면 예수는 세상의 종말에 대해 이야기하고 하느님의 심판이 임박했으니 대비하라고 역설했다.

신약성서 복음서를 보면 이러한 종말론적 관점이 예수로부터 시작된 것은 아니었다. 예수 이전에 세례자 요한이 이미 그 메시지를 선포하고 있었다. 세례자 요한은 이렇게 말하였다.

> 이 독사의 족속들아, 닥쳐올 징벌을 피하라고 누가 일러주더
> 냐? …… 도끼가 이미 나무 뿌리에 닿았으니 좋은 열매를 맺지 않
> 는 나무는 다 찍혀 불 속에 던져질 것이다.(루가 3,7-9.)

세례자 요한은 하느님의 진노가 곧 임하리라고 믿었다. 그는
심판날의 장면을 나무가 도끼에 찍히고 악인들이 불에 던져지는
것으로 생생하게 묘사했다. 도끼질은 언제 시작될 것인가? 도끼
는 이미 나무 뿌리에 놓였다. 이제 막 시작된다는 것이다.

예수 또한 이와 동일한 메시지를 전했다. 가장 먼저 쓰인 복음
서인 마르코복음에서 예수의 첫 설교는 이제 곧 다가올 하느님의
나라에 대한 종말론적 선포였다. 그는 "때가 다 되어 하느님의 나
라가 다가왔다. 회개하고 이 복음을 믿어라"고 선포하였다.(마르
1,15.) "때가 다 되어"라는 말은 종말이 곧 다가왔다는 의미다. 지
금 우리가 사는 시대는 얼마 남지 않았다. 모래시계의 모래가 차
오르듯이 시간이 거의 다 채워졌다. 하느님의 나라가 가까운 시일
에 도래할 것이므로 사람들은 대비해야 한다.

예수는 복음서에서 "하느님의 나라"가 곧 올 것이라고 반복해
서 강조했다. 그것은 단순히 사람이 죽은 후 영혼이 몸을 떠나 천
국에 가는 것이 아니었다. 하느님의 나라는 지상에서 건설되는 실
제 왕국이었다. 하느님이 백성들을 다스리는 유토피아 같은 왕국
말이다. 그러나 거기에 아무나 들어갈 수 있는 것은 아니다.

아브라함과 이사악과 야곱과 모든 예언자들은 다 하느님 나라
에 있는데 너희만 밖에 쫓겨나 있는 것을 보게 되면 거기서 가슴을
치며 통곡할 것이다. 그러나 사방에서 많은 사람들이 모여들어 하느
님 나라의 잔치에 참석할 것이다.(루가 13,28-29.)

또한 예수는 사람의 아들이라 일컬어지는 천상의 인물을 언
급했는데, 그는 거룩한 하느님의 왕국을 건설하고 사람들을 심판
할 이였다.[6] 이 사람의 아들은 다니엘서에서 말한 "사람 모습을
한 이"로서 심판날에 천국의 구름을 타고 올 것이다. 예수는 사람
의 아들이 구름을 타고 와서 세상을 심판할 것이라고 믿었다. 이
사람의 아들은 사람들이 예수의 가르침대로 행동하고 하느님에게
회개했는지에 따라 심판을 내릴 것이다.

절개 없고 죄 많은 이 세대에서 누구든지 나와 내 말을 부끄럽
게 여기면 사람의 아들도 아버지의 영광에 싸여 거룩한 천사들을 거
느리고 올 때에 그를 부끄럽게 여길 것이다.(마르 8,38.)

사람의 아들이 등장함에 따라 온 세상의 심판이 시작될 터인
데, 그날은 노아의 홍수 때와 같이 갑작스럽고 엄청난 재난과 함
께 올 것이다.

마치 번개가 번쩍하여 하늘 이 끝에서 저 끝까지 환하게 하는
것같이 사람의 아들도 그 날에 그렇게 올 것이다. …… 사람의 아들

이 올 때에는 노아 때와 같은 일이 일어날 것이다. 노아가 방주에 들어간 바로 그 날까지 사람들은 먹고 마시고 장가들고 시집가고 하다가 마침내 홍수에 휩쓸려 모두 멸망하고 말았다. …… 사람의 아들이 나타나는 날에도 이와 같은 일이 일어날 것이다.(루가 17,24: 17,26~27 : 17,30.)

심판의 날이 오면 악행을 일삼던 사람들은 처참한 지경에 놓일 테지만 의인은 상을 받게 될 것이다.

그러므로 추수 때에 가라지를 뽑아서 묶어 불에 태우듯이 세상 끝날에도 그렇게 할 것이다. 그 날이 오면 사람의 아들이 자기 천사들을 보낼 터인데 그들은 남을 죄짓게 하는 자들과 악행을 일삼는 자들을 모조리 자기 나라에서 추려내어 불구덩이에 처넣을 것이다. 그러면 거기에서 그들은 가슴을 치며 통곡할 것이다. 그 때에 의인들은 그들의 아버지의 나라에서 해와 같이 빛날 것이다. 들을 귀가 있는 사람은 알아들어라.(마태 13,40~43.)

이 미래의 왕국은 실제 장소이며 예수의 열두 제자가 다스릴 왕국이다.

나는 분명히 말한다. 너희는 나를 따랐으니 새 세상이 와서 사람의 아들이 영광스러운 옥좌에 앉을 때에 너희도 열두 옥좌에 앉아 이스라엘 열두 지파를 심판하게 될 것이다.(마태 19,28.)

이 왕국은 예수의 가르침을 따르는 '선택된 자들'에게 상속될 것이다. 그 일이 이루어질 때 악의 권세로 조종되던 이 세상은 멸망할 것이다.

그 재난이 다 지나면 해는 어두워지고 달은 빛을 잃고 별들은 하늘에서 떨어지며 모든 천체가 흔들릴 것이다. 그러면 사람들은 사람의 아들이 구름을 타고 권능을 떨치며 영광에 싸여 오는 것을 보게 될 것이다. 그 때에 사람의 아들은 천사들을 보내어 땅 끝에서 하늘 끝까지 사방으로부터 뽑힌 사람들을 모을 것이다.(마르 13,24-27.)

가장 먼저 쓰인 이 복음서에서 예수는 심판날이 올 때 어떠한 일들이 일어날 것인지 말하였다. 사람들의 상황은 뒤바뀔 것이다. 권력 있는 자리에 앉아있던 사람들은 그 자리에서 굴러 떨어질 것이며, 가난하고 압제받던 사람들은 보상을 받을 것이다. 여기서 우리는 종말론적 시각을 엿볼 수 있다. 현세에서 부와 권력과 영향력을 갖는 사람들은 누구인가? 그들은 이 세상에 권세 잡은 악의 세력을 등에 업은 자들이다. 이 세상에서 고통받는 사람들은 누구인가? 그들은 가난하고 소외되고 압제받는 사람들로서 공중에 권세 잡은 자가 짓밟는 이들이다. 그러나 새로운 시대가 오면 모든 것이 바뀔 것이다. 현재 힘을 행사하는 악마는 그의 하수인들과 함께 쫓겨나 멸망할 것이다. 따라서 "첫째가 꼴찌가 되고 꼴찌가 첫째가 되는 사람이 많을 것이다."(마르 10,31.) 이것은 단순히 좀 뒤처진 사람들을 격려하려는 말이 아니다. 이것은 문자 그대로 이루어질 일이다. 지금 힘 있는 인물들은 권력을 빼앗길 것이며, 지금 힘없는 자들은 권세가 주어질 것이다. "누구든지 자기를 높이는 사람은 낮아지고 자기를 낮추는 사람은 높아질 것이다."(루가 14,11.) "너희 중에서 제일 낮은 사람이 제일 높은 사람이다."(루가 9,48.) "하늘 나라에서 가장 위대한 사람은 자신을 낮추어 이 어린이와 같이 되는 사람이다."(마태 18,4.)

초기 복음서에서 예수는 현세에 고통받는 자들이 장차 올 세상에서 상을 받게 될 것이라고 말하였다. 하지만 고통과 괴로움을 주는 자들은 벌을 받을 것이다. 이것이 바로 그 유명한 팔복의 요점이다. 마태오복음 5장에는 예수가 산에서 말했다고 나오고, 루가복음 6장에는 평지에서 말했다고 나오는 그 팔복 말이다. 예수는 "가난한 사람들아, 너희는 행복하다. 하느님 나라가 너희의 것"이라고 말하였다. 가난한 것이 뭐 그리 잘한 거냐고 물을 사람들이 있을 것이다. 가난한 것이 상 받을 일인가? 하지만 이 말은 종말론적 관점에서 봐야 의미를 제대로 파악할 수 있다. 지금 가난한 자들은 바로 하느님의 왕국이 세워질 때 그 왕국을 상속받을 사람들인 것이다.

이것은 "지금 굶주린 사람들아, 너희는 행복하다. 너희가 배부르게 될 것이다"라는 해석에도 적용될 수 있다. 굶주리는 것은 분명 바람직하지 않다. 하지만 지금 먹을 것이 없어 괴로운 사람들은 하느님의 왕국이 임할 때 그 소산을 차지할 것이다. "지금 우는 사람들아, 너희는 행복하다. 너희가 웃게 될 것이다"라는 말 역시 마찬가지다. 새로운 왕국에서는 모든 것이 바뀔 것이다. 그러므로 "사람들에게 미움을 사고 내어쫓기고 욕을 먹고 누명을 쓰면" 기뻐하고 즐거워해야 한다. 그러나 현재 좋은 것을 차지하는 자들은 각오하라. 새로운 왕국이 도래했을 때 그들에게는 무서운 결과가 기다리고 있다.

> 그러나 부요한 사람들아, 너희는 불행하다.
> 너희는 이미 받을 위로를 다 받았다.
> 지금 배불리 먹고 지내는 사람들아, 너희는 불행하다.
> 너희가 굶주릴 날이 올 것이다.
> 지금 웃고 지내는 사람들아, 너희는 불행하다.
> 너희가 슬퍼하며 울 날이 올 것이다.
> 모든 사람에게 칭찬을 받는 사람들아, 너희는 불행하다.
> 그들의 조상들도 거짓 예언자들을 그렇게 대하였다.(루가 6,24-26.)

사람의 아들의 심판이 시작되고 지상의 모든 것들이 변화될 그때는 과연 언제일까? 예수는 그 시기가 곧 올 것이라고 하였다. "이 세대가 지나가기 전에", 그리고 그의 제자가 "죽음을 맛보기 전에" 올 것이라는 것이다. 그래서 그는 반복해서 "그 때가 언제 올는지 모르니 조심해서 항상 깨어 있어라"고 말하였다.(마르 13,33.) 예수의 많은 비유들 역시 같은 맥락이다.

그러나 만일 그 종이 속으로 주인이 더디 오려니 하고 제가 맡은 남녀 종들을 때려가며 먹고 마시고 술에 취하여 세월을 보낸다면 생각지도 않은 날 짐작도 못한 시간에 주인이 돌아와서 그 종을 동강내고 불충한 자들이 벌받는 곳으로 처넣을 것이다.(루가 12,45-46.)

그날이 언제 임할지는 아무도 모른다. 그러나 예수는 말하였다. 그날은 곧 올 것이라고. 그러므로 사람들은 언제나 "깨어 있어야" 한다.

세상이 곧 끝날 것이라고 믿는 사람들

우리가 살아가는 세상이 곧 끝날 것이라는 이 종말론적 관점을 우리는 어떻게 볼 것인가? 예수가 이러한 말을 한 지 2,000년이 지났지만 아직 세상의 종말은 오지 않았다. 사실 자신의 세대에 종말이 올 것이라고 외친 사람은 예수 외에도 다수 있었다. 과거에서 현재에 이르기까지 이번에야말로 종말이 임박했다고 예언한 사람들은 각 세대마다 있었다. 지금도 마찬가지다.

내가 처음 노스캐롤라이나 주립대학교에서 교편을 잡았을 때도 그런 사건이 있었다. 1988년 8월에 예수의 재림과 함께 세상의 종말이 올 것이라는 소동이 있었다. 언론에도 소개된 이 사건은 전 나사NASA 로켓 엔지니어인 에드가 와이즈넌트Edgar Whisenant라는 사람이 일으켰다. 그는 책을 한 권 발간했는데, 이 책에는 예수가 곧 재림할 것이며 그를 믿는 자들이 세상에서 들려지는 휴거가 일어나고, 적그리스도가 등장하면서 세상의 종말이 올 것이라는 내용이 실려 있었다. 그 책의 제목은 『1988년 휴거 발생의 88가지 이유Eighty-eight Reasons Why the Rapture will Occur in 1988』였다.

와이즈넌트의 88가지 이유들을 여기 다 나열할 필요는 없겠으나 한 가지만은 언급하겠다. 마태오복음에서 예수가 제자들에게 마지막 때에 일어날 일들에 대해 말하자, 제자들은 그때가 언제냐고 물었다. 예수는 "무화과나무를 보고 배워라. 가지가 연해지고 잎이 돋으면 여름이 가까워진 것을 알게 된다. 이와 같이 너희도 이런 일들이 일어나는 것을 보거든 사람의 아들이 문 앞에 다가온 줄을 알아라. 나는 분명히 말한다. 이 세대가 지나가기 전에 이 모든 일들이 일어나고야 말 것이다"라고 말하였다.(마태 24,32-34.)

이것은 무슨 의미인가? 와이즈넌트는 여기서 "무화과나무"가 이스라엘 국가를 뜻하는 것이라고 말하였다. 그러면 무화과나무에서 잎이 돋는다는 것은 무슨 의미인가? 겨우내 죽은 듯이 말라 있던 나무는 봄이 되면 잎사귀를 내기 시작한다. 이스라엘의 봄은 언제였는가? 이스라엘에 생명이 찾아온 것은 오랜 시간 죽은 듯 동면을 하다 약속의 땅을 되찾아 독립국가를 이룬 그때다. 언제 그 일이 일어났는가? 1948년이다. 예수는 "이 세대가 지나가기 전에 이 모든 일들이 일어나고야 말 것이다"라고 말하였다. 성서에서 한 세대는 몇 년인가? 40년이다. 그러므로 1948년 더하기 40을 하면 1988년이 된다.

와이즈넌트는 이 논리에 대해 확신했다. 그리고 그 외의 87가지 이유들을 더해서 1988년 9월, 유대교의 절기 '로쉬 하샤나Rosh Hashanah'(나팔절. 유대민족이 지킨 절기의 하나이며 유대종교력으로 7월, 민간력으로 1월, 태양력으로 9~10월 초 하루에 나팔 소리와 함께 성회로 모여 특별한 제사를 지낸 절기를 말한다—옮긴이) 기간에 세상의 종말이 올 것이라고 예언했다. 다른 그리스도인들이 예수가 "그 날과 그 시간은 아무도 모른다"고 하지 않았느냐고 해도 와이즈넌트는 끄떡도 하지 않았다. 자신도 "그 날과 그 때(시간)"까지는 모른다는 것이다. 단지 "주week"까지만 알 뿐이지.

당연히 와이즈넌트의 예언은 빗나갔다. 예수는 재림하지 않았다. 그러자 와이즈넌트는 두 번째 책을 냈다. 자신이 처음에 계산을 잘못했다는 것이다. 그는 태양력에는 0년이 없다는 것을 간과했다고 말하며, 자신의 계산에 1년을 더했어야 했다고 말하였다. 즉 예수는 1989년도에 올 것이라는 것이다. 물론 1989년에도 예수는 재림하지 않았다.

와이즈넌트와 지난 몇십 세기 동안 세상의 종말을 주장한 다른 몇천 명의 그리스도교 신자들은 두 가지 점에서 공통점이 있다. 첫째는 이들이 성서(특히 요한묵시록)의 예언을 문자 그대로 받아들여 날짜 계산을 했다는 점이고, 둘째는 이들의 예언이 모두 빗나갔다는 점이다.

성서에 나오는 종말론의 핵심은(예수가 한 말들을 포함해서) 말세가 언제냐에 관한 것이 아니다. 초점은 다른 데 있다.

예수와 그 외의 고대 종말론자들은 인간의 고통과 괴로움의 문제에 대해 고민했다. 이들은 하느님이 죄인을 벌하거나 그의 백성을 시험하기 위해 고통을 일으킨다고 생각하지 않았다. 그러나 하느님이 이 세상을 주관한다는 믿음은 여전히 확고했다. 그렇다면 고통은 어디에서 오는 것인가? 그 이유는 아무도 모르겠지만, 하느님은 이 세상의 권세를 일시적으로 악의 세력에게 허락하였다. 이 악의 세력이 하느님의 백성에게 고통을 안겨다주는 것이다. 하지만 하느님은 권능자이다. 그는 악의 권세가 끝까지 세상을 주도하도록 내버려두지 않을 것이다. 고통과 괴로움과 죽음, 이것이 끝이 아니다. 하느님이 최종 발언을 할 것이다. 하느님이 위용을 떨치며 나타나서 지금 제멋대로 세상에서 판을 치는 악의 세력을 모조리 몰아낼 것이다. 지금 고통받는 자는 하느님이 건설할 그의 나라에서 상을 받을 것이다. 그리고 그날은 곧 올 것이다.

이것은 현대의 세계관을 가진 사람들에게는 수용하기 어려운 관점이다. 하지만 고대 사람들의 관점을 과소평가해서는 안 된다. 다음 장에서는 신약성서 전반에 걸쳐 나타나는 종말론적 관점에 대해 좀 더 자세히 알아보기로 하자. 종말론적 관점은 악의 세력이 지배하는 이 세상에서 고난을 겪는 사람들에게 결코 절망하지 말고 희망을 가지라는 메시지를 전달한다.

8장

신이 마침내 세상의
악과 고통을 없앨 것인가

어제 이 장의 집필 준비를 하고 나서, 나는 학부 세미나 수업에 들어가 외경, 즉 성서에 포함되지 못한 복음서에 대해 강의를 하였다. 나는 올해 노스캐롤라이나 주립대학교에서 안식년을 받았는데, 근처 하이포인트대학교에서 1주일간 단기 특강을 해달라는 요청을 받았다. 어제 세미나에서 한 학생이 나에게 물었다. 요즘 쓰는 책이 있느냐는 것이었다. 나는 그 학생에게 고통의 문제에 대한 성서의 해석에 대해 책을 쓴다고 대답하였다. 예상대로 그 학생은 나에게 '정답'을 알려주려고 했다. "고통이 있는 이유는 우리에게 자유의지가 있기 때문이죠. 우리는 로봇이 아니잖아요?" 나는 학생에게 물었다. 고통이 전적으로 자유의지에 의한 것이라면 허리케인과 대해일, 지진, 그 외의 자연재해를 어떻게 설명하겠느냐고 말이다. 학생은 그건 잘 모르겠다고 말했다. 그러나 고통이 인간의 자유의지 때문에 생기는 문제임은 분명한 것 같다고 그는 덧붙였다.

앞에서 살펴본 대로, 인간의 '자유의지' 해석은 요즘 사람들이 생각하는 것이지 성서 저자들의 주장이 아니었다. 많은 사람들이 성서에 있는 말로 착각하나 정작 성서에 없는 것들이 많이 있다. 많은 사람들이 "하늘은 스스로 돕는 자를 돕는다"라는 말이 성서에 있는 말인 줄 안다. 이것은 오래된 말이지만 성서 구절은 아니다. 그것은 1736년 벤자민 프랭클린이 발간한《가난한 리처드의 달력Poor Richard's Almanac》에 나와서 널리 알려진 격언이다. 자유의지 주장(혹은 로봇 주장이라고나 할까) 또한 마찬가지다. 그것은 오늘날 많은 사람들에게 인기 있는 개념이지만 성서에 기초한 개념은 아니다.

자유의지 개념이 홀로코스트부터 9·11 사태에 이르기까지, 성차별부터 인종차별에 이르기까지, 개인적 범죄부터 부패한 정부의 행태에 이르기까지, 이 세상에서 발생하는 많은 폐해를 설명하는 데 유용한 것은 사실이다. 그러나 그것만으로는 세상에 존재하는 모든 고통과 괴로움을 설명할 수 없다.

나는 1980년대 중반 러트거스대학교에서 '고통의 문제와 성서의 해석'에 대한 강의를 할 때 이 문제를 절감했다. 과거에 나는 자연재해에 대해 별로 큰 관심을 기울이지 않았던 것 같다. 물론 그러한 일이 발생한다는 사실을 잘 알고 있었고, 재앙을 겪은 사람들에게 안타까움을 느끼며 어떻게 이들을 도울까 고민하기는 하였다. 하지만 그들의 고통을 피부로 느끼지는 못했던 것 같다.

다음의 사건이 일어날 때까지는 말이다.

1985년 11월 3일, 남아메리카 콜롬비아 공화국 북쪽에서 화산이 폭발했다. 화산폭발로 대규모 산사태가 발생해서 촌락 네 개가 진흙더미에 완전히 묻히고 말았다. 진흙더미는 시속 30마일로 급속히 퍼지며 판잣집들을 삼켜버렸다. 수많은 사람들은 자다가 통째로 흙에 묻혀 질식사했다. 사망자의 수는 총 3만 명을 넘었다. 이 사망자의 숫자는 내 마음을 강타했다. 조금 전까지만 해도 살아 있었던 3만 명의 사람들이 잠을 자다가 한순간에 사망해버렸다! 그것은 9·11 사태 때 세계무역센터가 무너지면서 사망한 사망자 수의 열 배가 넘는다. 9·11 사태는 사건 발생 이후 몇 년 동안이나 많은 사람들의 마음속에 머물러 있었다. 콜롬비아의 산사태 사건은 어떠한가? 많은 사람들은 이 사건을 기억조차 하지 못한다. 혹은 기껏해야 어깨를 으쓱하며 "참 안 되었군. 하지만 그렇게 화산 가까운 데 살지 말았어야지" 하고 말할 뿐이다.

그러나 자연재해는 이렇게 가볍게 넘길 문제가 아니다. 매년 자연재해로 몇십만 명의 사람들이 부상당하고 불구가 되며 목숨을 잃는다. 또한 집을 잃어 오갈 데 없어진 사람들은 생지옥과 같은 생활을 하게 된다. 우리는 우리와 가까운 데 있는 사람들에게 주로 관심을 갖는다. 하지만 가까운 사람들에게마저도 냉랭한 태도를 보이는 이들은 얼마든지 있다. 허리케인 카트리나의 경우를 생각해보자. 우리는 사망자들을 애도함과 동시에 연방정부의 무능함을 한탄한다. 뉴올리언스를 재건하고 주민들을 구제하는데 연방정부가 왜 그리 인색한지 이해하기 어렵다. 엄청난 돈을 들여

가며 전투함대를 페르시아 만에 보낸 미국정부는 왜 자국에 있는 만에 살다가 졸지에 재난을 당한 사람들에게 돈을 쓰려 하지 않는 가? 허리케인 발생 이후 1년 반이 지났음에도 고난은 여전했고, 많은 사람들이 뉴올리언스 문제가 해결되기를 기다리고 있다. 어떤 이들은 맹렬히 비난한다. 이들은 제방이 너무 약하게 지어졌음을 비난하고, 애초에 뉴올리언스라는 도시를 왜 그곳에다가 건설했느냐고 원망하기도 한다. 또한 어떤 이들은 주민들이 왜 다른 데로 이사하거나 피신하지 않았느냐고 질책하기도 한다. 그 지역에 이런 일이 생길 것이 이미 예고되어 있었다는 것이다. 사람들은 참으로 똑똑한 척을 한다. 나 같으면 진즉에 안전한 데로 옮겼을 텐데 말이야!

버스를 집어타고 아무 데로든 피신할 수 있는 사람들, 혹은 다른 곳으로 이주하더라도 소득이 끊길 걱정이 없는 사람들이라면 아마 그럴 수 있었을 것이다. 하지만 매일 그날 벌어 그날 사는 저소득층이라면 문제가 달라진다. 이러한 사람들이 어디로 가서 살수 있다는 말인가? 또한 완전히 안전한 곳은 대체 어디란 말인가? 나는 어린 시절 캔자스 주에 살았다. 그러나 노스캐롤라이나로 이사한 후 그곳에서도 무서운 토네이도를 경험하였다. 그 어디도 자연재해에서 안전한 곳은 없다는 말이다.

카트리나의 재앙은 실로 엄청났지만 최근 세계에서 발생한 다른 끔찍한 재앙들과 비교하면 사소하게 느껴질 정도다. 2004년 12월 26일 인도양에서는 대규모 지진이 발생했다. 진원지는 인도네시아의 수마트라 서해안이었다. 이 지진 때문에 일련의 대해 일이 발생했는데, 이 해일은 인도양 접경국가들의 해안 마을들을 덮쳤다. 이 해일로 동남아 국가들, 특히 인도네시아, 스리랑카, 인도, 태국 등지의 수많은 사람들이 목숨을 잃었는데, 총 사망자 수는 30만 명에 달한다. 콜롬비아 공화국의 산사태 사망자 수가 9·11 테러의 사망자 수의 열 배라면, 이 해일로 생명을 잃은 사람의 수는 콜롬비아 산사태 사망자의 또 열 배다. 뉴올리언스 생존자들이 허리케인 강타 이후 힘겨운 삶을 이어간 것처럼, 이곳에서도 몇백만 명의 생존자들이 다시 일어설 수 없을 정도로 치명상을 입었다. 하지만 이들은 뉴올리언스 주민처럼 정부에 큰소리로 항의하고 복구 요구를 할 수도 없다. 그저 무력한 상황 속에서 국제 구제의 자비에 의존하여 살아갈 뿐이다.

재난은 끝없이 되풀이된다. 그것을 보면 누구라도 종말론자가 될 판이다. 그런데 태곳적부터 있어온 이 재난들은 인간 때문이 아니라 자연의 힘에 의해 발생한 것이다. 또한 이 재난들은 하느님이 일으킨 것도 아니다. 신약성서의 종말론적 관점의 한 가지 장점은, 이러한 재앙이 공중에 권세 잡은 자들의 소행이지 하느님의 행사가 아니라고 보는 점이다. 인간에게 내리는 재앙은 지진이나 허리케인, 대해일 뿐 아니라 각종 육체의 질병, 정신병, 압제와 박해 등 헤아릴 수 없이 많다. 종말론자들은 이것이 모두 악마와 그 군대의 짓이라고 말한다. 그러나 하느님이 개입하면 이야기가 달라진다. 세상의 마지막 때에 하느님이 진노하면 악의 세력들이 모조리 사라질 것이다. 악마와 악인들은 그들이 여태껏 보지 못한 무서운 지옥불에 떨어질 것이다.

이것이 복음서에서 예수가 말하고자 했던 메시지였다. 예수의 가르침에 영향을 받은 복음서 저자들과 사도 바울로도 이와 유사한 종말론적 관점을 갖고 있었다. 신약성서의 마지막 클라이맥스라고 할 수 있는 요한묵시록의 저자 또한 종말론적 관점을 갖고 그 책을 써내려갔다.

종말론자 예수의 생애

신약성서의 복음서 저자들이 기억하는 예수의 생애는 고통과 분리하여 생각할 수 없다. 그는 고통받는 자들을 고쳐주었으며 그자신의 고통을 견뎌내야 했다. 예수의 생애는 그가 십자가에 달렸을 때 그를 모욕하던 유대인 지도자들의 말로 간추릴 수 있다. 이들은 예수가 남은 구원하면서 자신은 구원하지 못한다고 말했다.(마르 15,31.) 여기서 "구원"이라는 말은 현대 그리스도인들이 "당신은 구원받았습니까?"라고 물을 때의 구원과는 의미가 다르다. 이 질문에서 "구원"이란 사후 천국에 들어갈 자격이 생겼느냐는 뜻이다. 하지만 원래 "구원"이라는 헬라어는 사람이 건강하고 완전한 상태로 회복되는 것을 의미했다. 예수는 병들고 귀신 든 사람들을 치료함으로써 이들을 "구원"하였다. 하지만 그는 자신을 구원하지는 못하였다. 마르코복음 저자에 의하면, 그것은 예수가 십자가에서 내려올 능력이 없어서가 아니라 다른 사람들을 위하여 고통받고 죽으라는 하느님의 뜻을 따르기 위해서였다. 다시 말해, 구원을 이루기 위해 예수는 그의 삶으로, 또 그의 죽음으로 다른 사람들을 치료했던 것이다.

복음서에는 예수가 병들고 고통받는 이들을 고쳐준 수많은 기적들이 기록되어 있다. 마태오복음과 마르코복음, 그리고 루가복음에서 예수는 자신을 위해 기적을 행하지 않았다. 예수가 광야에서 악마의 시험을 받을 때도 마찬가지였다. 악마는 예수에게 돌들을 빵으로 만들어 배고픔을 없애라고 유혹하였다.(마태 4,1-11.) 그러나 예수의 능력은 그 자신을 위한 것이 아니라 다른 사람들을 위한 것이었다. 복음서에는 예수가 갈릴래아 일대를 돌며 육체적, 정신적으로 병든 사람들을 고치고 이들을 "구원"하는 이야기가 나온다. 예수가 행한 기적은 그의 사역의 중요한 부분을 차지한다.

예수는 평생 마비된 몸으로 살아온 사람의 병을 고쳐주고 그가 걸을 수 있게 해주었다. 그는 또한 손이 오그라든 사람을 고쳐주고, 소경의 눈을 뜨게 해주며, 절름발이로 하여금 다시 걷게 하고, 12년 동안 하혈증으로 고생하던 여자를 고쳐주었다. 그는 벙어리로 하여금 말을 하게 해주었고 문둥병자들을 고쳐주었다. 예수는 자연을 지배하는 권세가 그에게 있음을 보여주기 위해 바다를 잠잠케 하고 물 위를 걷는 기적을 행하였다. 또한 그는 물로 포도주를 만듦으로써 그의 신성을 나타내 보이기도 하였다. 그는 큰 무리의 사람들을 위해 기적을 행하기도 하였다. 그의 말을 듣기 위해 광야에 모인 무리 5,000명을 먹이고, 또 다른 때에는 4,000명을 먹이기도 하였다. 그는 육체의 질병뿐 아니라 정신적 질병도 고쳐주었다. 그는 사람들에게 정신분열을 일으키고 실성하고 자해토록 하는 악마를 몰아냈다.

가장 놀라운 기적은 아마도 예수가 죽은 사람을 살려낸 기적일 것이다. 그는 열두 살 난 소녀를 다시 살려내고, 과부의 죽었던 아들을 일으키며, 죽은 라자로를 많은 이들이 보는 앞에서 무덤에서 걸어 나오게 하였다. 그것은 자신이 "부활이요 생명"임을 사람들로 하여금 알게 하기 위함이었다.(요한 11.25.)

복음서 저자들은 예수의 기적을 보고 그가 바로 메시아라고 확신했다. 그들이 오랫동안 기다려온 메시아 말이다. 세례자 요한이 감옥에서 사람을 보내 예수에게 그가 진정 오시기로 되어 있는 분이냐고 물었을 때, 예수는 "너희가 보고 들은 대로 요한에게 가서 알려라. 소경이 보게 되고 절름발이가 제대로 걸으며 나병환자가 깨끗해지고 귀머거리가 들으며 죽은 사람이 살아나고 가난한 사람이 복음을 듣는다. 나에게 의심을 품지 않는 사람은 참으로 행복하다"고 말하였다.(루가 7.22-23.) 종말론적 메시지다. 종말론자들은 세상의 마지막 날에 하느님이 고통받는 그의 백성을 악의 권세로부터 구원할 것이라고 믿었다. 예수가 악의 세력을 물리치는 것은 하느님의 개입이 시작되었다는 증거다. 이제 곧 하느님의 왕국이 도래할 것이며, 죄와 질병, 악마, 악령, 죽음은 세상에서 사라질 것이다.

예수는 고통을 받았지만, 그의 삶은 고통의 순간에 절정을 이루었다. 복음서 곳곳에서 그는 자신이 곧 고난을 당하고 십자가에서 수치스런 죽음을 맞이해야 한다고 말했다. 이 세상을 구원하기 위해서 말이다. 그는 남들을 구원했지만 자신은 구원할 수 없었다. 만약 그리한다면 그의 궁극적 사명을 이루지 못할 것이다. 그의 사명은 사람들에게 일시적인 건강과 복지를 안겨주는 것이 아니었다. 어차피 사람들은 늙고 쇠약하여 죽기 마련이다. 그의 궁극적 사명은 자신이 고난을 받음으로써 인간을 하느님 앞에 의로운 자로 서게 하고 그들을 영원히 구원하는 일이다. 복음서 저자들은 누구든지 예수를 믿는 자는 하느님 앞에 의인으로 설 수 있으며 곧 도래할 하느님의 나라에 들어갈 수 있다고 믿었다. 예수의 고난은 다른 사람들 대신 받는 고난이다. 그의 죽음은 다른 사람들의 죄를 위한 희생이다. 예수는 병든 자들을 치료함으로써 그가 죄를 이기는 권세가 있음을 보여주었다. 또한 그는 다른 사람들의 죄를 위해 죽음으로써 죄의 권세를 이겼다. 그가 죄의 형벌을 대신 받음으로써 사람들은 용서를 받고 하느님의 왕국에서 영원한 삶을 누릴 수 있게 되었다. 이것이 복음서 저자들이 전하는 궁극적 메시지였다.

고통에 대한 바울로의 해석

복음서 저자들의 메시지는 바울로의 메시지와 동일하다. 바울로는 예수 다음으로 신약성서를 주도하는 인물이다. 신약성서 27권 중 13권을 바울로가 썼다고 알려졌다. 그뿐 아니라 사도행전은 주로 바울로의 행적을 기록했으며, 히브리서는 바울로의 서신으로 오인된 덕에 신약성서에 편입될 수 있었다. 즉 신약성서에서 총 15권의 책이 직간접적으로 바울로와 연관되어 있다. 바울로는 누구인가? 그는 예수의 죽음과 부활로 인간이 하느님 앞에 의롭다 인정받게 되었다고 믿은 유대 종말론자였다.

우리는 앞에서 고통에 대한 바울로의 관점을 살펴보았다. 그는 고통이 죄에 대한 형벌이라는 것에 대해 구약성서 예언자들과 어느 정도 생각을 같이한다. 그것이 그리스도가 십자가에서 죽어야 했던 이유라는 것이다. 그리스도는 다른 사람들이 받아야 할 형벌을 대신 받았다. 그는 결코 자신의 죄 때문에 벌을 받지 않았다. 그는 완전하며 죄가 없는 존재다. 그리스도가 십자가형을 받아야 했던 이유는 율법에 나무에 달린 자는 저주를 받은 것(갈라 3,13, 신명 21,23 인용)이라고 나와 있기 때문이다. 예수는 자신이 율법의 저주를 대신 받음으로써 다른 사람들이 받아야 할 형벌을 대신 받았다. 바울로는 또한 구원을 위해 고통이 주어진다고 믿었다. 그리스도의 죽음은 인류의 구원을 가져오는 것이다. 죄 때문에 죽어야 할 사람들이 그리스도의 죽음과 부활로 인해 구원받았다. 예수는 다른 사람들이 치러야 할 대가를 대신 치른 것이다.

사도 바울로를 이해하기 위해서는 그가 종말론자였다는 것을 기억해야 한다.[1] 사실 그는 예수의 추종자가 되기 전부터 종말론자였던 것으로 추정된다. 종말론적 관점은 그의 신학에 지대한 영향을 미쳤다. 고통의 문제에 기반을 둔 그의 신학을 이해하려면 종말론이 그에게 의미하는 바를 알 필요가 있다. 이를 위해 당시의 역사적 배경을 살펴보자.[2]

바리사이파 사람 바울로

바울로는 예수의 추종자가 되기 이전의 그의 삶에 대해 자세히 밝히지 않았다. 그러나 우리는 그의 서신에서 몇 가지 정보를 얻을 수 있다.(갈라 1-2, 필립 2.) 그는 열렬한 유대교도였고 바리사이파의 교육을 받았으며 그리스도교도를 박해하던 자였다. 그는 원래 초대 교회의 대적자였다가, 완전히 전향하여 그리스도교의 옹호자요 선교자이며 신학자로 변모하였다.

바울로에게 바리사이파는 무슨 의미였을까? 사람들은 바리사이파라 불리는 유대교파에 대해 마치 이들에 대해 다 아는 것처럼 쉽게 이야기한다. 사실 예수와 바울로의 시대의 바리사이파 사람들에 대해 우리가 아는 것은 많지 않다. 왜냐하면 우리가 아는 정보는 약 1세기쯤 후에 쓰인 것들이기 때문이다.[3] 그러나 우리는 서기 70년 예루살렘의 멸망 이전에 한 유대교 바리사이파가 쓴 글을 갖고 있다. 그것은 바울로가 그리스도교로 회심한 후 쓴 글이다. 우리가 분명히 알 수 있는 것은 바리사이파 사람들이 다른 유대교파 사람들(예: 사두가이파)과는 달리 부활을 믿었다는 사실이다. 즉 바리사이파 사람들은 세상의 종말이 오면 죽었던 사람들이 깨어나 심판을 받을 것이라고 믿던 종말론자들이었다. 이들은 하느님 편에 있던 자들은 상을 받고 악의 편에 있던 자들은 형벌을 받을 것이라고 믿었다. 즉 이것은 바울로가 예수의 추종자로 바뀌기 이전에 이미 믿었던 것이다.

여기서 흥미로운 질문이 생긴다. 예수 부활의 의미가 무엇인가? 내가 학생들에게 이 질문을 하면 학생들은 대답을 잘 하지 못한다. 예수가 부활했다고 믿으면서도 말이다. 대체 부활의 의미가 무엇인가? 그리고 그것이 왜 중요한가? 몇몇 학생들은 예수의 부활이 예수가 메시아라는 것을 보여주는 증표가 아니었나 하고 자신 없게 대답한다.(나는 이들에게 그리스도교가 탄생하기 전에는 메시아가 죽었다가 부활할 것을 믿는 유대인이 하나도 없었음을 상기시켜준다.) 다른 학생들은 예수의 부활이 그가 하느님 앞에 의인이었음을 증명하는 것이었을 거라고 대답한다. 하느님이 죄 없는 의인을 그냥 죽게 놔둘 수는 없었을 테니까 말이다.

그러나 이보다 더욱 정확한 답이 있다. 누군가가 죽음에서 부활했다는 사실은 유대 종말론자들에게 과연 어떤 의미였을까? 종말론자들은 이 세상이 공중에 권세 잡은 악의 세력에 의해 지배된다고 보았다. 그러나 하느님이 가까운 미래에 개입해서 그의 이름을 위하여 악의 세력을 몰아내고 새로운 왕국을 지상에 건설할 것이다. 그리고 세상의 마지막 날, 즉 새로운 시대가 도래할 때, 죽은 자가 부활할 것이다.

유대 종말론자이며 바리사이파 사람이었던 바울로는 이것을 믿었다. 그런데 누군가가 죽음에서 부활했다면 이것은 무엇을 의미하는가? 만약 부활의 사건이 발생했다면 그것은 바울로에게 엄청난 의미일 수밖에 없었다. 누군가가 죽었다가 다시 살아났다면 그것은 부활이 시작되었음을 의미하는 것이다. 이 시대는 막을 내리고 앞으로 새로운 시대가 도래할 것이다. 드디어 종말이 시작되었다.

부활에 대한 바울로의 생각

바로 그것이 바울로의 생각이었다. 바울로에게 예수의 부활은 단순히 하느님이 의인을 다시 살린 사건이 아니었다. 예수의 부활은 종말의 시작을 알리는 신호탄이었다. 이제 고통과 괴로움으로 가득 찬 시대가 끝나고, 더 이상 고통과 죽음이 없는 하느님의 나라가 도래할 것이다.

이와 같은 바울로의 생각은 그의 편지에도 잘 나타나 있다. 고린토전서 15장에 그는 예수와 그를 따르는 자들의 부활에 대해 자세히 기록하였다.[4] 바울로는 그가 가르치는 복음의 핵심을 강조하며 이 장을 시작한다.

나는 내가 전해 받은 가장 중요한 것을 여러분에게 전해 드렸습니다. 그것은 그리스도께서 성서에 기록된 대로 우리의 죄 때문에 죽으셨다는 것과 무덤에 묻히셨다는 것과 성서에 기록된 대로 사흘 만에 다시 살아나셨다는 것과 그 후 여러 사람에게 나타나셨다는 사실입니다. 그리스도께서는 먼저 베드로에게 나타나신 뒤에 다시 열두 사도에게 나타나셨습니다.(1고린 15,3-5.)

그러고 나서 바울로는 예수가 부활한 후 많은 사람들에게 나타났다고 말한다.

또 한번에 오백 명이 넘는 교우들에게도 나타나셨는데 그 중에는 이미 세상을 떠난 사람도 있지만 대다수는 아직도 살아 있습니다. 그 뒤에 야고보에게 나타나시고 또 모든 사도들에게도 나타나셨습니다. 그리고 마지막으로 팔삭둥이 같은 나에게도 나타나셨습니다.(1고린 15,6-8.)

고린토전서를 읽는 많은 사람들은, 바울로가 부활한 예수를 목격한 사람들을 나열함으로써 예수가 진정 부활했다는 사실을 고린토인들에게 알려주고 있다고 생각한다. 하지만 그렇지 않다. 바울로는 그들이 이미 알고 있으며 믿고 있던 사실을 다시금 상기시켰을 뿐이다. 그는 "형제 여러분, 전에 내가 전해 준 복음을 여러분의 마음속에 되새겨주려고 합니다. 이 복음은 여러분이 이미 받아들였고 또 여러분의 믿음의 기초가 되어 있습니다"라고 말하였다.(1고린 15,1-2.) 그는 왜 예수가 이 모든 사람들에게 나타났다는 것과 그들 중 많은 목격자들이 살아있다는 점을 강조했을까? 그는 또한 예수가 500여 명에게 일시에 나타났다는 사실(이것은 복음서 어디에도 언급되지 않았다)을 강조하였다. 그 이유는 예수가 죽었다가 살아났다는 사실을 그의 추종자들로 하여금 다시금 기억하게 해주기 위해서였다. 고린토인들 중에는 죽은 자 중에 부활한 자는 없다고 말하는 자들이 있었으므로 바울로는 부활이 실제 발생한 사건임을 강조할 필요가 있었다.(1고린 15,12.)

고린토 교회의 그리스도인들 중에는 자신이 이미 구원을 받아 영적 부활을 하였고, 그리스도와 함께 다스린다고 믿는 사람들이 있었다. 따라서 바울로는 고린토전서 15장에서 부활 사건이 단지 영의 부활이 아닌 실제 육체의 부활을 뜻하는 것이라고 강조하였다. 예수는 단지 영으로 부활한 것이 아니었다. 예수는 몸으로 부활하였다. 많은 사람들이 이를 직접 눈으로 보았다. 예수의 부활 사건은 이제 다른 사람들의 부활을 예고하는 것이었다.

이러한 이유로 바울로는 예수를 부활의 "첫 열매"(공동번역본에는 "부활한 첫 사람"으로 표기되어 있다—옮긴이)라고 불렀다.(1고린 15,20.) 첫 열매란 농부가 추수 첫날에 거두는 수확물이다. 농부들은 첫 수확을 축하하고 다시 밭에 나가 나머지 작물들을 거둔다. 나머지 작물들은 언제 거두는가? 먼 훗날이 아닌 바로 그 직후이다. 예수를 첫 열매라고 부름으로써 바울로는 나머지 사람들의 부활이 임박했음을 선포했다. 이제 곧 그렇게 될 것이다. 부활이란 과거에 일어난 영적 사건이 아니라 육체에 일어날 미래의 사건이었다. 그 증거는 바로 예수의 부활이었다. 예수가 죽은 자 가운데서 다시 살아났으므로 이제 다른 이들도 그와 같이 부활할 것이다.

부활이란 영이 아닌 육체의 사건이므로, 바울로는 죽은 자들의 부활이 아직 시작되지 않았다고 생각했다. 예수처럼 육체의 부활을 경험한 사람은 아직 없었다. 많은 이들이 고린토전서 15장을 잘못 해석하는 이유는 바울로가 50절에 말한 내용 때문이다. 그는 "형제 여러분, 이 말을 잘 들어두십시오. 살과 피는 하느님의 나라를 이어받을 수 없고 썩어 없어질 것은 불멸의 것을 이어받을 수 없습니다"라고 말하였다. 이 구절 때문에 몇몇 사람들은 예수가 죽은 자 가운데서 육으로 부활한 것이 아니라고 주장한다. 왜냐하면 살과 피는 하느님 나라에 들어가지 못한다고 했기 때문이다. 바로 이 구절 때문에 예수가 영으로 부활한 것이지 육으로 부활한 것은 아니라고 말하는 사람들이 있다.

그러나 그것은 바울로가 말하는 초점을 완전히 놓치는 것이다. 바울로는 육체가 하느님의 왕국에 들어가는 것을 의심치 않았다. 하지만 그것은 보통 육체가 아니라 영원히 썩지 않는 존재로 변화된 육체다. 사람들은 부활한 예수의 모습을 눈으로 보았다. 그에게는 육체가 있었다. 그러나 그것은 변화된 육체였다. 바울로는 그것을 나무에 비유하였다. 흙에 묻힌 것은 도토리이지만 흙을 뚫고 나오는 것은 떡갈나무다. 부활은 그와 같은 것이다. 약하고 썩어질 육체가 흙으로 들어가서 완전히 변화된 육체가 나오는 것이다.(1고린 15,36-41.) 부활한 육체는 영화로운 육체다. 예수의 부활한 몸처럼 말이다. 도토리가 흙에 묻힘으로써 떡갈나무가 자랄 수 있는 것처럼, 부활한 몸은 땅에 묻힌 몸으로 인해 생겨난다. 부활한 몸은 변화된 몸이다. 도토리를 땅에 심으면 커다란 도토리가 자라는 것이 아니라 떡갈나무가 자라는 것처럼 말이다.

바울로는 현재의 세계는 악의 권세가 지배하는 세계이고 인간의 육체 또한 그 권세의 지배하에 있다고 믿었다. 그것이 우리가 병들고 늙고 쇠약해져 죽는 이유다. 그러나 하느님이 개입하면 이 권세들이 힘을 잃고 물러갈 것이다. 그때에 우리 몸은 영화롭게 변화되어 병들지도, 늙지도, 죽지도 않게 될 것이다. 우리는 영원한 육체를 갖고 하느님과 함께 영원히 살 것이다. 바울로는 이러한 일들이 곧 일어날 것으로 믿었다. 예수가 그의 제자들에게 "여기 서 있는 사람들 중에는 죽기 전에 하느님 나라가 권능을 떨치며 오는 것을 볼 사람들도 있다"(마르 9,1)라고 말한 것처럼 바울로 역시 죽은 자들이 부활하고 육체가 영화롭게 되는 날이 곧 올 것으로 예상했다. 그는 죽기 전에 그것을 볼 사람들이 있을 것으로 믿었다.

내가 이제 심오한 진리 하나를 말씀 드리겠습니다. 우리는 죽지 않고 모두 변화할 것입니다. 마지막 나팔 소리가 울릴 때에 순식간에 눈 깜빡할 사이도 없이 죽은 이들은 불멸의 몸으로 살아나고 우리는 모두 변화할 것입니다. 이 썩을 몸은 불멸의 옷을 입어야 하고 이 죽을 몸은 불사의 옷을 입어야 하기 때문입니다.(1고린 15,51-53.)

죽은 자의 부활은 역사의 마지막을 장식할 것이고, 우리의 약하고 고통받는 육체는 다시는 아픔과 죽음을 맛보지 않는 새로운 존재로 재창조될 것이다.

이 썩을 몸이 불멸의 옷을 입고 이 죽을 몸이 불사의 옷을 입게 될 때에는,
"승리가 죽음을 삼켜버렸다.
죽음아, 네 승리는 어디 갔느냐?
죽음아, 네 독침은 어디 있느냐?" 한 성서 말씀이 이루어질 것입니다.(1고린 15,54-55.)

바울로는 이 세상 고통의 문제가 종말과 동시에 해결될 것이고, 그때에는 모든 것이 달라져 더 이상 괴로움과 죽음이 없을 것이라고 생각했다. 이것은 이제 곧 일어날 일이다. 그렇게 믿는 이유는 무엇인가? 예수가 죽은 자 가운데서 다시 살아났고 부활이 시작되었기 때문이다.

종말이 임박했다고 믿은 바울로

바울로는 그의 편지에 예수의 부활과 더불어 종말이 임박했다고 누누이 강조했다. 종말의 클라이맥스는 예수가 천국으로부터 돌아와 죽은 자들을 일제히 부활시킬 때일 것이다. 이러한 바울로의 생각은 바울로가 쓴 첫 편지인 데살로니카전서에 잘 나타나 있다.[5] 바울로가 이 편지를 쓴 주된 이유는 데살로니카 교회 사람들이 점점 혼란을 일으키고 있었기 때문이다. 이들이 그리스도교로 개종할 때, 바울로는 예수가 재림하여 사람들을 심판할 날이 얼마 남지 않았다고 가르쳤다. 그런데 그날은 오지 않았다. 시간이 흐르면서 교인들 중 죽은 사람이 생겼으며 남겨진 사람들은 마음이 상했다. 죽은 이들은 그리스도가 영광으로 다시 올 때 상을 못 받게 되는 것인가? 바울로는 이들에게 편지를 써서 그리스도 안에서 죽은 이들이 영원한 상을 못 받는 게 아니라는 사실을 설명했다. 이들은 그리스도가 재림할 때 제일 먼저 상을 받을 것이다. 바울로는 다음과 같이 말하였다.

우리는 주님의 말씀을 근거로 해서 말합니다. 주님께서 다시 오시는 날 우리가 살아 남아 있다 해도 우리는 이미 죽은 사람들보다 결코 먼저 가지는 못할 것입니다. 명령이 떨어지고 대천사의 부르는 소리가 들리고 하느님의 나팔 소리가 울리면, 주님께서 친히 하늘로부터 내려오실 것입니다. 그러면 그리스도를 믿다가 죽은 사람들이 먼저 살아날 것이고, 다음으로는 그 때에 살아 남아 있는 우리가 그들과 함께 구름을 타고 공중으로 들리어 올라가서 주님을 만나게 될 것입니다. 이렇게 해서 우리는 항상 주님과 함께 있게 될 것입니다.(1데살 4,15-17.)

매우 강력한 문장이다. 여기 몇 가지 주목할 점들이 있다. 첫째는 바울로가 이 사건이 벌어질 때 자신이 살아 있을 것으로("살아 남아 있는 우리") 기대했다는 점이다. 둘째는 이 구절이 세상이 3단계로 이루어졌다는 당시의 우주론(3계 우주론)을 전제로 하고 있다는 점이다. 인간이 살고 있는 지상은 1계이고, 한 단계 아래에는 죽은 자들이 사는 하계, 즉 스올이 있으며, 우리가 사는 영역 위에는 하느님과 그리스도가 있는 상계가 있다는 것이다. 그리스도는 지상에서 살다가 죽어서 하계로 내려갔다. 그 후 죽음에서 일으켜져 다시 1계로 왔다가 그곳을 떠나 천국이 있는 상계로 올라갔다. 그는 다시 인간의 세계로 재림할 것이고, 그때에 하계에 있던 사람들이 일제히 일어나서 우리와 함께 주님을 만나러 천국으로 올라갈 것이다.

고대 사람들은 지구가 둥글고 태양의 주위를 도는 행성 중 하나이며, 이와 같은 태양계가 은하계에 수억 개 있고 이 은하계의 숫자 또한 무궁무진하다는 사실을 몰랐다. 바울로도 예외는 아니었다. 우주에는 위아래가 따로 없다. 하느님은 위에 있고 죽은 자는 아래 있다고 말할 수 없다. 그러나 바울로에게 이러한 과학적 지식이 있었을 리 만무하다. 만약 바울로가 우리가 지금 알고 있는 천문학적 지식이 있었더라면 그가 종말론적 메시지를 어떻게 개념화했을지는 알 수 없다.

고통은 당분간의 일일 것이다

종말론자인 바울로는 최종 부활이 이루어지고 이 세상과 우리의 육체가 고통이나 죽음을 초월한 영원한 존재로 변화되었을 때, 이 세상의 모든 고통이 사라질 것으로 믿었다. 하지만 그런 일이 일어날 때까지는 어떠할까? 바울로는 그때까지 많은 고통이 있을 것이라고 말하였다.

고린토인들에게 쓴 그의 편지(고린토전후서)에서 바울로는 현재 이미 부활한 삶을 살고 있다고 주장하는 이들에게 경고하였다. 바울로가 보기에 이들의 생각은 너무도 틀린 것이었다. 그리스도의 부활은 종말의 시작이지 끝이 아니다. 종말의 끝은 아직 오지 않았으며 그때까지 세상의 고통은 계속될 것이다. 그는 로마인들에게 쓴 편지에서도 이렇게 말하였다.

장차 우리에게 나타날 영광에 비추어보면 지금 우리가 겪고 있는 고통은 아무것도 아니라고 생각합니다. 모든 피조물은 하느님의 자녀(즉 부활한 몸의 변화)가 나타나기를 간절히 기다리고 있습니다. …… 곧 피조물에게도 멸망의 사슬에서 풀려나서 하느님의 자녀들이 누리는 영광스러운 자유에 참여할 날이 올 것입니다. 우리는 모든 피조물이 오늘날까지 다 함께 신음하며 진통을 겪고 있다는 것을 알고 있습니다. 피조물만이 아니라 성령을 하느님의 첫 선물로 받은 우리 자신도 하느님의 자녀가 되는 날과 우리의 몸이 해방될 날을 고대하면서 속으로 신음하고 있습니다.(로마 8,18-23.)

현재의 삶은 고통과 아픔의 삶이다. 따라서 우리는 산통을 겪는 여인과 마찬가지로 신음하며 살아간다. 바울로에게 그것은 당연한 것이었다. 미래의 구원이 아직 이루어지지 않았으므로, 우리는 우리의 썩어질 육체 가운데서 새 생명을 기다리며 고통을 겪을 수밖에 없다.

바울로는 그리스도 역시 이 세상에서 고통의 삶을 살았다는 사실을 강조하였다. 바울로는 그의 편지에 예수의 행적에 대해 거의 언급하지 않았다. 그는 예수가 병을 고치고 귀신을 쫓으며 죽은 자를 일으킨 놀라운 기적들에 대해 한마디도 하지 않았다. 그는 예수가 한 일들을 중요하게 여기지 않았다. 그가 중요하게 생각한 것은 단 한 가지, 예수의 십자가 죽음이었다. 예수의 죽음은 바울로에게 이 세상의 삶을 보여주는 본보기였다. 현재의 삶은 고통과 괴로움뿐이다. 그리스도의 십자가 고난과 같이 말이다. 바로 이러한 이유 때문에 바울로는 고린토 교회의 자칭 큰 사도들이 복음을 크게 왜곡한다고 질책하였다.

이 자칭 사도들은 그리스도가 자신들에게 이 세상에서 고통 없이 살 권세를 주었으며 그들의 가르침을 받는 자들 또한 그렇게 살 수 있다고 가르쳤다. 하지만 바울로가 보기에 그들의 생각은 너무도 틀렸다. 바울로는 이 세상에서의 삶이 고통스러울 수밖에 없으며, 그리스도를 따르는 사람들은 예수의 십자가 고통에 동참해야 한다고 생각했다. 바울로는 이 시대의 사도가 되려면 고통을 감내해야 한다고 주장하였다. 그래서 그는 자신이 그리스도를 위해 옥에 갇히고, 매를 맞으며, 돌로 침을 당하고, 파선당하며, 온갖 위험에 처하고, 주리고 목마르고 춥고 헐벗었음을 고린토인들에게 자랑스럽게 말한 것이었다.(2고린 11,23-29.) 이것은 모두 고통의 시대를 살아가는 진정한 사도의 증거였다. 예수가 영광으로 재림하여 죽은 자들을 부활시키기 전, 즉 믿는 자들이 완전한 몸으로 변화하여 영원한 하느님의 나라에 들어가기 전까지는 이러한 고통이 계속될 것이다.

요한의 묵시록

노스캐롤라이나 주립대학교 신약성서 수업 첫 시간에 나는 학생들에게 이번 학기에 배웠으면 하는 세 가지를 적어내도록 시킨다. 그렇게 하는 이유는 첫째, 학생들로 하여금 자신의 관심사에 대해 생각하도록 유도하고, 둘째, 이들이 생각을 하긴 하는지 알아보기 위해서다. 때때로 나는 상당히 엉뚱한 답변들을 받는다. "나는 왜 불교신자들이 하느님을 안 믿는지 알고 싶다" 또는 "나는 모세가 진짜 홍해를 갈랐는지 알고 싶다"와 같은 답변들이다. 이 수업은 신약성서 수업인데 말이다. 재미있는 일이다. 아무튼 매 학기 빠지지 않고 나오는 답변이 있는데, 그것은 "나는 요한묵시록이 이 세상의 종말에 대해서 무엇이라고 말하는지 알고 싶다"는 것이다.

많은 사람들은 묵시록이 우리의 미래에 대한 책이라고 생각한다. 인류 역사가 갑작스레 끝나는 말세의 일 말이다. 많은 이들이 인류의 역사가 우리 시대를 향해 흘러왔고, 지금이 그 클라이맥스이며, 우리 시대에 성서의 예언이 이루어질 것이라고 예상한다. 이들에게 모든 것은 우리 또는 나에 관한 것이다.

학기 말에 이르러 묵시록에 대해 토론하는 시간이 되면, 몇몇 학생들은 내가 현재 중동에서 벌어지는 충돌 상태를 성서의 예언으로 설명하지 않는 것에 대해 불만을 토로한다. 이들은 러시아가 이스라엘에 핵 도발을 일으킨다거나 유럽에 적그리스도 정치 지도자가 나타날 것이라는 등 시사적인 문제를 다루지 않는 것을 이상하게 생각한다. 하지만 이들에게 실망스러운 사실은 이것이다. 요한묵시록이나 그 외 성서의 다른 책들은 현재를 사는 우리를 겨냥해서 쓰인 것이 아니다. 성서의 모든 책들은 당시 사람들을 위해 쓰였다. 이슬람 공격이나 테러전쟁, 석유위기, 핵전쟁을 예언한 것이 아니라는 말이다. 성서의 필자들은 자신의 시대에 세상의 종말이 올 것으로 기대했다. 묵시록의 저자가 주 예수가 곧 올 것으로 기대했을 때(묵시 22.20), 그것은 예수가 진짜 "곧" 올 것이라는 의미였지 2,000년 후를 의미하는 것이 아니었다. "곧"이 "먼 훗날"이라는 뜻으로 해석된 것은 베드로후서 3장 8절에 "주님께는 하루가 천 년 같고 천 년이 하루 같습니다"라는 구절에 의존한 나중의 일이었다. 그렇게 재해석해야 말이 되기 때문이다. 묵시록의 저자, 또 바울로와 같은 고대 그리스도교 예언자들이 종말이 곧 올 것이라고 말했는데 그것이 이루어지지 않으니 어떻게 하겠는가? 하느님의 시간은 사람의 시간과 다르다고 재해석할 수밖에 없었다.

신약성서를 연구하는 비판적 학자들은 묵시록을 해석할 때 당시의 시대적 맥락을 고려해야 그것이 의미하는 바를 이해할 수 있다고 말한다. 자신을 요한이라고 말한 요한묵시록 저자는 모든 지옥문이 열리는 종말의 날까지 고통이 더욱 심해질 것이라고 예상했다. 요한묵시록보다 고통을 더 집중적으로 다루는 책은 아마 성서에 없을 것이다. 요한묵시록에는 기근, 전염병, 자연재난, 대학살, 순교, 궁핍, 정치적 혼돈, 그리고 아마겟돈에 대한 이야기들이 나온다. 수세기 동안 사람들이 요한묵시록이 자신의 시대에 관해 쓰인 것이라고 착각하는 것도 무리가 아니다. 이러한 일들이 각 세대마다 일어났기 때문이다.

앞 장에서 나는 마카베오 항전 때부터 널리 퍼지기 시작한 '묵시록'이라는 문학 장르를 소개했다. 이 장르는 요한묵시록에 와서 비로소 그 이름을 얻었다. 서두에 "예수 그리스도의 묵시(계시)라"는 말이 있기 때문이다. 요한묵시록은 구약성서의 다니엘서 및 다른 묵시록들과 유사한 형식을 갖추고 있다. 다른 묵시록들과 마찬가지로 요한묵시록 역시 예언자가 하늘나라로 들어 올려져 천국의 비밀과 미래의 일들에 대해 환상을 본 이야기들로 구성된다. 이 환상에는 다니엘서처럼 기괴한 짐승을 포함한 여러 상징들이 등장한다. 그리고 천사가 이 상징의 의미가 무엇인지 예언자에게 해석해준다. 다른 묵시록들과 마찬가지로 요한묵시록에도 승리의 행진이 그려진다. 다니엘서에서 지상의 재난이 발생한 후 하느님이 선택된 이들에게 통치권을 준 것처럼, 요한묵시록에서도 온갖 재앙이 발생하고 최후의 전투가 일어난 후 하느님의 유토피아가 도래한다. 그곳에는 고통도, 슬픔도, 아픔도 없다. 하느님의 나라가 임하면 사람들은 영원히 영화로운 삶을 누린다. 그러나 그렇게 되기 전에, 먼저 고난이 있어야 한다.[6]

사람들을 사로잡은 묵시록의 내용

저자는 서두에 자신을 요한이라고 소개한다. 그는 그리스도가 가까운 시일에 재림할 것이라고 말하고(묵시 1,1; 1,7) 그리스도가 "일곱 개 황금등경" 사이에 나타난 "사람같이 생긴 분"의 모습을 했다고 묘사했다. 그의 모습은 매우 강렬하다. 그는 발끝까지 내려오는 긴 옷을 입고 있는데, 가슴에는 금띠(왕권을 의미)를 두르고, 그 머리는 흰 양털 같고(영원을 의미), 눈은 불꽃 같고(심판을 의미), 음성은 큰 물소리와 같았다(권능을 의미). 그는 손에 일곱 개의 별을 쥐고 있으며(소아시아 일곱 교회의 수호천사들), 그 입에서는 날카로운 쌍날칼이 나왔다("하느님의 말씀은 살아 있고 힘이 있으며 어떤 쌍날칼보다도 더 날카롭습니다"고 히브리서 4,12에 묘사됨). 이것을 본 예언자는 그 발 앞에 엎드린 채 정신을 잃는다.

그리스도는 요한을 일으켜 세우고, 그에게 "네가 이미 본 것과 지금 일어나고 있는 일들과 앞으로 일어날 일들을 기록하여라"고 명한다.(묵시 1,19.) 이 말은 묵시록의 뼈대를 이룬다. 요한이 본 것은 교회의 주인인 그리스도의 환상이었다. "지금 일어나고 있는 일들"은 소아시아 일곱 교회의 현재 상황이다. 이 일곱 교회들은 그리스도로부터 편지를 받는데 그 편지에는 그들이 잘한 일들과 못한 일들이 적혀 있고, 앞으로 옳은 일을 행하며 마지막까지 믿음을 지키라는 권고가 덧붙어 있다. "앞으로 일어날 일들"은 묵시록 4장부터 22장까지의 내용으로, 지상에 일어날 미래 일들에 대한 일련의 환상이다. 묵시록을 읽는 이들의 마음을 사로잡는 것은 바로 이 부분이다.

이 환상에서 예언자는 고개를 들어 천국의 문을 바라본다.(바울로 같이 묵시록 저자 또한 우주가 세 단계로 이루어졌다고 생각했다.) 그는 "이리로 올라오너라. 이후에 반드시 일어날 일들을 보여주겠다"(묵시 4,1)는 말을 듣고, 몸이 하늘로 치솟아 올라간다. 하늘에 올라간 그는 천국의 문을 통과하고 하느님의 옥좌 앞으로 나아간다. 하느님의 옥좌 둘레에는 24명의 원로들(이스라엘의 열두 지파와 열두 사도들?)과 네 마리 생물들이 있다. 하느님의 오른손 안에는 일곱 개의 인으로 봉한 두루마리 책이 놓여 있다.(묵시 5,1.) 예언자는 이 책의 봉인을 떼기에 합당한 사람이 없다는 사실을 알고 울기 시작한다. 그런데 그가 다시 보니 "죽임을 당한 어린 양"(묵시 5,6)이 보인다. 그리스도의 모습이다. 신약성서에는 그리스도가 "이 세상의 죄를 없애시는 하느님의 어린 양"(요한 1,29)이라고 묘사되어 있다. 이 어린 양은 봉인을 떼기에 합당한 자다.

어린 양이 두루마리 책을 받아들자, 원로들과 생물들은 그를 경배하고 찬양한다. 어린 양은 하나씩 봉인을 떼기 시작한다. 그가 봉인을 뗄 때마다 무서운 재앙들, 즉 전쟁, 학살, 죽음, 순교, 파멸이 지상에서 일어난다. 여섯 번째 인을 뗄 때는 하늘과 땅에 대격변이 발생한다.

> 어린 양이 여섯째 봉인을 떼셨을 때에 내가 보니 큰 지진이 일어나고 해는 검은 머리털로 짠 천처럼 검게 변하고 달은 온통 핏빛으로 변하였습니다. 그리고 별들은 마치 거센 바람에 흔들려서 무화과나무의 설익은 열매가 떨어지듯이 땅에 떨어졌습니다.(묵시 6,12-13.)

해와 달과 별이 떨어지면 지구가 파멸되고 모든 것이 끝났을 것으로 생각하겠지만 아직은 아니다. 우리는 아직 6장에 있다. 두 번의 큰 재앙이 아직 남아 있는 것이다. 일곱 번째 봉인을 떼자 하늘은 한동안 고요하다. 그런데 일곱 천사가 나타나 나팔을 건네받고(묵시 8,1-2) 이들이 나팔을 불기 시작하자 유례없는 대재앙이 벌어지기 시작한다. 땅이 불에 타 살라지고, 물이 피와 독으로 변하며, 해와 달과 별이 빛을 잃고, 야수들이 사방에 돌아다니고, 전쟁과 역병이 시작된다. 이 재앙의 시기에 거대한 짐승 적그리스도가 등장하여 지상에 대혼란을 일으킨다. 그러자 일곱 번째 나팔이 울리며 또 다른 일곱 명의 천사가 나타난다. 이 천사들은 하느님의 진노를 담은 커다란 대접 일곱 개를 각각 손에 들고 있다.(묵시 16,1-2.) 그리고 천사들이 대접을 땅에 쏟을 때마다 무서운 재앙이 발생한다. 이 재앙의 절정은 하느님의 원수인 "대바빌론"이 무너질 때다.(묵시 18,2.)

마지막 전투가 시작되면서 그리스도는 백마를 타고 천국에서 내려온다.(묵시록 19,11.) 그는 적그리스도가 이끄는 군대와 전쟁을 벌이고, 결국 이들을 불의 못에 빠뜨림으로써 영원히 이들을 파멸시킨다.(묵시 19,17-21.) 지상에는 천 년 동안 유토피아가 건설되고 악마는 끝없이 깊은 구렁에 갇혀 더 이상 힘을 쓸 수 없게 된다.(묵시 20,1-6.) 천 년이 지난 후 악마는 잠시 풀려나는데, 그때가 최종 종말이다. 죽은 자들은 모두 잠에서 깨어나 심판대로 나아간다. 심판대에서 "생명의 책"에 이름이 쓰인 자들은 영원한 상을 받고, "다른 책"에 이름이 쓰인 자들은 영벌에 처해진다. 영벌을 받은 자들은 가차 없이 불의 못으로 던져진다.(묵시 20,11-15.)

그러고 나서 영원한 왕국이 시작된다. 하늘과 땅이 새롭게 창조되고 천상의 도시, 거룩한 예루살렘이 천국에서 내려온다. 이 도시의 문은 진주로 만들어져 있고, 금으로 만든 길이 사방에 나 있다.(묵시 21,9-27.) 구원을 받은 사람들은 기쁨과 평화를 누리며 거기서 영원한 삶을 산다. 그곳에는 아픔도, 괴로움도, 죽음도, 고통도 없다. 그곳은 하느님이 다스리는 곳이며, 승리의 "양"이 영원토록 경배를 받는 곳이다.

예언자는 그리스도에게 "곧" 오셔서 이 모든 일을 이루어달라는 말로 묵시록을 마친다.(묵시 22,12.) 그는 그리스도에게 간청한다. "아멘, 오소서. 주 예수여!"(묵시 22,20.)

묵시록의 청중은 누구였나

요한묵시록은 말세에 닥칠 재앙과 그 후 도래할 하느님의 유토피아 왕국에 대해 묘사하였다. 그런데 이러한 일들이 실제로 발생하지 않자, 독자들은 이것이 먼 훗날의 일을 예언한 것이었다고 해석하기 시작했다. 그러나 요한묵시록의 저자는 머나먼 훗날, 예컨대 21세기에 일어날 일에 대해 묵시록을 쓰지 않았다. 그는 자신의 세대에 일어날 일들을 상징적으로 기술하였다. 이를 뒷받침하는 증거는 다음과 같다.[7]

앞에서 말했듯이 고대 묵시록들은 천사가 환상에 대해 해석하는 내용이 포함되어 있다. 요한묵시록의 경우도 예외는 아니었다. 예를 들어, 요한묵시록 17장에는 하느님의 분노가 담긴 대접을 든 천사가 예언자를 광야로 데리고 가서 세상의 종말에 등장할 원수의 환상을 보여준다. 이것이 그 유명한 "바빌론의 탕녀"다. 요한

은 진홍색 짐승 위에 앉아있는 한 여인을 보았는데 이 짐승은 일
곱 개의 머리와 열 개의 뿔을 갖고 있다.(열 개의 뿔이 나 있었던 다
니엘서의 네 번째 짐승과 유사하다.) 이 여인은 황금과 보석, 진주 등
으로 치장을 하고 있는 것으로 보아 상당히 부유한 여인인 듯하
다. 이 여인은 "세상의 왕들"과 간음을 하던 여인이었다. 그녀는
손에 황금잔을 쥐고 있는데 이 잔에는 "자기 음행에서 비롯된 흉
측하고 더러운 것들"이 가득 들어 있다. 그녀의 이마에는 "온 땅
의 탕녀들과 흉측한 물건들의 어미인 대바빌론"이라고 적혀 있
다. 이 여인은 "성도들의 피와 예수 때문에 순교한 사람들의 피"
에 취해 있었다.(묵시 17,6.)

　이 가증한 존재는 누구, 혹은 무엇인가? 그녀가 바빌론이라
고 불렸다는 것을 기억하라. 구약성서에 어느 정도 지식이 있다면
바빌론이 하느님과 이스라엘의 원수라는 사실을 알 것이다. 하지
만 1세기 말에는 바빌론이 이미 패망하여 없어진 상태였다. 그렇
다면 당시 하느님에게 대적하던 도시란 대체 어디를 의미하는 걸
까? 다른 왕들과 간음을 행하던 도시란 다른 왕국들과 죄악된 관
계를 갖고 있던 도시를 의미한다. 천사는 짐승의 일곱 머리가 탕
녀가 앉은 일곱 언덕을 뜻한다고 말하였다.(묵시 17,9.) 이제 눈치
빠른 독자는 이 여인이 무엇을 뜻하는 것인지 알아챘을 것이다.
일곱 개의 언덕 위에 세워진 고대도시는 어디인가? 그것은 로마
다.("로마의 일곱 언덕"이라는 표현을 들은 적이 있을 것이다. 로마는
일곱 개의 언덕 위에 지어진 도시였다.) 이 해석을 재차 확인이라도
시켜주듯이, 천사는 예언자에게 이 여인이 "세상 임금들을 다스

리는 큰 도시"라고 다시 한 번 말해준다.(묵시 17,18.) 1세기에 묵시록 저자가 살던 세계를 쥐락펴락하던 도시는 어디인가? 그것은 로마, 바로 로마제국이었다. 이 로마제국은 하느님의 대원수요, 그리스도인들을 박해하던 장본인이었다.(이 여인은 성도의 피에 취해 있었다.) 이 로마는 하느님에 의해 멸망되어야 할 원수였던 것이다. 묵시록은 이 원수를 표적으로 두고 쓰인 것이다.

또 다른 환상을 살펴보자. 13장에서는 또 다른 짐승이 바다에 나타난다.(다니엘서의 네 번째 짐승을 떠올려보라.) 다시 한 번, 이 짐승은 열 개의 뿔과 일곱 개의 머리를 가졌다는 말이 나온다. 이 짐승은 땅 위에서 무서운 힘을 발휘한다. 그런데 여러 머리 중 하나가(즉 통치자들 중 하나) 치명상을 입어 죽게 된 것 같더니 다시 상처가 나으면서 회복한다. 세상은 이 짐승에 절을 하고, 이 짐승은 "오만하고 참람한 말"을 토해내며(다니엘서의 작은 뿔을 기억하라), 권세를 받아 "성도들과 싸워 이긴다." 17장의 짐승과 유사한 점이 있지 않은가? 그렇다. 이것 역시 로마다. 이 짐승은 "사람의 숫자"를 갖고 있는데 그 숫자는 666이다.

이 적그리스도, 666이라는 숫자를 가진 적그리스도는 누구인가? 지난 수년간 사람들은 이 적그리스도가 누구인지에 대해 온갖 추측을 해왔다. 1940년대에 사람들은 그것이 히틀러 혹은 무솔리니라고 말하였다. 내가 대학생이었을 때는 적그리스도가 헨리 키신저 혹은 교황이라고 주장하는 책들이 나왔다. 최근에는 그것이 사담 후세인 혹은 다른 악명 높은 인물이라고 주장하는 다른 책들이 나오고 있다.

고대에 살던 사람들은 이 적그리스도가 누구를 의미하는지 잘 알고 있었다. 헬라어나 히브리어와 같은 고대 언어들은 알파벳 대신 숫자를 사용하곤 했다. 첫 번째 철자는 1, 두 번째 철자는 2, 이런 식이다. 묵시록의 저자는 이 인물의 이름 철자들을 숫자로 표현하였는데, 그 합이 666이었다. 이것은 매우 상징적인 의미가 있다. 완전한 숫자, 즉 하느님의 숫자는 7이다. 7에서 1을 빼면 6인데, 이 숫자는 불완전한 인간을 의미한다. 그런데 이 6이 세 번이나 있으면 그것은 하느님에게서 완전히 멀리 떨어진 인간을 의미하게 된다. 즉 하느님으로부터 멀리 떨어져나간 악인인 것이다. 그것은 누구일까?

묵시록 17장의 짐승, 즉 머리가 일곱 개요 뿔이 열 개 달린 짐승이 로마인 것처럼, 13장에 나오는 이 짐승 또한 로마를 의미한다. 로마는 그리스도인들에게 가장 큰 원수였다. 로마의 어떤 인물이 그리스도인들을 가장 괴롭게 하였는가? 그리스도인들을 모질게 박해하고 살해한 황제는 네로였다. 당시 로마 동쪽 지방에는 죽은 네로가 다시 살아날 것이라는 풍문이 나돌고 있었다. 그가 살아나서 생전에 했던 것처럼 세상을 또다시 고통의 소용돌이로 만들 것이라는 풍문이었다. 묵시록에 "치명상을 입어서 거의 죽게 되었었지만 그 상처가 나"은 짐승은 바로 네로를 의미하는 것이었다. 히브리 알파벳을 숫자로 바꾸어서 시저 네로를 쓰고 그 숫자를 더하면 합계가 666이 된다.

묵시록의 저자가 바랐던 것

요한묵시록은 지금 우리 시대에 일어날 일을 예측한 예언서가 아니다. 요한묵시록의 저자는 당대에 일어날 일들에 대해 묵시록을 작성하였다. 그의 시대는 박해와 고난의 시대였다. 로마에 살던 그리스도인들은 네로황제에 의해 잔인하게 목숨을 빼앗겼다. 세상은 지진과 기근, 그리고 전쟁이 끊이지 않는 처참한 지경에 놓여 있었다. 묵시록 저자는 당시의 상황이 최악에 다다랐다고 생각했다.

그러나 더욱 무서운 일이 기다리고 있다. 하느님은 악이 그득찬 이 세상을 심판하러 올 것이다. 하느님의 진노가 폭발할 때, 지상에 살아있던 사람들은 처참한 광경을 목격하게 될 것이다.

악의 시대가 막바지에 달할 때, 하느님은 그의 백성을 위해 개입할 것이다. 그는 악의 권세를 무너뜨리고 사악한 제국을 멸망시킬 것이다. 공중에 권세 잡은 이의 하수인 노릇을 하던 것들은 모조리 망할 것이다. 그리스도가 곧 하늘로부터 재림해 하느님의 원수들을 권능으로 전멸시키고, 새로운 왕국이 이 땅에 도래한다. 이 왕국은 예루살렘이다. 진주문과 황금거리가 있는 천상의 예루살렘 말이다. 미움과 악은 사라질 것이다. 더 이상의 박해와 고통과 괴로움과 죄와 죽음은 없다. 하느님은 권능으로 세상을 다스릴 것이고, 그의 백성은 새 예루살렘에서 영원히 영광 가운데 살아갈 것이다.

종말론적 사고에 변화가 나타나다

그런데 기대했던 종말은 오지 않았다. 이제 종말론적 세계관은 어떻게 바뀌었을까? 마르코복음에서 예수는 그의 앞에 서있는 사람들 중에 죽음을 맛보지 않고 하느님 나라가 권능을 떨치며 오는 것을 볼 자들이 있으리라고 말하였다.(마르 9,1.) 그는 그 세대가 지나가기 전에 이 모든 일들이 이루어지리라고 말하였다.(마르 13,30.) 바울로 역시 그리스도가 하늘로부터 임할 때 그가 살아 있을 것으로 기대했다. 예언자 요한도 묵시록에서 예수가 곧 올 것이라는 말을 들었고 "아멘, 오소서. 주 예수여!"라고 화답했다. 그런데 종말은 오지 않았다. 이제 어떻게 할 것인가?

초기 그리스도인들은 그들이 말세를 살아가고 있다고 믿었다. 그들의 주님 또한 "때가 다 되어 하느님의 나라가 다가왔다"(마르 1,15)고 말하며 이스라엘 백성들에게 늦기 전에 회개하라고 촉구한 종말론자였다. 예수는 초기에 세례자 요한을 따랐는데, 세례자 요한 역시 "도끼가 나무 뿌리에 놓였다"며 종말의 심판이 임박했음을 외친 사람이다. 예수의 추종자들은 예수가 세상을 심판할 것이라고 믿었다. 그는 천국으로 갔지만 곧 메시아로서 재림해 이 땅을 심판하고 하느님의 왕국을 가져올 것이었다. 그들은 이 모든 일들이 가까운 시일에 일어날 줄로 기대했다.

하지만 기다림의 날들은 달이 되고, 달은 해가 되고, 1년은 10년이 되었다. 그래도 종말은 오지 않았다. 곧 올 줄 알았던 종말이 오지 않자 이들은 어떻게 했을까?

이들은 메시지를 바꾸어 이해하기 시작했다. 종말론에서는 역사의 시간을 이분법으로 나눈다. 악의 세력에 의해 통제되는 시대와 악이 멸망하고 하느님의 백성이 다스리는 시대로 말이다. 기대했던 종말이 오지 않자 예수의 추종자들은 이 시간적 이원론을 공간적 이원론으로 바꾸었다. 이 세상과 저 세상으로 말이다. 이들은 지금 이 시대와 앞으로 도래할 시대로 구분하는 수평적 이원론을, 이 세상에서의 삶과 저 세상에서의 삶으로 구분하는 수직적 이원론으로 변화시켰다. 다시 말해 종말론적 기대가 좌절되자 그리스도교의 천국-지옥 교리가 탄생한 것이다.

　종말론은 고대의 신정론이라고 할 수 있다. 선하고 전능한 하느님이 다스리는 세상에 왜 이토록 아픔과 고통이 많은지 설명하는 신정론 말이다. 종말론적 해답은 이것이다. 하느님은 전지전능한 존재로서 장차 그의 권능의 손을 펴서 이 세상에서 악의 세력을 몰아낼 것이다. 왜 지금 악인이 잘 되는가? 그것은 그들이 악의 편에 있기 때문이다. 의인들은 왜 고통을 받는가? 그들은 선한 하느님의 편이기 때문이다. 지금은 그렇지만 장차 도래할 나라에서는 이야기가 달라질 것이다. 그때는 처음 된 자가 나중 된 자가 되고, 나중 된 자가 처음 된 자로 될 것이다. 높은 자리에 있는 자들은 낮아지고, 낮은 자리에 있는 자들은 높아질 것이다.

　그러나 이러한 일이 생기지 않고 세상의 변화가 오지 않자, 그리스도인들은 심판이 이 세상에서 일어날 일이 아니라 미래의 사후 세계에서 일어날 일이라고 생각하게 되었다. 즉 심판은 조만간 이 세상에서 발생할 일대 사건이 아니다. 심판은 항상 이루어질 것이다. 사람이 죽을 때마다 말이다. 이 세상에서 악마와 동행하던 자는 영벌을 받고 악마가 있는 지옥불에 떨어진다. 그러나 하느님 편에 서 있던 사람들은 천국에서 하느님과 영생을 누린다. 사람이 죽으면 누구나 하느님의 심판대 앞에 서게 될 것이다. 하느님 나라는 미래에 지상에 세워질 왕국이 아니라 하느님이 있는 천국이다.

우리는 신약성서에도 이와 같은 탈종말론적 흔적을 발견할 수 있다. 복음서 중 가장 마지막에 쓰인 책은 요한복음이다. 요한복음을 쓴 인물은 묵시록을 쓴 요한과는 다른 사람이다.[8] 요한복음에서 예수는 하느님의 나라가 지상에 세워질 것이라는 말을 더 이상 하지 않는다. 요한복음의 초점은 이 세상의 미래 왕국이 아니다. 요한복음에서 강조하는 것은 예수를 믿으면 천국에서 영생을 누리게 된다는 것이다. 요한복음에서 예수는 "하느님의 나라가 다가왔으니" 회개하라고 촉구하지 않는다. 그는 사람들에게 그가 하늘로부터 온 자이며 다시 하늘에 있는 아버지에게 돌아갈 것이라는 사실을 강조한다.(수직적 이원론.) 그를 믿는 자는 거듭난 삶을 살 것이고 "위로부터" 다시 날 것이다.(요한 3,3.) 위로부터 다시 난 자는 이 세상을 떠날 때 천국으로 돌아갈 것이다. 요한에 따르면, 예수가 제자들을 떠난 이유는 그들이 사후에 살 천국에 "있을 곳을 마련"하기 위함이었다.(요한 14,1-3.)

요한은 이 세상이 악마가 지배하는 악한 세상이라고 생각했다. 그러나 예수의 제자들이 살아 있는 동안 사람의 아들이 세상을 심판하고 하느님의 나라가 도래하는 것은 아니었다. 구원은 다른 방식으로 이루어진다. 구원은 개인의 믿음에 따라 주어지는 것으로, 예수가 하늘로부터 왔고 다시 하늘로 돌아간 하느님이라는 것을 믿는 사람은 영생을 얻게 되는 것이다. 우리는 요한복음에서 종말론의 수평적 이원론이 이 땅과 저 천국으로 양분하는 수직적 이원론으로 변화된 것을 확인할 수 있다.

그리스도인들은 사람이 죽으면 영혼이 천국이나 지옥으로 간다는 교리를 계속 발전시켜왔다. 그런데 이것은 본래 성서에서 가르치는 내용이 아니다. 구약성서에서는 사후에 사람이 가는 곳이 스올이라고 말하였다. 스올은 의인과 악인을 막론하고 모두가 가는 곳이다. 신약성서의 대부분에서는 하느님의 왕국이 임할 때 죽은 자들이 부활하여 이 땅에서 영생을 누릴 것으로 생각했다. 천국과 지옥의 개념은 이 부활의 개념이 발전하여 생겨났다고 볼 수 있다. 예수와 초기 그리스도인들이 기대했던 종말이 오지 않자 그 의미가 점차 변화한 것이다.

고통에 대한 종말론적 해답은 무엇인가

고통에 대한 종말론적 해답은 세상을 창조한 하느님이 결국 그 세상을 변화시킬 것이라는 믿음에 뿌리를 두고 있다. 이 세상은 악의 지배를 받고 있다. 악의 세력은 세상의 종말이 올 때까지 더욱 강해질 것인데, 이를 지켜보던 하느님이 마침내 개입할 것이다. 그러면 악이 한꺼번에 멸망하고, 세상은 하느님의 백성을 위한 천국으로 재창조될 것이다.

종말론적 관점은 매우 강력하고도 매력적이다. 종말론자들은 세상의 악에 대해 진지하게 고민한 사람들이었다. 이들이 보기에 악이란 단순히 인간이 하는 행위가 아니었다. 인간의 행위는 때때로 너무도 극악해 그것이 단지 사람의 소행이라고 보기 어려웠다. 예컨대 홀로코스트, 캄보디아 대학살, 보스니아의 인종청소 같은 것들은 단순히 인간이 한 짓이라 보기 어렵다. 인간을 조종하는 어떤 강력한 악의 세력이 있는 것이 분명하다. 인간이 당하는 재앙은 너무도 광범위하고 거대해서, 세상을 조종하는 악한 기운이 있다고 생각할 수밖에 없었다. 종말론자들은 이 세상이 악의 세력에 의해 조종된다고 보았다. 공중에 권세 잡은 거대한 악의 세력 말이다.

종말론적 관점은 자연재해의 끔찍한 고통 또한 고려한다. 도시 전체를 휩쓸어버리는 허리케인, 300만 명의 사람들을 졸지에 길에 나앉게 만들어버리는 지진, 단 몇 분 만에 마을 전체를 덮쳐버리는 산사태, 한 번에 몇십만 명의 목숨을 빼앗는 쓰나미 같은 자연재해 말이다. 종말론적 관점에 의하면 이와 같은 재앙은 결국 악마의 소행이다.

종말론적 관점은 현재 고통을 받는 사람들에게 희망을 준다. 아무리해도 그 의미를 찾을 수 없는 육체적, 정신적, 정서적 고통을 받는 사람들에게 희망을 안겨주는 것이다. 그것은 궁극적 선에 대한 희망이다. 비록 지금 악이 횡행할지라도 그것은 오래 지속되지 않는다. 이 세상에서 고통과 아픔을 경험하는 사람들은 결국 하느님의 위로를 받게 될 것이다. 하느님은 이 세상에 내려와 모든 잘못된 것들을 바로잡을 것이다. 악마가 이기는 것이 아니다. 종국에는 하느님이 최종 발언을 할 것이다. 죽음은 이야기의 결말이 아니다. 이야기의 결말은 하느님의 위대한 왕국으로 맺어진다.

매우 강렬하고도 감동적이다. 그러나 종말론적 관점에는 신화적 요소가 숨어있다는 사실을 간과할 수 없다. 종말론적 관점은 세상이 세 개의 층으로 이루어졌다는 관념을 바탕으로 세워졌다. 종말론자들은 하느님이 위에 있는 천상의 세계를 지금 우리가 있는 땅으로 옮겨올 것이라고 믿었다. 하지만 하느님이 저 하늘 위에 있다가 우리에게로 내려오거나, 우리를 저 위의 나라로 데리고 올라가지 않는다.

또한 우리가 말세에 살고 있다는 믿음은 그때마다 번번이 어긋났다. 고통받는 사람들은 세상의 종말을 기다린다. 그들은 어서 고통이 끝나고 하느님의 나라가 도래해 상을 받게 되기를 소망한다. 하지만 오늘날까지 그 소망은 이루어지지 않았다. 인류가 어떤 연유로 홀연히 지구상에서 사라지지 않는 한, 그것은 앞으로도 실현되지 않을 것이다.

종말이 곧 닥칠 것이라고 외치는 예언자들은 언제나 있어왔다. 세계적으로 중대한 위기가 발생할 때마다 예언자들이 수없이 나타났다. 이들은 자신의 예언을 책으로 써내고 많은 돈을 번다. 참으로 역설적인 일이 아닐 수 없다. 이들은 중동, 유럽, 중국, 러시아, 그리고 미국에서 벌어지는 사건들을 보고 성서의 예언이 성취되기 시작했다고 떠벌린다. 하지만 시간이 지나고 나면, 바뀐 것이라곤 통치자와 정치상황, 그리고 국경뿐이다. 그리고 또 다른 위기가 닥친다. 이번에는 독일 나치 대신 소련이다. 그리고 소련 대신 이슬람 근본주의, 이슬람 근본주의 대신 또 다른 문제……. 새로운 위기가 닥칠 때마다 새로운 책들이 나오고, 이 사건이야말로 성서에 예언된 사건이라는 주장이 쏟아진다. 한도 끝도 없이 계속되는 반복이다.

현재까지 종말론을 주장한 사람들은 한 사람도 어김없이 모두 틀렸다. 종말론적 시각을 갖고 미래에 어떤 일이 벌어질지 '아는' 사람들은 모두 종교적 자만에 빠져있던 사람들이었다. 이들은 자신의 견해를 신중히 살펴볼 시도조차 하지 않는다. 이것은 참으로 문제다. 근거 없는 종교적 확신보다 위험한 것은 이 세상에 없다.

종말론적 관점이 갖는 또 하나의 문제는 이것이다. 하느님의 초자연적 개입으로 모든 것이 한꺼번에 해결될 것이라고 믿는 것은 자칫 사회적 태만과 무책임을 초래한다. 그것은 지금 우리가 당면한 악을 직접 처리하려 하지 않고, 때가 되면 전능자가 모든 것을 바로잡으리라고 미뤄버리는 태도다. 세상의 문제들과 직접 맞닥뜨려 해결책을 찾으려 하지 않고 하느님에게 전가해버리는 태도는 결코 바람직하지 않다. 우리는 인간의 고통을 경감시킬 해결책을 적극적으로 모색해야만 한다.

우리는 고통에 대해 무엇을 말할 수 있을까?

오늘 아침 나는 신문을 보며 세상에서 일어나는 일들을 살펴보았다. 2008년 현재 사람들은 어떠한 고통을 받고 있는가? 다음은 내가 오늘 읽은 뉴스다.(나는 롤리 뉴스 앤 옵저버Raleigh News and Observer 일요신문 첫 섹션을 읽었다.)

돈이 많고 유명한 사람도 아픔을 피해갈 수는 없다. 2008년 대통령 선거 후보이며 우리 지역 주민이기도 한 존 에드워즈의 아내 엘리자베스가 골암 진단을 받았다. 치료할 수 없는 악성 골암이었다. 그러나 이들 부부는 선거운동을 계속할 것이라고 발표했다. 이들에게는 네 자녀가 있는데, 둘째 아들 웨이드는 11년 전에 교통사고로 16세의 나이에 사망했다. 이들은 또한 8세, 6세의 어린 자녀들도 있다. 엘리자베스가 앞으로 얼마나 더 견뎌낼 수 있을지 모르겠지만, 그녀는 여전히 활기차게 선거운동에 참여하고 있다.

우리 학교의 스포츠팀 마스코트인 21세 학생이 SUV 차에 치었다. 그는 머리에 중상을 입고 뇌부종이 발생하여 현재 혼수상태다. 그는 1개월 반 후 졸업을 앞두고 있었는데, 그때까지 생존할 가능성은 극히 희박하다.

토네이도가 뉴멕시코 주의 로건을 강타하여 약 100채의 주택과 상가, 그리고 세 개의 학교가 파괴되고 35명의 주민들이 크게 다쳐 병원 응급실로 실려 갔다.

뉴올리언스 주민들의 총기 구입률이 최고치를 나타내고 있다. 카트리나가 지나간 후 곳곳에서 살인사건이 발생했기 때문이다. 보안관이 무장 경찰차를 지역에 내보내고 방위군과 경찰이 거리를 순찰하고 있지만, 주민들은 이를 신뢰하지 않고 스스로 무장하고 있다.

어제 북한은 핵무기에 대해 논의하던 6자 회담을 결렬시켰다. 이제 세계의 핵 위협은 더욱 높아지게 되었다.

이라크전쟁은 이번 주에 발발 5주년을 맞는다. 지금까지 이라크전에서 목숨을 잃은 미군의 수는 총 3,230명에 달한다. 이라크의 사망자 수는 알 수 없다. 통계가 없기 때문이다. 미국이 이라크전에 쏟아 부은 비용은 최소 4,000억 달러다. 이 4,000억 달러는 굶주린 자에게 음식을 제공하고 노숙자를 위한 거처를 마련하는 데 쓸 수 있었을 돈이다.

어제 이라크에서 발생한 자살폭탄 테러로 46명이 사망했다.(이 뉴스는 18페이지 한 구석에 있었다.) 네 명의 이라크인이 박격포에 목숨을 잃었다. 총살당한 사람들 중 열 구의 시신이 바그

다드에서 발견되었다. 다른 열 구는 팔루자에서 발견됐다. 암울한 사건들이다.

이라크에서 부상당한 다니엘 길리트 병장의 이야기도 실렸다. 그는 무장 험비(군용 지프차—옮긴이)를 타고 가다가 탱크지뢰가 터지면서 중상을 입었다. 폭발이 일어난 후 그는 그의 바지가 갈가리 찢어진 것을 보면서도 상황이 얼마나 심각한지 몰랐다. 동료들이 트럭에서 그의 다리와 발을 각각 집어 들고 나올 때까지는 말이다. 그는 집으로 돌아와서 의족에 의지하여 걷는 연습을 하고 있다.

이라크에 관한 또 다른 사연도 있다. 어떤 여인의 남동생이 이라크에서 납치되었다. 이러한 납치 사건은 이라크에서 수백 건에 달한다. 범인은 10만 달러를 요구했다. 그녀의 가족이 끌어 모을 수 있는 돈은 2만 달러라고 호소하니, 범인은 그것으로 충분하다고 말했다. 가족은 범인에게 돈을 건네주었고 범인은 남동생이 있는 곳을 알려주겠다고 약속했다. 그러나 그러고는 소식이 없었다. 망연한 가족들은 주변의 시신안치소들을 찾아다니기 시작했다. 그러다가 땅에 묻은 시신들의 사진을 모두 찍어놓은 한 업자를 찾았다. 그는 남동생의 사진을 갖고 있었다. 그의 손은 머리에 묶여 있었고 얼굴은 온통 멍이 들어 있었다. 또한 그의 이마에는 전기 드릴로 뚫은 구멍이 나 있었다.

나는 더 이상 신문을 읽을 수 없었다. 어제 신문에도 이와 비슷한 사건들이 있었으며, 그저께 신문도 역시 마찬가지였다. 불행한 일들은 계속된다. 신문에는 기아, 암, 에이즈, 말라리아, 기생충으로 죽은 사람들은 언급되지도 않았다. 또한 노숙자들과 굶주린 사람들, 남편에게 육체적, 정서적 학대를 당하는 여인들, 부모에게 학대받는 아이들, 인종차별과 성폭력에 희생된 사람들의 이야기도 실리지 않았다.

이러한 불행들을 보며 우리는 무슨 말을 할 수 있을까? 오해하지는 말라. 나는 매일 아침 이 세상의 불행한 상황을 보고 한탄하며 우울해 하는 그런 사람은 아니다. 나는 사실 꽤 유쾌한 사람이고 유머감각도 있으며 열정을 갖고 살아가는 사람이다. 나는 이 세상이 좋은 곳이라고 믿으며, 이 세상에 있는 좋은 것들에 감사하면서 그것을 향유하고 있다. 그러나 세상에 존재하는 이 모든 불행과 아픔과 고통을 마치 존재하지 않는 것처럼 잊고 살 수는 없다.

나는 거의 매일 모르는 사람들에게서 이메일을 받는다. 그들은 내가 쓴 글들을 읽고 내가 고통의 문제를 이해할 수 없어 불가지론자가 되었다는 것을 알게 된 사람들이다. 이들은 좋은 뜻으로 이메일을 보낸다. 그리고 이 이메일 중에 많은 것들은 사려 깊은 내용들이다. 나는 되도록 모든 이들에게 답장을 하며 감사의 마음을 표시한다. 그런데 이 중 많은 사람들은 고통에 대해 지극히 단순한 진단을 내리고 있다. 내가 받는 가장 흔한 설명은 이것이다. 하느님은 우리의 하늘 아버지로서 좋은 부모와 같은 분이다. 그는 우리 삶에 고통을 허락함으로써 우리를 단련시키고 우리가 어떻게 살아가야 하는지 가르쳐준다. 성서에는 이러한 말이 있다.

아들아, 야훼께서 타이르시는 말씀을 가볍게 여기지 말고

그의 꾸지람을 달게 받아라.

야훼께서는 사랑하는 자를 꾸짖으시되

귀여운 아들에게 매를 드는 아비처럼 하신다.(잠언 3,11-12.)

나는 이러한 해석을 소개하기 위해 이 책의 지면을 할애하지는 않았다. 고통에 대한 성서의 지배적 해석이 아니기 때문이다. 하지만 분명 성서에 이와 유사한 해석이 있는 것은 사실이다. 예를 들어 아모스는 하느님이 그의 백성이 죄를 지으면 벌을 내린다고 말하였다. 교훈을 주려고 말이다. 사람들은 하느님의 벌을 받은 후 회개하고 그의 길로 돌아와야 한다. 이것이 가뭄과 기근과 역병과 전쟁과 죽음이 있는 이유라고 아모스는 설명하였다. 하느님은 벌을 통해 그의 백성들에게 "돌아오라"고 부르는 것이다.(아모 4,6-11.)

이러한 해석은 벌이 그토록 가혹하지 않다면 일리가 있을 법한 해석이다. 하지만 생각해보자. 하느님이 교훈을 주기 위해 사람들을 굶겨 죽인다는 말인가? 하느님이 전염병을 내려 인간의 몸을 파괴하고, 정신병을 주어 정신을 파괴하고, 전쟁을 내려 나라를 파괴한다는 말인가? 인간에게 교훈을 주기 위해서? 자녀에게 교훈을 주기 위해 그들을 불구로 만들고 상처를 입히고 팔다리를 자르고 고문하고 죽이는 아버지는 대체 어떤 아버지란 말인가? 만약 우리 인간들 중에 딸이 잘못했다고 굶겨 죽이고 아들이

잘못을 저질렀다고 때려죽이는 아버지가 있다면 우리는 뭐라 말하겠는가? 우리의 하늘 아버지는 가장 형편없는 인간 아버지만도 못하다는 말인가? 나는 이러한 해석에 도저히 동의할 수 없다.

또 다른 사람들은 세상의 고통을 이해할 수 없다고 고백한다. 이들은 세상에 왜 이렇게 많은 고통과 불행이 생기는지 도저히 이해하기 어렵다고 말한다. 나와 같은 생각이다. 그런데 이들이 마지막에 덧붙이는 말이 있다. 언젠가 우리가 이해할 날이 오리라는 것이다. 하느님이 분명 어떤 계획을 갖고 고통을 주는 것인데 우리가 단지 그 뜻을 모르는 것이라고 그들은 말한다. 사람들이 영문도 모르고 당하는 이 모든 고통들이 결국은 인류를 위한 궁극적 선을 이루려는 하느님의 섭리였다는 사실을 우리가 언젠가 알게 되리라는 것이다.

많은 사람들이 거기에 동의한다. 이 모든 일에 하느님의 오묘한 섭리가 있을 것이다. 그런데 설령 그것이 사실이라 할지라도, 우리는 끝까지 그 진위를 알 수 없다. 솔직히 나는 그것이 설득적 견해라고 생각하지 않는다. 세상에서 가장 위대한 소설 중 하나인 도스토옙스키의 『카라마조프가의 형제들』 중 한 에피소드가 떠오른다. 이 책에는 '대심문관'이라는 장이 있다. 주인공인 이반 카라마조프가 동생 알료샤에게 말해주는 이야기가 이 장에 들어 있다. 만약 예수가 세상에 다시 오면 어떠한 일이 일어날까? 이반은 그리스도교 교회 지도자들이 다시 예수를 죽이려고 모의할 것이라고 말한다. 왜냐하면 사람들이 원하는 것은 그리스도가 주는 자유가 아니라 교회의 권위적 구조와 일관된 답이기 때문이다. 대형교회 지도자들이 정신을 가다듬고 들어야 할 부분이다. 교회 지도자들은 사람들이 어려운 문제에 대해 생각할 여지는 없애버리고 오로지 자기네들이 생각하는 정답을 심어주는 데만 집중해왔다.

대심문관 장이 이 소설의 가장 유명한 장이라고 할 수 있지만, 그전의 두 장 또한 이에 못지않게 강력한 메시지를 담고 있다. 이 부분 역시 이반과 알료샤의 대화로 이루어져 있다. 알료샤는 순진무구한 영혼의 소유자로서 동네 수도원에 초보 수도사로 들어간 젊은 청년이다. 그는 깊은 신앙심을 갖고 있으며 사랑스러울 정도로 순수하고 순진하다. 그의 형인 이반은 날카로운 지성의 소유자이며 종교에 회의를 갖는 인물이다. 이반은 신의 존재를 믿기는 하지만(그는 일부 비평가들이 주장하듯이 무신론자가 아니다), 신과 상대도 하고 싶어 하지 않는다. 이 세상에는 아픔과 고통이 너무도 많고, 이것이 다 신의 잘못이라는 것이 그의 생각이다. 하느님이 종국에 모든 비밀을 알려준다 해도 소용없다. 이반은 그런 것을 듣고 싶지도 않다. 그는 "내가 받아들일 수 없는 것은 신이 아니야. 그것은 신이 만든 세계야. 나는 이 세상의 일들을 도저히 용납할 수 없고 또 용납하고 싶지도 않아"라고 말하였다.[1]

그는 나중에 하느님이 이 모든 것을 설명해준다 하더라도 그것이 이 세상의 지독한 고통을 정당화할 수는 없다고 말한다. 고대 그리스의 수학자 유클리드는 두 평행선이 영원히 만날 수 없다고 규정했다. 하지만 "어떤 기하학자와 철학자들"은 그 법칙이 유한한 공간의 영역에만 적용될 뿐, 무한대의 공간에서는 평행선이 종국에 만날 수 있다고 주장하였다. 이반은 그 주장이 잘못되었다고 말하지 않았다. 하지만 그는 그것을 거절했다. 설령 그것이 사실이라 할지라도 거절하겠다는 것이다. 고통의 문제는 그에게 평행선과도 같았다. 결국 하느님이 이 모든 고통은 더 큰 선과 목적을 위한 것이었다고 말해준다 하더라도, 그래서 좀처럼 만날 것 같지 않던 평행선이 끝내는 만난다 하더라도, 그는 이를 수용하지 않겠다는 것이다. 다음은 이반의 말이다.

내게는 어린아이와 같은 믿음이 있어. 결국은 모든 고통이 치료받고 회복될 것이라는……. 세상의 마지막 날에는 영원한 화합이 이루어지면서 모든 비밀이 풀리고 분노와 악의와 피흘림의 의미를 찾게 되겠지. 그날에는 모든 것이 용서되고 모든 것이 정당화될 거야……. 그래, 그러라고 해. 그래도 나는 여전히 그것을 용납할 수 없고 용납하고 싶지도 않아. 평행을 달리던 선이 내 눈앞에서 마침내 교차했다고 해. 나는 그것을 보고 그래, 평행선이 결국 만났군 이라고 말할 거야. 그런데 평행선이 결국 만난들 그게 대체 무슨 소용이 있지? 나는 여전히 그것을 용납할 수 없어.

이반은 '반역' 장에서 고통에 대한 그의 생각을 털어놓는다. 거기서 그는 죄 없는 어린아이가 받는 고통은 결코 설명될 수 없으며, 설령 절대자 하느님이 직접 설명해준다 하더라도 그는 결단코 이를 받아들이지 않겠다고 선언한다.(이 장의 제목이 '반역'인 이유다. 신앙심 깊은 그의 동생 알료샤에게 이러한 태도는 다름 아닌 신에 대한 반역이었다.)

이 장에서 이반은 무고한 자의 고통에 대해 번민하였다. 그는 불가리아 전쟁에서 터키군인의 잔인함에 대해 이야기한다. 이 터키군인들은 여자와 어린아이들을 불태우고 죽이고 강간하며, 포로들을 울타리 앞에 세워놓고 귀에 못을 박아 울타리에 옴짝달싹 못하게 달아놓았다가 이튿날 아침에 이들을 목매달아 죽였다. 이반은 이러한 인간의 행위를 짐승 같은 행위라고 부르지 말라 하였다. 그것은 동물에게 크나큰 모욕이요 실례이기 때문이다. 동물들은 절대 그렇게 잔인한 행동을 하지 않는다. 이반은 계속해서 말한다.

터키인들이 특별히 즐기던 게 뭔 줄 알아? 그건 어린아이들을 고문하는 일이야. 이들은 칼로 임신한 여자의 배를 갈라서 뱃속에서 태아를 끄집어내고 엄마가 보는 앞에서 아기를 이리저리 공중으로 던지며 놀지. 그러다가 칼끝으로 아기를 받는 거야. 이런 게임은 아기 엄마가 보는 눈앞에서 해야 재미가 더하지.

그는 또 하나의 끔찍한 장면에 대해 말하였다.

터키인들은 몸을 떨고 있는 엄마의 품 안에서 젖먹이 아기를 빼앗아 갔어. 그들은 재미있는 놀이를 고안해냈는데, 그건 바로 이거야. 아기를 받아든 자는 아기를 웃기려고 그 앞에서 온갖 재롱을 부리지. 그러다가 결국 아기가 웃으면, 그는 아기의 얼굴 바로 앞에 총부리를 갖다 대는 거야. 아무것도 모르는 아기는 해맑게 웃으며 작은 손을 뻗어 총을 만지려 하지. 그 순간 터키인은 방아쇠를 당기고, 아기의 얼굴은 박살이 나지. 어때? 예술적이지 않아?

이반은 전시의 잔혹한 행위만 말한 것이 아니었다. 그의 이야기에는 매일 주변에서 일어나는 이야기도 포함된다. 소름끼치는 것은 이러한 이야기들이 너무도 사실적이고 얼마든지 발생할 수 있는 이야기라는 사실이다. 그는 유럽의 교육수준 높고 "교양 있는" 사람들에 의해 자행되는 유아 학대에 대해 폭로한다.

이들은 어린아이들을 학대하는 일을 즐겼어. 그들이 아이들을 사랑한 것은 바로 그 때문이었지. 어린아이들은 힘이 없고, 남을 잘 믿으며, 누구에게 도움을 청할 수도 없어. 이러한 사실은 고문관의 사악한 피를 끓어오르게 했지.

이반은 밤에 이부자리에 오줌을 싼다는 이유로 부모에게 무자비한 학대를 당해야 했던 한 다섯 살짜리 소녀에 대해 이야기했다.(이것은 실제 사건을 바탕으로 했다.)

이른바 교육받았다는 그의 부모는 다섯 살짜리 어린 딸에게 온갖 학대를 했지. 이들은 아이의 몸이 멍으로 뒤덮일 때까지 그 아이를 때리고 채찍질하고 발로 찼어. 그러던 어느 날 이들에게 기막힌 묘안이 떠올랐어. 아이가 한밤중에 화장실에 가서 소변을 보지 않았다는 이유로, 영하의 매서운 날씨에 그 소녀를 옥외 변소에 가두었지. 그리고 배설물을 아이의 얼굴에 문지르고 그것을 먹도록 만들었어. 엄마가, 그 아이를 낳은 엄마가 말이야.

이반은 악이 존재해야 선을 인식할 수 있다고 말하는 사람들을 언급했다. 그는 얼굴에 온통 분뇨가 처발라진 그 다섯 살배기 소녀를 떠올리며 그러한 주장을 일축했다. 그는 감정이 복받쳐 알료샤에게 물었다.

　너는 이러한 일들을 이해할 수 있니, 내 친구요 동생이요 경건한 수도자인 알료샤야? 이러한 악이 필요하다고 말할 수 있겠니? 사람들은 악이 없으면 선이 선인 줄 모를 거라고 말을 하는구나. 대체 누가 이러한 대가를 치러가면서 선과 악을 구분하고 싶다는 거냐?

이반이 생각하기에 그 대가는 너무도 비쌌다. 그는 모든 고통이 정당화되고 그것이 필요한 일이었다고 신이 해명해준다 하더라도 그 해명을 거부하겠다고 말하였다. 신이 그 어떤 해명을 한다 할지라도 아이들에게 행해진 잔혹성은 절대 정당화될 수 없다는 것이다.(다른 이들이 겪는 고통도 있지만, 이반은 문제를 단순화하기 위해 어린이의 경우만을 예로 들었다.) 이반은 말했다. "고통 받음으로써 영원한 화합에 이를 수 있으므로 인간이 고통을 감내해야 한다고 치자. 하지만 대체 어린아이들은 뭐지? 왜 어린아이들까지 고통을 받아야 하는지 나는 도저히 이해할 수 없어." 먼 훗날

감춰졌던 비밀이 펼쳐지며 모든 것이 설명된다 하더라도, 이반은 지금 이 땅에서의 입장을 확고히 하고 있다. 악의와 고통으로 가득한 이 세상의 미래에 어떠한 궁극적 화합이 이루어질지는 모르겠으나, 죄 없는 아이들이 받는 고통에 대해서는 그 어떤 것도 정당화될 수 없다는 것이다.

나는 신의 화합 같은 건 사양하겠어. 그 어떤 것도 내 생각을 바꿀 수는 없을 거야. 그 어떤 화합이 미래에 이루어진다 할지라도, 그것은 단 한명의 고통받는 아이가 흘리는 눈물과 바꿀 가치가 없어. 냄새나는 옥외 변소에 앉아서 작은 손으로 가슴을 치면서 "사랑의 하느님"을 부르며 흐르는 아이의 눈물, 아무리 흘려도 보상받을 수 없는 그 눈물과 바꿀 가치는 없다는 말이야.

이반은 라이프니츠의 계몽주의 관점에 반기를 들었다. 라이프니츠의 관점에서는 비록 고통과 아픔이 있긴 하지만 이 세상은 하느님이 창조한 최선의 장소다. 이 세상에서 벌어지는 일들이 모두 해명되고 정당화되고 나면, 이것이 최선의 세계였다고 말할 수 있을지도 모른다. 하지만 이반의 견해로는 그 어떤 것도 아이의 고통을 정당화할 수는 없다. 그는 모든 것이 합동하여 선을 이루고 인류의 "화합"을 위해 이 모든 것이 필요했다는 하느님의 설명을 듣기보다는, 지금 고통받는 아이들과 함께하는 쪽을 택하였다.

나는 차라리 고통과 분노 속에 남아 있는 것을 택하겠어. 아무런 응답이 없더라도 말이야. 내 생각이 옳지 않다 하더라도 상관없어. 화합을 이루기 위해 우리가 치러야 하는 대가는 너무도 비싸. 나는 그 입장료를 도저히 감당할 수 없어. 그래서 나는 입장권을 포기하기로 했어. 정직한 사람으로서 최대한 빨리 그것을 반환하는 것이 나의 의무야. 지금 내가 하는 일이 그것이야. 내가 하느님을 믿지 않는 게 아니야, 알료샤. 나는 정중히 그에게 티켓을 반환하는 거야.

이반은 인류 역사의 마지막 날에 더 큰 선을 위해 무고한 고통을 허락했다는 하느님의 설명을 듣는 것을 연극에 비유하였다. 그 연극에서는 줄거리의 구성에 등장했던 모든 갈등들이 마지막 장에서 풀리게 된다. 이반은 모든 갈등이 결국 풀린다 하더라도 그 연극을 보고 싶지 않다고 말한다. 갈등은 너무도 가혹하고 혹독했다. 그래서 그는 입장권을 반환하기로 했다.

나는 대학원생이었던 25세에 『카라마조프가의 형제들』을 처음 읽었는데, 이 문구는 계속 내 마음에 남아 있었다. 내가 이반의 생각에 완전히 동의하는지는 잘 모르겠다. 만약 절대자 하느님이 경이롭게 내 앞에 나타나서 어린아이들이 당하는 고문과 고통과 죽음에 대해 설명해준다면, 그리고 그 설명이 절대적인 설득력이 있어 내가 수긍할 수밖에 없다면, 나는 아마도 그의 앞에 무릎 꿇고 경배와 찬양을 올릴 것이다. 그러나 그런 일은 결코 일어나지 않을 것 같다. 그것은 우리의 희망사항에 불과하다. 만약 그런 일이 진짜 일어나기만 한다면, 신이 다스린다는 세상에 왜 이렇게 고통과 불행이 많은지 도저히 이해할 수 없어 괴로워하는 사람들에게는 놀라운 깨달음의 순간이 될 테지만 말이다.

고통의 문제로 고민하다 결국 하느님에 대한 우리의 시각이 달라져야 한다는 결론에 이른 사람도 있다. 랍비 해롤드 쿠시너는 그의 베스트셀러 『왜 착한 사람에게 나쁜 일이 일어날까』[2]에서 그렇게 강조했다. 1980년대 중반 러트거스대학교에서 강의 준비를 위해 이 책을 처음 읽었을 때, 솔직히 나는 이 책이 마음에 들지 않았다. 나는 "왜 착한 사람들이 나쁜 책을 쓸까"로 제목을 바꾸어 부르기도 하였다. 이 책에서 쿠시너는 하느님은 전능하지 않으며 사람들에게 일어나는 나쁜 일들을 통제할 수 없다고 말하였다. 쿠시너는 그것이 성서의 가르침이며 욥기에서 특히 강조하는 내용이라고 말했는데, 나는 그의 의견에 동의할 수 없었다. 나는 그의 해석이 전적으로 틀렸다고 생각했다. 욥기에 나타난 하느님은(그리고 성서의 나머지 부분에 묘사된 하느님은) 무력함과는 거리가 먼 존재였다. 욥기에서 하느님은 이 세상을 창조하고 지배하는 전능한 존재이고 한낱 인간에 불과한 우리가 감히 가타부타 토를 달 수 없는 존재였다. 하느님이 무고한 자에게 고통을 주더라도 말이다. 쿠시너는 성서를 잘못 해석한 정도가 아니라 완전히 거꾸로 해석했다고 생각했다.

나는 쿠시너의 책을 몇 달 전에 다시 읽었다. 나이를 더 먹은 지금(그래서 좀 더 여유롭고 너그러워진 지금) 나는 이 책에 대해 재평가하게 되었다. 이 책은 진정 불행을 겪은 사람들에게 위로를 주는, 현명한 사람에 의해 쓰인 현명한 책이었다. 이 책을 처음 읽은 후 20년이 지난 지금, 나는 더 이상 성서를 "정확하게" 해석하는 데 집착하지 않게 되었다. 지난 20년 동안 나는 많은 것들을 경험했으며, 성서의 정확한 해석은 더 이상 최우선 과제가 아니었다. 게다가 쿠시너의 주장에는 배울 점이 있었다. 그것이 욥기의 정확한 해석이어서가 아니라(그것은 별개의 문제다), 그의 주장에 지혜가 담겨 있기 때문이다. 분명 수천, 수만 명에 이르는 사람들이 그의 책에서 도움을 받았을 것이다.

쿠시너는 개인의 불행을 초래하는 게 하느님이 아니라고 말했다. 그가 불행을 막을 수 있었는데도 불구하고 그것을 그냥 '허락'한 것도 아니다. 하느님은 이런 일들에 손을 대지 못한다. 그는 우리 삶에 개입해 고통을 안 받도록 조치를 취할 수 없다. 단지 그가 할 수 있는 일은 우리가 고통을 겪을 때 우리가 감당할 수 있도록 힘을 주는 것이다. 하느님은 사랑이 많은 아버지라서 우리 인간들과 늘 함께한다. 우리가 어려움을 겪지 않도록 기적을 행하는 것이 아니라, 우리가 어려움을 겪을 때 꼭 필요한 마음의 평화와 힘을 주는 것이다.

나는 이것이 매우 중요한 관점이라는 것을 알게 되었다. 수많은 사람들이 이 책의 영향을 받은 것도 무리가 아니다. 내가 아직 하느님을 믿는다면, 이것이 아마도 내가 가질 관점이 아닐까 싶다. 하지만 성서학자인 나에게 문제는 여전히 남는다. 성서의 저자들은 하느님의 능력에 대해 조금도 의심하지 않았다. 하느님의 권능은 무한하다. 하느님은 모든 것을 알고 모든 일을 할 수 있다. 그래서 하느님인 것이다. 그가 암을 고칠 수 없거나, 선천적 장애를 없앨 수 없거나, 허리케인을 통제할 수 없거나, 핵전쟁을 막을 수 없다고 말하는 것은 그가 하느님이 아니라고 말하는 것과 마찬가지다. 적어도 그는 성서에 나오는 하느님이나 유대-그리스도교의 하느님은 아니라는 말이다. 내가 고통받을 때 내 곁에 있으나 아무 일도 할 수 없는 하느님은 나의 어머니나 마음 착한 이웃과 다를 것이 없다. 이들은 하느님이 아니지 않은가?

쿠시너는 유대인 랍비인데, 그의 관점은 그가 목회하는 신자들에게 많은 도움이 되어주었다. 그런데 그 외에도 지난 수년간 많은 사람들에게 도움이 된 다른 관점들이 있었다. 그것은 그리스도교 사상가들에 의해 제시된 관점이다. 1980년 초반, 아서 맥길Arthur McGill은 『고통: 신학방법론의 시험Suffering: A Test of a Theological Method』[3]이라는 그의 저서에서 고통의 문제에 대해 다루었다. 이 책은 쿠시너의 책처럼 일반인들을 위해 쓰인 책이 아니라, 신학적 문제를 놓고 깊이 고민하는 목회자들과 신학생들을 위해 쓰인 책이다. 맥길의 책은 그리스도인들을 위해 쓰인 책이므로, 비그리스도인들에게는 별 도움이 되지 않을지도 모른다. 고통에 대한 맥길의 관점은 전적으로 그리스도에 초점이 맞추어져 있다. 그리스도는 하느님이 육화되어 나타난 존재다. 우리가 하느님을 이해하려면 예수를 보아야 한다.

우리가 예수를 볼 때 보이는 것이 무엇인가? 예수는 그의 일생을 바쳐 죽는 순간까지 자신을 내어주는 사랑을 했다. 그가 어떤 대가를 바라고 그렇게 한 것이 아니다. 그것은 값비싼 사랑이었다. 예수는 그 사랑을 위해 그의 생을 바쳤고 목숨을 잃었다. 사랑을 위해 궁극적 대가를 치른 것이다. 만약 그리스도인이 예수의 제자가 되고자 한다면 예수의 본을 따라야 한다. 그 또한 예수처럼 남을 위해 자기를 내어줄 수 있어야 하는 것이다. 그것이 예수가 한 일이었고 그렇게 함으로써 하느님의 성품을 보여주었다. 하느님은 우리와 함께 고통을 받는 존재다. 그의 권능은 고통 속에서 빛을 발한다. 그리스도인들이 남을 위해 죽기까지 희생할 때, 하느님의 성품이 비로소 환히 드러날 것이다.

매우 독실한 그리스도교적 관점이다. 진정 진지한 종교적 태도라고 볼 수 있다. 이것은 책이나 팔아먹으려고 하는 얄팍한 그리스도교가 아니다.(이 책은 베스트셀러가 아니었다.) 고통보다는 성공을 강조해 몸집을 키운 대형 교회의 그리스도교가 아니라는 말이다. 이 세상에서 진정한 그리스도인으로 살아간다는 것이 무엇을 의미하는지 가르쳐주는 깊은 통찰이 이 책에 있다.

이 관점은 무척 감동적이다. 그러나 여기에도 문제가 있다. 많은 신학자들이 맥길의 견해를 지지하며, 그리스도가 친히 고통을 받음으로써 고통에 대한 해답을 주었다고 말했다. 이 관점은 분명 고통을 겪는 그리스도인들에게 많은 위로가 된다. 하느님 역시 아픔과 고민과 고문과 수치와 죽음을 경험했다는 사실은 고통받는 자들에게 무한한 위로를 준다. 그러나 여전히 의문이 남는다. 성서의 대부분에서는 하느님이 고통받는 자로 그려지지 않았다. 그는 고통을 초래하거나, 고통을 사용하거나, 고통을 막아주는 존재였지, 고통을 받는 존재가 아니었다. 하느님이 친히 고통을 받는다는 것은, 예수가 하느님이며 그의 고통이 곧 하느님의 고통이라는 해석에 기초한다. 그러나 예수가 하느님이라는 주장은 신약성서의 대부분 저자들이 공유했던 견해가 아니었다. 그것은 후에 그리스도교가 전파되면서 점차 확산된 신학적 관점이다. 역사적 예수의 탐구에서는 물론이거니와, 요한복음을 제외한 공관복음에서도 예수는 자신이 하느님이라고 말하지 않았다. 예수가 하느님이라는 주장은 매우 흥미롭고 의미 있는 신학적 견해이지만, 진위가 밝혀지지 않은 주장인 것이다.

내가 맥길의 견해에서 고민하게 되는 또 하나의 문제는, 그가 그리스도교의 하느님에 대해 자의적으로 이해했다는 점이다. 그의 논리를 바꿔서 생각해보면, 그리스도가 세상의 고난을 담당했으므로 사람들이 더 이상 고난받을 필요가 없다는 해석을 할 수 있다. 예수가 우리의 죄 때문에 대신 하느님의 징벌을 받았다. 우리가 징벌을 받지 않도록 말이다. 그렇다면 고통에 대해서도 같은 원리가 적용될 수 있지 않을까? 예수가 우리를 대신하여 고통을 받았다. 우리가 고통받지 않도록 말이다. 예수가 대신 고통을 받았으므로 우리는 고통을 받을 필요가 없는 것 아닌가?

만약 그리스도교의 하느님이 고통받는 하느님이라면 이 세상을 창조하고 지탱하는 것은 누구인가? 하느님 아닌가? 하느님이 그의 창조물과 함께 고통받는다면 하느님이 그의 창조물을 지배한다는 개념이 퇴색하고 만다. 다시 말해, 하느님이 신이 아니게 된다는 말이다. 우리는 여전히 고통의 문제에 대해 해답을 얻지 못하고 있다. 도대체 왜 인간은 고통과 불행을 겪는가?

이 책에서 우리는 성서의 여러 해답들을 살펴보았다. 내 견해로는 이 해답들 중 대부분이 지적으로, 도의적으로 만족스럽지 못하다. 어떤 것들은 상호 모순적이기도 하다. 고통은 과연 인간의 죄 때문에 하느님이 내리는 벌인가? 그것은 구약성서의 예언자들이 주장하는 내용이었다. 하지만 나는 선천적 장애나 대규모 기아, 인플루엔자 전염병, 알츠하이머 질환, 인류 대학살 등과 같은 것이 백성을 회개시키고 교훈을 가르쳐주고자 내리는 하느님의 징벌이라고 생각하지 않는다.

두 번째 해답은 고통이 자유의지를 남용하는 악한 인간들에 의해 초래된다는 것이었다. 분명 맞는 말이다. 인종차별주의와 성차별주의가 세상에 만연하고, 전쟁과 대학살이 지금도 진행되고 있다. 또한 우리의 이웃과 일터, 그리고 정부에는 사람들을 골탕 먹이고 고통 주는 심술궂은 사람들이 있다. 그런데 하느님은 왜 어떤 때는 사람들의 악행을 막아주고 어떤 때는 그냥 놔두는가? 왜 그는 항상 조치를 취해주지 않는가? 그가 예루살렘을 치기 위해 바빌론 군대를 일으키고, 바빌론을 패망시키기 위해 페르시아를 일으켰다면, 베트남전이 벌어졌을 때는 어디에 있었는가? 또 르완다에서는? 그가 만약 성서 말씀처럼 이스라엘 백성을 인도하며 놀라운 기적을 행했다면, 우리의 아들이 교통사고로 사망했을 때, 남편이 다발경화증에 걸렸을 때, 이라크에 내전이 발발했을 때, 이란이 핵위협을 할 때, 그는 대체 어디 있었다는 말인가?

성서 저자들 중에는 고통이 궁극적으로 구원을 이룬다고 말한 사람들도 있었다. 우리가 어떤 어려움을 겪을 때 어느 정도 긍정적인 측면이 있는 것도 사실이다. 그러나 굶주려 죽은 수많은 에티오피아의 아기들, 말라리아로 오늘(그리고 어제, 그리고 그제) 사망한 수천 명의 사람들, 마약에 취한 갱단이 한밤중에 집에 침입하여 온 가족이 무참히 살해된 사건에 어떤 구원의 의미가 있는지 나는 도저히 알 수 없다.

고통이 믿음을 시험하기 위해 주어진다고 믿은 성서 저자도 있었다. 하지만 욥이 과연 하느님을 저주하는지 시험하기 위해 하느님이 그의 자녀들을 모조리 죽였다는 것을(혹은 사탄이 죽이도록 허락했다는 것을) 나는 결단코 믿을 수 없다. 누군가가 당신의 자녀를 모두 죽인다면 당신은 그를 저주할 권리가 있는 것 아닌가? 욥의 자녀를 모두 죽이고 난 후 하느님이 그에게 다시 열 자녀를 주었으므로 보상이 이루어진 것으로 여긴다면 그것은 극히 혐오스럽고 끔찍한 생각이다.

성서는 이 세상의 고통이 하느님의 원수에 의해 초래되는 일이라고 해석하기도 했다. 하느님의 뜻에 따라 살려는 사람들을 괴롭히는 악의 세력에 의해 고통이 생겨난다는 것이다. 적어도 이 관점은 악의 만연함을 심각하게 인식했다는 점에서 탁월하다. 그러나 이 관점은 신화적 세계관을 기초로 한다는 문제를 안고 있다. 세계가 3단계로 구성되어 있으며 악마가 인간의 몸에 침입하여 나쁜 짓을 하게 만든다는 신화적 개념 말이다. 이러한 관념은 현대의 과학적 세계관에 맞지 않는다. 또한 이 해석은 언젠가 모든 것을 하느님이 바로잡을 것이라는 믿음을 기초로 하고 있다. 좋은 생각이다. 그렇게 될 수만 있다면 좋겠다. 하지만 그것은 맹목적인 믿음일 따름이다. 그리고 그것은 자칫하면 사회적 무관심으로 이어질 수 있다. 어차피 종말이 올 때까지는 문제가 남아 있기 마련이니 지금 우리가 나서서 문제를 해결하려 해봐야 소용없다는 소극적 태도를 가져온다는 말이다.

욥기의 시적 대화록을 쓴 저자는 고통이 도저히 이해 불가능한 수수께끼라고 생각하였다. 나는 그의 생각에 공감한다. 그러나 우리는 한낱 인간에 불과하고 하느님은 큰 존재이므로, 우리가 감히 그 비밀에 대해 알려고 하거나 하느님을 판단하려 해서는 안 된다는 그의 주장에는 동의하지 않는다. 만약 하느님이 그의 형상에 따라 우리를 만들었다면, 옳고 그름에 대한 우리의 판단은 그에게서 말미암은 것이다. 우리의 사리판단력이 하느님에게서 온 사리판단력이라는 말이다. 만약 하느님이 어떤 잘못을 저지른다면, 우리는 그가 우리에게 준 잣대로 그를 판단할 수밖에 없다. 하느님은 분명 우리에게 아기들을 죽이고 많은 사람들을 굶기며 대학살을 저지르는 것은 죄라고 가르쳤다.

결국 나는 고통에 대한 해답을 성서에서 얻었다. 전도서에서 말이다. 이 세상에는 우리가 이해할 수 없는 것들이 너무도 많다. 우리에게는 도저히 이해하기 어려운 불행과 고통이 닥치곤 한다. 때때로 우리는 이 세상에 정의가 어디 있나 하는 생각을 하게 된다. 그러나 삶에는 좋은 것들 역시 많이 있다. 인생은 화살같이 지나간다. 우리는 살아 있는 동안 가능한 한 많은 것들을 향유해야 한다. 이 세상에 있는 모든 것은 잠시 있다 지나갈 것들이다. 우리의 인생은 짧다. 언제까지 사는 것이 아니다. 우리는 생명이 있는 동안 최대한 충만하게 인생을 살며 행복을 누릴 수 있어야 한다. 그것이 인생을 사는 가장 현명한 길이다. 그것이 전도서 저자의 생각이고 나는 그의 생각에 전적으로 동의한다.

　나는 이 세상에서의 삶이 전부라고 생각한다. 내 학생들은 그 것이 성서에 근거한 생각이라는 사실을 믿기 어려워하는 눈치다. 하지만 사실이다. 그것은 전도서의 가르침이고, 욥기의 시적 대화록 저자의 생각이다. 결국 나는 성서적 사고를 하는 사람인 셈이다. 이 세상에서의 삶이 전부라는 생각에 낙담하고 의기소침할 필요는 없다. 오히려 그 반대여야 한다. 우리는 현재를 충실하게 살아감으로써 기쁨과 소망을 가질 수 있다. 순간순간 삶의 기쁨을 누리고, 우리 자신과 타인을 위해 세상을 좀 더 좋은 곳으로 만들려는 소망을 가져야 한다는 말이다.

　우리는 세상의 고통을 경감시키는 일에 적극적으로 참여하고 세상에 희망을 가져오기 위해 노력해야 한다. 고통받는 사람들을 위해 우리가 할 수 있는 일들은 너무나 많다. 충만한 삶을 산다는 것은 많은 일을 한다는 의미이기도 하다. 세상의 궁핍의 문제는 해결될 수 있다. 부가 재분배된다면 말이다. 재산의 상당 부분을 떼어내더라도 풍족한 부자로 살아갈 수 있는 사람들이 이 세상에는 얼마든지 있다. 재분배는 소규모 지역단위로도 이루어질 수 있다.(마르크스식 혁명을 주장하는 것은 아니다.) 더햄의 노숙자들은 더 이상 길바닥에서 잘 필요가 없다. 어린이들은 말라리아로 죽을 필요가 없다. 오염된 물을 먹고 온 가족이 병에 걸릴 필요가 없다. 마을사람들이 모두 기근으로 몰살될 필요가 없다. 독거노인이 오랜 기간 한 명의 방문자도 없이 외롭게 지낼 필요가 없다. 아이들이 제대로 된 아침식사도 못한 채 학교에 갈 필요가 없다. 적정임금이란 단지 세상물정 모르는 자유주의자들이 외치는 구호에 불과할 필요가 없다. 미국은 지속될 수 없는 정권을 지지하기 위해 승산 없는 전쟁에 수천억 달러의 돈을 쏟아 부을 필요가 없다.

우리는 권력을 잡은 자가 자국의 국민들을 학살할 때(전략적으로 중요하지 않은 나라라 할지라도) 팔짱끼고 지켜보기만 해서는 안 된다. 많은 이들이 홀로코스트의 참상에 대해 알게 되면서 "두 번 다시는!"을 외쳤다. 그들이 "두 번 다시는"을 외치는 와중에 캄보디아의 킬링필드에서는 엄청난 대학살이 자행됐다. 그들이 "두 번 다시는"을 외치고 있을 때 보스니아에서는 인종청소가 단행되었다. 그들이 "두 번 다시는"을 외치는 지금, 다르푸르에서는 강간과 약탈과 광기어린 살인이 벌어지고 있다. 세상은 이러한 상황에 놓일 필요가 없다. 이것은 자유주의자의 호소도 아니고 보수주의자의 호소도 아니다. 이것은 인간을 위한 호소다.

우리는 자신밖에 모르는 편협한 인간이나 인종차별주의자가 되어서는 안 된다. 또한 우리가 따르는 법과 관습에 성별이나 성적지향에 따른 차별이 있어서도 결코 안 된다.

우리는 힘을 다해 이 세상을 최대한 살기 좋은 곳으로 만들어 나가야 한다. 우리는 사랑하고 또 사랑받아야 한다. 우리는 친구와 우정을 쌓고, 친밀한 사람들과의 관계에서 기쁨을 얻으며, 가족과 더불어 행복한 삶을 살아갈 수 있어야 한다. 우리는 돈을 벌고, 또 돈을 쓰기도 해야 한다. 많이 쓸수록 좋다. 우리는 맛있는 것을 먹고 마실 수 있어야 한다. 외식도 하고, 달콤한 디저트도 먹으며, 바비큐 그릴에서 고기를 굽고, 포도주도 마실 수 있어야 한다. 우리는 산책을 하고, 정원을 가꾸며, 맥주를 마시면서 농구경기를 관람할 수 있어야 한다. 우리는 여행을 하고, 책을 읽고, 박물관에 가보고, 예술을 즐길 수 있어야 한다. 우리는 좋은 차를 몰고, 좋은 집에서 살 수 있어야 한다. 우리는 사랑을 나누고, 아기를 가지며, 가족을 이룰 수 있어야 한다. 우리는 인생을 사랑할 수 있어야 한다. 인생이란 우리에게 주어진 최대의 선물이다. 그런데 이 선물은 영원히 지속되는 것이 아니다.

우리는 우리 외의 타인을 위해서도 이 세상이 살기 좋은 곳이 되도록 만들어 나가야 한다. 병원에 있는 친지를 방문하거나, 지역 자선단체나 국제구호단체에 기부하거나, 무료급식소에서 봉사하거나, 국민의 고통을 경감시키는 데 헌신하는 정치가에게 투표하거나, 무고한 약자를 억압하는 자에게 항의하는 것은 세상을 따뜻한 곳으로 만들기 위해 우리가 할 수 있는 일들이다. 우리에게는 이 땅에서의 삶이 전부다. 우리는 사는 동안 삶을 충만하게 누리고, 다른 사람들 역시 삶이 주는 혜택을 충분히 누리도록 도와야 한다.

결국 우리는 고통의 문제에 대해 확고한 해답을 얻지 못했는지도 모른다. 우리에게 왜 고난이 닥치며 어떤 목적으로 이러한 일들이 발생하는지 우리는 알 수 없다. 그러나 고통에 대한 해답을 얻지 못했다고 우리가 거기에 대응할 방법이 없는 것은 아니다. 우리는 인간의 고통을 덜어주기 위해 최선을 다하고, 또 우리의 인생을 가능한 한 즐겁게 살기 위해 노력해야 한다. 그것이 고통에 대한 우리의 대응이다.

옮긴이의 말

　　고통의 문제는 많은 이에게 구도求道의
정신을 일깨운다. 신을 믿는 이들은 고통에 대한 해답을 찾기 위
해 더욱 더 종교에 심취하고, 무신론자들은 바로 이 고통의 문제
때문에 신의 부재를 더욱 확신하기도 한다. 고통의 문제로 종교에
회의를 느껴 신앙을 떠나는 이들이 있는 반면, 역시 똑같은 고통
의 문제로 종교에 귀의하는 이들도 있다. 한 인간의 삶에 전환점
이 되어주는 불행과 고통은 청년과 노인, 부자와 빈자, 현자와 우
둔한 자를 가리지 않고 예고 없이 불시에 닥치곤 한다.

　　많은 이들이 도저히 이해할 수 없고 풀리지 않는 고통의 문제
로 고민하며 살아간다. 때때로 인간이 받는 고통은 너무도 극심하
여 고통을 받는 당사자뿐 아니라 주위 사람들의 마음까지 서늘케
한다. 나 역시 내 몫으로 주어진 분량의 고통을 감내한 이로서, 나
뿐 아니라 수많은 타인들이 겪는 각종 고난과 고통에 대해 일평생

마음의 통증을 느껴왔다. 가난의 굴레, 단절된 관계, 신체적 질병과 장애, 정신적 질병을 지닌 이들과 그 가족, 각종 사고와 자연재해 그리고 범죄에 희생된 이들과 그 가족……. 많은 이들이 떠안고 살아가는 고통의 짐은 실로 무겁기만 하다.

그리스도인들은 자신이 이미 짊어진 고통에 또 다른 짐이 가중된다. 이들은 안타까이 묻는다. 다른 이들의 인생을 세심하게 인도한다는 하느님이 왜 나에게만은 이토록 가혹한가? 어둠 가운데서 흘리는 눈물을 그는 어찌하여 외면하는 것인가? 왜 하느님은 나와 내 사랑하는 이들을 이 처참한 일들로부터 보호해주지 않은 걸까? '눈물 나며 한숨 쉴 때에' 예수에게 다 아뢰었는데 그는 왜 아무런 대답도 없이 잠잠한 것인가? 내가 교만해서인가? 기도가 부족해서인가? 지난날 지은 나의 죄 때문인가? 내가 과연 이토록 혹독한 하느님의 훈련을 받을 만큼 대단한 인물이라도 된다는 말인가? 의문은 끝없이 이어지고 마음의 상처는 깊어간다. 가뜩이나 힘들고 괴로운데 거기에 죄책감이 더해지고, 하느님에게 외면당했다는 비통함에 영혼은 더욱더 피폐해진다.

고통의 문제에 대한 답을 얻기 위해 많은 그리스도인들이 성서를 편다. 과연 하느님의 뜻이 어디 있는지 알기 위해서 말이다. 바트 어만이 이 책에 잘 정리해놓았듯이, 성서는 인간이 겪는 고통에 대해 여러 해석을 내리고 있다. 고통은 인간의 죄의 결과이다, 인간은 그들의 죄로 말미암아 하느님의 징계를 받는다, 고통은 더 위대한 선을 이루기 위한 과정으로서 생겨난다, 고통은 공중에 권세 잡은 악마와 악인들에 의해 주어진다는 것 등이 그것이다. 그러나 과연 그럴까? 어린아이들이나 선량한 사람들이 영문도 모르고 겪는 육체적, 정신적 고통이 과연 신이 그들에게 내리는 형벌일까? 또는 지선至善을 이루기 위해 하느님이 인간에게 이토록 가혹한 고통을 내리는 걸까? 이 책에서 말하는 고통이란 잠시 왔다가 사라지는 사소한 고통이 아니다. 그것은 회복불능의 트라우마를 남기는 비극적 사건과 불행, 예컨대 사랑하는 사람의 갑작스런 죽음, 평생을 안고 살아가야 하는 치명적 장애나 기형, 그리고 한꺼번에 수백, 수천 명의 생명을 앗아버리는 사건과 사고이다. 그것이 과연 하느님의 뜻이란 말인가? 물론 고통에는 인간이 스스로 자초한 것들도 있다. 그러나 많은 경우, 불행은 불가항력적으로 발생하며, 많은 이들은 애초에 유전적, 태생적으로 불행의 씨를 가지고 태어난다. 그럼에도 한 인간이 겪는 극한의 고통이 지존자의 크나큰 섭리 안에서 의도적으로 주어진 것이라는 해석을 내리는 것은 매우 납득하기 어려울뿐더러 비인간적이고 잔인하기까지 하다. 그것은 모든 것에서 어떻게든 인과관계를 발견하여 현상을 이해해 보려는 인간의 오랜 습성에서 비롯된 것에 불과한 듯하다.

놀랍게도 성서는 또 하나의 답을 제시한다. 그것은 아무도 고통이 왜 생겨났는지 알 수 없다는 것이다. 역설적이게도, 이 말은 고통의 문제로 고민하던 많은 이들에게 돌파구가 되어준다. 인간이 경험하는 많은 불행은 그냥 일어난 일일 따름이고, 예기치 못한 일들이 무작위로 발생하는 것이 본디 인간의 삶이라는 것보다 더 수긍이 가는 말은 그 어디에도 없을 것이다. 모든 것에 종교적 해석을 갖다 붙이는 신본주의자가 아니라면 말이다. 나는 이 말에서 비로소 마음의 평화를 찾았다. 나는 진실을 원했다. "사랑보다, 돈보다, 명성보다, 나에게 진실을 달라"고 말한 헨리 데이비드 소로우처럼, 나는 몇몇 사람들의 자의적 진리나 도저히 납득할 수 없는 신학적 원리보다 있는 그대로의 사실을 알기 원했다. 이 세상에서 벌어지는 일들은 우연에 의해 발생하는 것들이 예상 외로 많다. 그 어디에도 정해진 법칙이 없다면, 그냥 거기에는 일정한 법칙이 존재하지 않는다는 말을 듣고 싶다. 고통의 원인에 대해서는 그 누구도 알 수 없다는 성서 저자의 솔직담백한 말에 나는 묘한 안도감을 느꼈다. 그렇다. 많은 경우 인간이 겪는 고통은 우리 인생살이의 필연적인 삶의 일부일 뿐, 그 어떤 이유나 설명이 있을 수 없다. 없는 의미를 애써 만들어낼 필요가 없다.

이 책의 저자 바트 어만과 유사한 신앙과 갈등의 여정을 거쳐 온 나는 결국 그의 결론에 동의하게 되었다. 고통의 문제는 우리가 도저히 알 수 없는 미스터리일 뿐 답은 없다. 답은 없다는 해답을 얻고 나니 오히려 마음이 가벼워졌다. 모르는 것은 모른다고 말하고, 없는 것은 없다고 말할 수 있는 자유다. 나는 더 이상 '벌거벗은 임금님'의 보이지 않는 옷자락을 보았노라고 주장하며 다른 이들과 입을 모아 그 아름다운 옷에 무작정 탄복하지 않기로 했다. 그것은 주변인들의 통념에 휩쓸리는 다원적 무지일 따름이다. 저자의 말대로, 나는 자신과 주위 사람들의 고통을 덜어주려 노력하고 일상의 소소한 기쁨을 발견하며 살아가는 것이 우리의 인생을 살아가는 최선의 방법이라는 결론을 얻었다. 그것이 각종 고통으로 점철된 우리의 삶을 최대한 덜 고통스럽게 살아가는 방법이다. 이 책의 독자들이 자신이 처한 상황에서 한걸음 물러나 인생의 영고성쇠를 관조적 태도로 담담하게 바라보면서 날마다 그 날의 작은 행복을 찾으며 살아갈 수 있기를 바라는 마음이다.

2016년 12월
이화인

주

1장 고통의 문제와 신앙의 위기

1. 비젤의 아내가 새로 번역한 『나이트*Night*』가 출간되었다(New York: Hill & Wang, 2006).

2. Harold S. Kushner, *When Bad Things Happen to Good People*(New York: Schocken Books, 1981).

3. Archibald MacLeish, *J. B.: A Play in Verse*(Boston: Houghton Mifflin, 1957).

4. G. W. Leibniz, *Theodicy: Essays on the Goodness of God and the Freedom of Man and the Origin of Evil*(Chicago: Open Court, 1985).

5. David Hume, *Dialogues Concerning Natural Religion*, edited by Martin Bell(London: Penguin, 1991), pp.108~109. 그의 감정 상태는 흄의 글 중 가공 인물인 Philo를 통해 묘사되어 있다.

6. Voltaire, *Candide: or Optimism*, Theo Cuffe 번역(New York: Penguin, 2005).

7. Dale Martin, *Sex and the Single Savior: Gender and Sexuality in Biblical Interpretation*(Louisville: Westminster John Knox Press, 2006)과 Jeffrey Siker, *Homosexuality in the Church: Both Sides of the Debate*(Louisville: Westminster John Knox Press, 1994)를 참고하라.

8. 이 책들의 목록을 일일이 나열할 필요는 없다고 본다. 이 주제를 다룬 책들은 몇백 권이나 나와 있다. 그리스도교 서점을 방문해보라.

9. 다시 말하건대, 이 주제에 대해서는 수많은 책들이 나와 있다. 이 책들의 제목은 '악의 문제', '하느님과 악마', '하느님과 악마의 문제' 등을 포함한다. 현대 철학자들의 신정론에 대한 비판적 평가를 살펴보려면, Kenneth Surin의 *Theology and the Problem of Evil*(Oxford: Blackwell, 1986)이나 Terrence W. Tilley의 *The Evils of Theodicy*(Eugene, OR: Wipf & Stock, 2000)를 참고하라.

2장 우리가 겪는 고통은 진노한 신의 징벌인가

1. Raul Hilberg, ed., *Documents of Destruction: Germany and Jewry, 1933-1945*(Chicago: Quadrangle, 1971), p.68.

2. Hilberg, *Documents of Destruction*, p.79.

3. Primo Levi, with Leonardo de Benedetti, *Auschwitz Report*, translated by Judith Woolf(London: Verso, 2006).

4. Levi, *Auschwitz Report*, pp.62~63.

5. Rudolph Höss, *Death Dealer: The Memoirs of the SS Kommandant at Auschwitz*(New York: Da Capo, 1992).

6. Höss, *Death Dealer*, p.36.

7. Höss, *Death Dealer*, p.37.

8. Miklos Nyiszli, *Auschwitz: A doctor's Eyewitness Account*, translated by Tibere Kremer and Richard Seaver(New York: Arcade, 1993), pp.87~88.

9. *The Trial of the Major War Criminals Befor ethe International Military Tribunal*(Nuremberg: International Military Tribunal, 1947), vol.8, pp.319~320.

10. Hilberg, *Documents of Destruction*, p.208.

11. Irving Greenberg, "Cloud of Smoke, Pillar of Fire: Judaism, Christianity, and Modernity After the Holocaust," in *Auschwitz: Beginning of a New Era? Reflections on the Holocaust*, edited by Eva Fleichner(New York: Cathedral of St. John the Divine, 1974), p.13.

12. 역사 연구를 바탕으로 쓰인 책, Richard Friedman의 *Who Wrote the Bible?*(San Francisco: HarperSanFrancisco, 1997)을 읽어보라.

13. 고대 이스라엘과 구약성서의 역사적 신뢰성에 대해서는 많은 연구가 이루어 졌다. 가장 많이 인용되는 자료는 다음과 같다. Gösta W. Ahlström, *The History of Ancient Palestine*(Minneapolis: Fortress, 1993); Philip R. Davies, *In Search of "Ancient Israel"*(Sheffield, England: Sheffield Academic Press, 1992); William Dever, *Who Were the Early Israelites and Where Did They Come From?*(Grand Rapids, MI: Eerdmans, 2003); J. Maxwell Miller and John H. Hayes, *A History of Ancient Israel and Judah*, 2nd ed. (Louisville: Wesminster John Knox, 2006).

14. 구약성서에 대한 연구를 보려면 다음 두 기초자료를 참고하라: John Collins,

Introduction to the Hebrew Bible(Minneapolis: Fortress, 2004); Michael D. Coogan, *The Old Testament: A Historical and Literary Introduction to the Hebrew Scriptures*(New York: Oxford Univ. Press, 2006).

15. 구약성서의 예언자 필자에 대한 안내서를 위해서는 다음 자료를 참고하라: David L. Petersen, *The Prophetic Literature: An Introduction*(Louisville: Westminster John Knox, 2002).

16. 아모스에 대한 개략적 정보를 위해서는 Collins, *Hebrew Bible*, pp.286~295 와 Coogan, *Old Testament*, pp.311~318을 참고하라.

17. 다시 말하건대, 우리는 아모스를 먼 미래를 예측하는 수정구슬로 여기지 말아야 한다. 2001년 말에 많은 사람들은 사담 후세인의 생명이 얼마 남지 않았다고 말하였다. 그러나 그는 몇 년이 지난 이후에야 처형되었다. 아모스 역시 이와 유사하게 이스라엘의 날이 얼마 남지 않았다고 말하였다. 하지만 학자들은 파멸에 대한 '예언'이 훗날에 쓰였으며 추가적으로 아모스의 글에 덧붙여졌다고 분석하였다.

18. 앞의 주를 참고하라. 이 예언이 사건 발생 이전에 쓰인 것인지 아니면 이후에 쓰인 것인지는 확실치 않다.

19. Miller and Hayes의 *History of Ancient Israel*, 286-89를 참고하라.

20. 호세아서의 분석을 보려면 John Day의 "Hosea," in *The Oxford Bible Commentary*, edited by J. Barton and J. Muddiman(Oxford: Oxford Univ. Press, 2001), pp.571~578과 Collins의 *Hewbrew Bible*, pp.296~304, 그리고 Coogan의 *Old Testament*, pp.318~325를 참고하라.

21. Collins, *Hebrew Bible*, pp.207~221, 334~347; Coogan, *Old Testament*, pp.331~339, 366~376.

22. 중요한 차이점은 이사야서에서 발견된다. 이사야는 하느님이 출애굽하던 이스라엘에게 약속한 계약을 상기시키기보다는, 하느님이 다윗에게 한 약속에 초점을 맞추었다. 다윗의 후손이 언제까지나 왕위를 지킬 것이며 예루살렘이 불가침할 것이라는 약속 말이다.

23. Collins, *Hebrew Bible*, pp.334~347; Coogan, *Old Testament*, pp.366~376.

24. 아모스와 마찬가지로 학자들은 이 '예언'이 사후적으로 쓰였다고 분석하고 있다.

3장 더 많은 죄, 더 맹렬해지는 신의 분노

1. 지혜서에 대해 좀 더 자세히 살펴보려면 Richard J. Clifford, *The Wisdom Literature*(Nashville: Abingdon, 1998), James Crenshaw, *Old Testament Wisdom: An Introduction*(Louisville: Westminster John Knox, 1998)을 참조하라. 잠언에 대해서는 Collins, *Hebrew Bible*, pp.487~502; Coogan, *Old Testament*, pp.468 ~475를 참조하라.

2. 신명기적 역사에 대한 자료에는 Steven McKenzie, "The Deuteronomistic History," in *Anchor Bible Dictionary*, edited by David Noel Freedman(New York: Doubleday, 1992), 2:160~168가 있다.

3. Dever, *Who Were the Ancient Israelites?*

4. Gary Anderson, "Sacrifice and Sacrificial Offerings," in *Anchor Bible Dictionary*, 5:870~886.

5. Anderson, "Sacrifice."

6. Collins, *Hebrew Bible*, pp.380~389; Coogan, *Old Testament*, pp.408~425.

7. 2장의 주 13 참고.

8. 몇몇 학자들은 "종"이 이스라엘 국가를 뜻하는 것이 아니라 이스라엘 백성을 대표하는 개인을 뜻한다고 주장하기도 한다. 훗날 그리스도인들은 이것이 메시아 예수를 가리키는 것이라고 이해하였다. 다음 주를 보라.

9. "고통받는 종"에 대한 해석을 보기 위해서는 제2의 이사야에 대한 다음과 같은 논평들을 참고하라. Richard J. Clifford, *Fair Spoken and Persuading: An Interpretation of Second Isaiah*(New York: Paulist, 1984); Christopher Seitz, "The Book of Isaiah 40-66," in *The New Interpreter's Bible*, edited by Leander Keck(Nashville: Abingdon, 2001), 6: pp.307~551.

4장 신정론, 누군가의 죄로 인해 고통받는 사람들

1. Josephus, *Jewish Wars*, 6권 4장.

2. 3장의 주 9를 참조하라.

3. 1장의 주 9를 참조하라.

5장 더 위대한 선을 위해 겪는 고난이라니?

1. Bart D.Ehrman, *The New Testament: A Historical Introduction to the Early Christian Writing*, 3d ed.(New York: Oxford Univ. Press, 2004), 9장.

2. Ehrman, *New Testament*, pp.288~291.

3. John Collins, *The Scepter and the Star: The Messiahs of the Dead Sea Scrolls and Other Ancient Literature*(New York: Doubleday, 1995).

4. 고린토후서 11:22-29. 4장을 참조하라.

6장 신앙을 시험하다, 욥의 이야기

1. 욥기에 대해서는 다음의 저서들을 포함하여 많은 책들이 나와 있다. Collins, *Hebrew Bible*, pp.505~517; Coogan, *Old Testament*, pp.479~489; James Crenshaw, "Job, Book of," in *Anchor bible Dictionary*, 3: pp.858~868.

2. 6장의 주 1을 참조하라.

3. 6장의 주 1을 참조하라.

4. 물론 이것은 불가능한 일이었을 것이다. 내 책을 읽은 Greg Goering이 지적한 바와 같이 전도서가 나중에 쓰였기 때문이다.

5. Collins, *Hebrew Bible*, pp.518~527; Coogan, *Old Testament*, pp.490~495; James Crenshaw, "Ecclesiates, Book of," in *Anchor Bible Dictionary*, 2: 271~280.

7장 신은 악을 없애고 싶어 하지만 왜 그러지 못하는가

1. 종말론 및 묵시론이라는 문학 장르에 대해서는 많은 연구가 있다. Adela Yarbro Collins, "Apocalypses and Apocalypticism," in *Anchor Bible Dictionary*, 1:279-92; John Collins, *The Apocalyptic Imagination: An Introduction to the Matrix of Christianity*(New York: Crossroad, 1984)를 참고하라.

2. 마카베오 시대에 대한 지침서로는 Shaye Cohen, *From the Maccabees to the Mishnah*(Philadelphia: Westminster, 1987)이 있다.

3. John Collins, "Daniel, Book of," in *Anchor Bible Dictionary*, 2: 29~37; Collins, *Hebrew Bible*, pp.553~571; Coogan, *Old Testament*, pp.536~543.

4. "사람 모습을 한 이"가 하느님이 택한 백성을 대신하여 왕국을 이어받을 천사

라는 견해를 비롯한 다른 해석들을 보려면 앞의 주에서 인용된 연구들을 참조하라.

5. 예수를 종말론자로 이해하는 서적들에는 다음과 같은 것들이 있다. Dale Allison, *Jesus of Nazareth: Millenarian Prophet*(Minneapolis: Fortress, 1998); Bart D. Ehrman, *Jesus: Apocalyptic Prophet of the New Millennium*(New York: Oxford Univ. Press, 1999); Paula Frederiksen, *Jesus of Nazareth, King of the Jews: Jewish Life and the Emergence of Christianity*(New York: Knopf, 1999); John Meier, *A Marginal Jew: Rethinking the Historical Jesus*(New York: Doubleday, 1991(3권까지 나와 있음); E. P. Sanders, *The Historical Figure of Jesus*(London: Penguin, 1993).

6. 복음서에서는 "사람의 아들"이 예수 자신을 지칭하는 것으로 나온다. 그러나 나의 책 *Jesus: Apocalyptic Prophet of the New Millennium*에서 나는 역사 속의 예수가 이 말을 자신을 의미하는 말로 사용한 것이 아니라 하늘에서 내려와 땅을 심판할 제3의 인물을 의미한 것이라고 주장했고 많은 학자들이 이에 동의하였다.

8장 신이 마침내 세상의 악과 고통을 없앨 것인가

1. J. Christiaan Becker, *Paul the Apostle: The Triumph of God in Life and Thought*(Philadelphia: Fortress, 1980).

2. 바울로의 삶에 대해 알아보려면 Ehrman, *New Testament*, 9장과 E. P. Sanders, *Paul*(New York: Oxford Univ. Press, 1991)을 참고하라.

3. 바리사이파에 대해서는 방대한 연구가 진행되어 왔다. E. P. Sanders, *Judaism: Practice and Belief, 63 BCE-66 CE*(Philadelphia: Trinity Press International, 1992).

4. Ehrman, *New Testament*, 21장.

5. Ehrman, *New Testament*, 20장.

6. Ehrman, *New Testament*, 29장; Adela Yarbro Collins, "Revelation, Book of," in *Anchor Bible Dictionary*, 5: 694~708; Adela Yarbro Collins, *Crisis and Catharsis: The Power of the Apocalypse*(Philadelphia: Westminster, 1984).

7. 묵시록을 해석하는 다양한 방법들에 대해서는 Bruce M. Metzger, *Breaking the Code: Understanding the Book of Revelation*(Nashville: Abingdon, 1993)을 참조하라.

8. 2세기부터 학자들은 이 사실을 인식했다. 현대의 학자들은 종말론에 대한 요한복음과 요한묵시록의 관점이 현저히 다르다는 것을 지적한다. 요한묵시록에서는 종말론적 관점을 갖는 반면, 요한복음에서는 그러한 관점이 발견되지 않는다. 이러한 신학적 견해의 차이 외에도 이 두 책은 필체에서 현격한 차이를 보인다. 요한복음은 헬라어에 능숙한 필자가 쓴 반면, 요한묵시록은 헬라어가 모국어가 아닌 필자가 집필한 것으로 분석된다.

맺음말: 우리는 고통에 대해 무엇을 말할 수 있을까

1. 나는 Richard Pevear and Larissa Volokhonsky가 번역한 표도르 도스토옙스키의 *The Brothers Karamazov*(New York: Faffar, Straus & Giroux, 1990)를 사용하였다.
2. Harold S. Kushner, *When Bad Things Happen to Good People*(New York: Schocken Books, 1981).
3. Arthur McGill, *Suffering: A Test of a Theological Method*(Philadelphia: Westminster, 1982). 이 책을 소개해준 Fuzzy Siker에게 감사한다.

함께 읽으면 좋은 갈라파고스의 책들

『왜 세계의 절반은 굶주리는가?』
유엔 식량특별조사관이 아들에게 들려주는 기아의 진실
장 지글러 지음 | 유영미 옮김 | 우석훈 해제 | 주경복 부록 | 202쪽 | 9,800원
• 한국간행물윤리위원회, 책따세 선정도서 | 법정스님, 한비야 추천도서

120억의 인구가 먹고도 남을 만큼의 식량이 생산되고 있다는데 왜 하루에 10만 명이, 5초에 한 명의 어린이가 굶주림으로 죽어가고 있는가? 이런 불합리하고 살인적인 세계질서는 어떠한 사정에서 등장한 것일까? 그 책임은 누구에게 있을까? 학교에서도 언론에서도 아무도 알려주지 않는 기아의 진실! 8년간 유엔 인권위원회 식량특별조사관으로 활동한 장 지글러가 기아의 실태와 그 배후의 원인들을 대화 형식으로 알기 쉽게 조목조목 설명했다.

『지식의 역사』
과거, 현재, 그리고 미래의 모든 지식을 찾아
찰스 밴 도렌 지음 | 박중서 옮김 | 924쪽 | 35,000원
• 한국간행물윤리위원회 선정도서 | 한국경제, 매일경제, 교보문고 선정 2010년 올해의 책

문명이 시작된 순간부터 오늘날까지 인간이 생각하고, 발명하고, 창조하고, 고민하고, 완성한 모든 것의 요약으로, 세상의 모든 지식을 담은 책. 인류의 모든 위대한 발견은 물론이거니와, 그것을 탄생시킨 역사적 상황과 각 시대의 세심한 풍경, 다가올 미래 지식의 전망까지도 충실히 담아낸 찰스 밴 도렌의 역작이다.

『물질문명과 자본주의 읽기』
자본주의라는 이름의 히드라 이야기
페르낭 브로델 지음 | 김홍식 옮김 | 204쪽 | 12,000원

역사학의 거장 브로델이 우리가 미처 알지 못했던 자본주의의 맨얼굴과 밑동을 파헤친 역작. 그는 자본주의가 이윤을 따라 변화무쌍하게 움직이는 카멜레온과 히드라 같은 존재임을 밝혀냄으로써, 우리에게 현대 자본주의의 역사를 이해하고 미래를 가늠해볼 수 있는 넓은 지평과 혜안을 제공하였다. 이 책은 그가 심혈을 기울인 '장기지속으로서의 자본주의' 연구의 결정판이었던 『물질문명과 자본주의』의 길잡이판격으로 그의 방대한 연구를 간결하고 수월하게 읽게 해준다.

『현대 중동의 탄생』
데이비드 프롬킨 지음 | 이순호 옮김 | 984쪽 | 43,000원

미국 비평가협회상과 퓰리처상 최종선발작에 빛나는 이 책은 분쟁으로 얼룩진 중동의 그늘, 그 기원을 찾아가는 현대의 고전이다. 종교, 이데올로기, 민족주의, 왕조 간 투쟁이 끊이지 않는 고질적인 분쟁지역이 된 중동이 어떻게 형성되었는지를 명쾌하게 제시해준다. 이 책은 중동을 총체적으로 이해하게 해주는 중동 문제의 바이블로 현대 중동 문제를 이해하기 위한 필독서다.

『푸코, 바르트, 레비스트로스, 라캉 쉽게 읽기』
교양인을 위한 구조주의 강의
우치다 타츠루 지음 | 이경덕 옮김 | 224쪽 | 12,000원

구조주의란 무엇인가에서 출발해 구조주의의 기원과 역사, 그 내용을 추적하고, 구조주의의 대표적 인물들을 한자리에 불러 모아 그들 사상의 핵심을 한눈에 들어오도록 정리한 구조주의에 관한 해설서. 어려운 이론을 쉽게 풀어 쓰는 데 일가견이 있는 저자의 재능이 십분 발휘된 책으로, 구조주의를 공부하는 사람이나 구조주의에 대해 알고 싶었던 일반 대중 모두 쉽고 재미있게 읽을 수 있는 최고의 구조주의 개론서이다.

고통, 인간의 문제인가 신의 문제인가

1판 1쇄 인쇄 2016년 12월 1일
1판 1쇄 발행 2016년 12월 8일

지은이 바트 어만 | 옮긴이 이화인
기획 임병삼 | 편집 백진희 | 표지 디자인 가필드

펴낸이 김경수 | 펴낸곳 갈라파고스
등록 2002년 10월 29일 제13-2003-147호
주소 121-897 서울시 마포구 토정로 13-1(합정동) 국제빌딩 5층
전화 02-3142-3797 | 전송 02-3142-2408
전자우편 galapagos@chol.com

ISBN 979-11-87038-17-7 (03100)

이 도서의 국립중앙도서관 출판예정도서목록(CIP)은 서지정보유통지원시스템 홈
페이지(http://seoji.nl.go.kr)와 국가자료공동목록시스템(http://www.nl.go.kr/
kolisnet)에서 이용하실 수 있습니다. (CIP제어번호 : CIP2016029247)

갈라파고스 자연과 인간, 인간과 인간의 공존을 희망하며, 함께 읽으면 좋은 책들을 만듭니다.